위대한 카피캣
대한민국

위대한 카피캣 대한민국
저개발국에서 선진국으로,
한국기업이 써 내려 온 경제성장의 기적

초판 1쇄 펴낸날 | 2025년 1월 24일

지은이 | 김은환
펴낸이 | 고성환
펴낸곳 | (사)한국방송통신대학교출판문화원
　　　　(03088) 서울시 종로구 이화장길 54
　　　　전화 1644-1232
　　　　팩스 (02) 741-4570
　　　　홈페이지 press.knou.ac.kr
　　　　출판등록 1982년 6월 7일 제1-491호

출판위원장 | 박지호
책임편집 | 이두희
편집 디자인 | (주)성지이디피
표지 디자인 | 플랜티

© 김은환, 2025
ISBN 978-89-20-05231-6 03320

값 22,000원

위대한 카피캣 대한민국

저개발국에서 선진국으로,
한국기업이 써 내려 온 경제성장의 기적

김은환 지음

KOREA, THE GREAT COPYCAT

지식의날개

지금 왜, '한국적 경영'을 알아야 하는가

한국경제는 일제강점기에서 벗어나자마자 한국전쟁을 겪고 폐허나 다름없는 상태로 추락했다. 그러나 1953년 종전 후 2024년 현재, 70여 년이 지난 뒤 전 세계를 놀라게 한 경제성장의 주역이 되었다. '기적'이 라는 표현은 우리들만의 자화자찬이 아니다. 상당수의 저명한 경제학자들이 한국의 경제성장을 찬양하며 '기적'이나 '미스터리'로 표현하고 있다. 한국의 출발점에서부터 현재까지의 경과는 대만 정도를 제외하고는 거의 유례를 찾아볼 수 없는 희귀한 사례다. 기적이란 기존의 인과관계로 설명하기 어려운 현상, 즉 수수께끼를 의미한다.

과학이론은 보편적인 것을 탐구의 대상으로 삼는다. 특정 인물의 삶을 다룬 전기傳記가 과학이 될 수 없고, 특정 동물 한 마리를 연구한 것이 생물학이 될 수 없다. 그런 면에서 한국경제는 유사한 다른 국가들, 특히 제2차 세계 대전 후 독립한 신생 산업후발국을 대표하기 어렵다. 여전히 많은 후발국들이 경제발전에 어려움을 겪고 있기 때문이다. 한국은 예외적인 사례다. 과학은 예외적인 단독 사례를 연구하는 데 어려움을 겪는다.

토끼와 거북이 사이의 경주가 100번 열렸다. 99마리의 거북이가 지고 단 한 마리의 거북이가 토끼를 이겼다. 동물의 운동 능력을 연구하는 과학자라면 이 데이터를 어떻게 처리할까. 100건의 데이터 중 99%에서 확인된 결과를 통해 "토끼는 거북이보다 월등하게 빠르다"라는 결론을 내릴 것이다. 1% 정도의 오차는 과학적으로도 용인되는 수치다. 이것은 실험이 근본적으로 잘못됐거나 아주 특수한 비상상황이 벌어졌기 때문일 수 있다. (토끼가 중간에 잠을 잤다는 것도 어찌 보면 예외적 비상상황이다.) 과학은 이렇게 특이한 데이터를 배제하고 일반적 결론을 도출한다. 특이한 사례에는 특이한 원인이 작용했을 가능성이 크다. 그 특이성이 밝혀졌다고 해도 그러한 특이성이 의미가 있을까. 다시 말해 그렇게 특이한 원인을 다른 상황에도 적용할 수 있을까.

역사상 가장 위대한 피아니스트로 알려진 리스트 Franz Liszt 는 손을 활짝 펼쳤을 때 엄지와 종지 사이로 피아노 두 옥타브를 잡을 수 있었다고 한다. 손의 모양이 특이했던 것인데, 흔한 일이 아니다. 이것은 피아노를 연주할 때 강점이 되었을 것이다. 만약 이것이 결정적 요인이었다면 이런 손을 가지지 못한 사람은 리스트와 같은 수준의 피아니스트가 되기를 포기해야 한다. 인과관계를 밝히는 것은 중요하지만 밝혀진 원인이 우리 손에 닿지 않는 것이라면 아무런 의미도 없다.

제2차 세계 대전 후 독립한 신생국들의 경제성장 레이스에서 먼저 두각을 나타낸 국가들은 중동 산유국이었다. 석유의 힘으로 이미 유리한 여건을 갖춘 이 나라들은 1970년대 힘을 합치면서 유가를 급등시켜 엄청난 오일머니를 벌어들였다. 누가 봐도 그 힘의 원천은 석유였다. 석유란 고대 생물의 사체가 수천만 년을 거쳐 생성된 것으로 결코 인위적으로 만들어 낼 수 없는 객관적 여건이다.

한국의 성공은 과연 다른 것일까. 한국의 성공 역시 여러 가지 요인으로 설명되곤 한다. 천연자원이 없는 한국의 성공 요인은 흔히 사람, 즉 인적자원이라고 한다. 그런데 인적자원은 과연 뜻대로 변화시킬 수 있는 자원인가. 한국은 세계에서 지능지수가 가장 높은 나라, 학생들의 학업성적이 가장 높은 나라, 교육열이 가장 높은 나라로 꼽힌다. 지능지수, 학생들의 실력, 교육열은 객관적 환경이 아닌가. 사람의 두뇌야말로 타고나는 것이 아닐까. 인적자원이 천연자원과 마찬가지로 주어진 조건이라면 한국의 경험 또한 그리 큰 도움은 되지 않을 수 있다.

여기서 인적자원의 본질, 즉 인간에 대해 생각해 볼 필요가 있다. 인간은 특정한 입력이 주어지면 항상 똑같은 출력이 나오는 기계가 아니다. 인간은 자유의지를 가지고 선택을 해서 결과에 영향을 미친다. 물론 인간도 자연법칙의 지배를 받는다. 그러나 인간에게 일어나는 모든 일이 외부 원인에 의해 운명처럼 하나의 결과로 이어지는 것은 아니다. 외부의 영향을 어떻게 받아들이고 어떻게 대응하느냐에 따라 수많은 자연법칙 중 어떤 것이 또 어떤 방식으로 작용할지가 달라진다.

인과관계와 자유의지의 관계는 복잡하고 오묘하다. 인간의 의지는 인과법칙과 싸우는 것이 아니라 이용한다. 돛단배의 돛을 잘 설계하면 역풍이 불어도 앞으로 나아갈 수 있다. 불굴의 의지보다는 영리한 전략이 더 중요한 것이다. 물을 끓이는 솥, 역풍을 이용하는 돛, 파도에 휩쓸리지 않고 올라타는 서핑보드는 모두 창조적 전략의 산물이다. 한국경제 역시 수출 지향 제조업전략을 통해 물적자원과 생산기술의 부족을 역으로 이용했다. 한국경제의 강점은 경제의 독특한 특성이나 어떤 종류의 천연자원이 아니라 이처럼 불리한 환경을 역으로 이용하는 전략이었다.

전략은 주어진 상황을 기상천외하게 조합하는 활동이다. 상황에 따라 대응 방안을 체계적으로 정리한 매뉴얼이나, 구성 요소의 결합비율을 기재한 제조 공식과는 다르다. 그런 면에서 전략이란 유머와 비슷하다. 동일한 이야기나 모티프를 비틀고 참신하게 결합하여 청중의 의표를 찌르고 웃음을 터뜨리게 하는 것이다. 전략은 매뉴얼보다는 유머에 가깝기 때문에 모방은 큰 의미가 없다. 사람들은 한 번 들은 유머에 또 다시 웃어 주지 않는다.

기업을 포함한 한국의 경제주체들은 주변 환경에 창의적으로 대응하면서 항상 기발한 해법solution을 찾아 왔다. 흔히 한국은 일본과 함께 '모방의 달인'으로 불리어 왔다. 하지만 이것은 그렇게 정확한 표현은 아니다. 선진국에서 거의 200년 전에 시작된 산업화를 반세기만에 따라잡는 후발국의 입장에서 제품이나 기술 측면에서 창조성이 부족했던 것은 사실이다. 그러나 200년의 발전을 50년 만에 따라잡고 더 나아가 추월하려면 단지 열심히 노력하는 것만으로는 불가능했다. 정상적인 방법을 넘어선 파격적인 수단이 필요했다. 이 때문에 한국경제, 특히 한국기업은 기존에 존재하지 않던 전략을 쥐어 짜낼 수밖에 없었다.

한국기업들이 사용해 온 경영전략은 그대로 따라할 수 있는 만병통치약은 아니다. 전략의 내용보다 더 중요한 것은 전략을 발상하고 실행하는 유연성, 민첩성 그리고 창의성이다. 한국기업 경영자들이 모두 한니

발이나 나폴레옹과 같은 전략가였다고 말할 수는 없다. 행운이 따른 점도 크다. 하지만 그런 행운을 만나기 위해서는 행운이 지나가는 길목에 서 있어야 했다. 한국기업은 그런 면에서 기회를 포착할 수 있는 지점을 향해 기민하게 움직였다. 익숙하고 안정적인 환경에 머무르지 않고 불확실성과 위험을 무릅쓰고 변화의 최전선에서 기회를 만날 수 있도록 몸을 던졌다. 미래와의 접촉면을 최대한 넓게 만들고 거기서 어떻게든 기회를 붙잡으려고 한 시도가 지속적인 행운을 만들어 주었다.

한국의 경제성장은 확실히 흥미로운 이야기다. 흥미로운 것이 항상 교훈을 주지는 않는다. 하지만 흥미롭다는 것은 그 자체로 의미가 있다. 한국의 경영을 하나의 정답이 아니라 하나의 드라마처럼 받아들이면 더 좋을 것이다. 드라마 속 주인공의 삶은 시청자들이 따라야 할 롤 모델일 필요는 없다. 처한 상황도 다르고 추구하는 바도 다르다. 그럼에도 불구하고 주인공의 흥미진진한 이야기는 관객의 가슴에 울림을 준다. 그것은 주인공이 보여주는 선택과 행동의 어떤 지점에서 공감할 부분이 있기 때문이다.

이 책은 한국적 경영의 특징과 성공 요건을 나열하지 않는다. 따라서 다른 나라의 기업들에게 특정한 전략을 추천하지도 않을 것이다. 그렇다고 해서 한국기업이 걸어온 역사적 사실만을 상세하게 소개하려고 애쓰지도 않았다. 단, 한국기업들의 선택을 깊이 있게 분석하고자 한다. 주어진 환경 요소들을 어떻게 해석하고 어떻게 창의적으로 재구성해서 활로를 개척했는지를 세밀하게 따져 보고자 한다. 한국적 경영, 즉 K-management는 한국이 보여주는 다양한 문화 곧 음악, 드라마, 웹툰

등과 같은 하나의 문화다. 한국적 경영은 글로벌 산업의 밸류체인을 다채롭게 만드는 독특한 요소로서 서구기업들이 주도해 온 경영전략의 레퍼토리를 더욱 풍성하게 만들고 있다. 한국적 경영은 자원과 여력이 부족한 나라가 더욱 부유하고 성숙한 선발국가를 따라잡아야 할 때 우선적으로 참조할 수 있는 사례다.

한국의 일거수일투족에 세계의 관심이 쏠리는 2025년 서두, 한국에서는 또 다른 격동의 드라마가 진행되고 있다. 당연한 이야기지만, 한국의 경제와 기업은 전 세계가 따라야 할 역할 모델도 만능 해결책도 아니다. 기적적인 성장을 이룩했지만, 한국은 여전히 수많은 문제와 불확실성에 휩싸여 있으며 5년 뒤, 10년 뒤의 미래를 누구도 보장할 수 없다. 그렇기 때문에 더욱더 한국이 이룬 성공의 본질과 한계를 정확하게 파악할 필요가 있다. 모든 것을 결과로만 평가한다면 성공의 핵심은 이해하지 못한 채 성공이 사라질 때 함께 사라져 버릴 것이다. 한국은 지금 이 순간도 중요한 고비를 통과하고 있고 앞으로도 많은 위기들을 겪겠지만, 지금까지 달성한 성취의 중요성은 그 누구도 부인할 수 없으며 정확한 분석과 이해를 위한 노력이 여느 때보다 더 절실하다.

이제부터 20세기 후반에 벌어진 토끼와 거북이의 경주, 그중에도 토끼들을 따라잡은 재빠르고 지혜로운 단 한 마리 거북이의 이야기를 시작한다.

2025년 새해를 맞이하며
김은환

차례

한국적 경영이란 무엇인가

산업화 세계의 신출내기가 다크호스로 부상하다

파키스탄의 훈자라는 계곡 마을에 오래 사는 노인이 많다는 것이 밝혀지자, 이곳 사람들이 어떻게 사는지, 무얼 먹는지, 무슨 생각을 하는지가 관심의 대상이 되었다. 세상 어디를 가나 건강한 사람과 병약한 사람이 있다. 훈자 마을이나 서울이나 뉴욕이나 운동하고 좋은 음식 먹고 긍정적인 태도를 가지면 더 오래 살 것이다. 하지만 훈자 마을의 고령자 비중이 월등하게 높다면, 이 마을 사람들에게 뭔가 특별한 것이 있지 않을까 호기심이 생긴다.

한국 또한 훈자 마을 못지않게 흥미로운 곳이다. 여기서 흥미로운 것은 장수 노인이 아니라 바로 기업이다. 한국에는 삼성전자, 현대자동차, SK하이닉스, LG생활건강과 같은 대기업만이 아니라, 다양한 업종마다 세계인으로부터 인정받는 '작은 챔피언'이 많다. 2023년 스타벅스의 여름맞이 고객 사은품을 납품한 세계적인 캠핑 브랜드 헬리녹스, 2018년

올림픽 스켈레톤 금메달리스트 윤성빈의 아이언맨 헬멧으로 세계에 알려진 오토바이 헬멧 제조사 HJC, 2023년 독일 법원의 LED 기술 관련 특허 분쟁 승소까지 미국·일본·유럽의 강자들로부터 20년간 100건의 소송에서 승리하여 '불독'이라는 별명을 얻은 서울반도체, 미야자키 하야오 감독이 〈센과 치히로의 행방불명〉 개봉 후 가장 먼저 방한하여 감사 인사를 전했다는 애니메이션 협력사 디알무비, BTS와 블랙핑크를 보유한 엔터테인먼트기업 하이브와 YG 등등… 다양하고 매력적인 기업 리스트가 끝이 없다.

물론 경쟁력 있는 기업을 한국이 가장 많이 보유하고 있는 것은 아니다. 《포춘 Fortune》이 선정한 글로벌 500대 기업 리스트에서 한국기업은 16개로 결코 적은 수는 아니지만, 미국(124), 중국(136), 일본(47), 독일(28) 등에 뒤진 세계 7위로 경이로운 수준은 아니다. 시가총액으로 봐도 한국 주식시장에서 거의 20%를 차지하는 삼성전자는 애플, 마이크로소프트, 알파벳, 아마존 등 정상급 기업에 크게 뒤처진다. 아시아의 작은 나라로서는 감탄할 만하지만 이 정도로 한국적 경영이 관심의 대상이 될 수 있을까?

한국기업의 놀라운 점은 특정한 맥락 속에서 보아야만 보인다. 한국이 작은 나라라는 것은 이미 언급했지만 또 하나 중요한 점은 유럽과 미국이라는 서구 선진국에 비해 늦게 출발한 나라라는 것이다. 물론 한국은 수천 년의 역사를 지닌 나라지만 다른 수많은 제3세계 국가들처럼 근대국가로는 제2차 세계 대전이 끝난 후에야 신생 독립국으로 출발했다. 함께 출발한 후발 독립국들 대부분은 포춘 500대 기업에 이름을 올릴 엄두조차 내지 못한다. 브라질, 인도, 러시아 등 엄청난 대국도 그 수가 한 자릿수에 그치며 튀르키예, 태국, 말레이시아, 인도네시아 등은 겨우 한 두 개 기업이 이름을 올렸을 뿐이다.

세계에서 가장 큰 나라 중 하나로 최근 미국을 위협할 정도로 발전하고 있는 중국을 제외하면, 제2차 세계 대전 후 출범한 비서구권 국가 중에서 한국은 경쟁력 있는 기업을 가장 많이 배출했다. 한국에게 산업, 자본주의 그리고 기업 등은 한 번도 경험한 적 없는 외래 문화이자 낯선 제도였다. 경험도 없고 훈련을 받지도 못했으며 규칙조차 잘 모르는 생소한 스포츠 경기대회에 참가하게 된 것과 비슷한 상황이다. 한 번도 경험해 보지 못한 게임에 출전한 선수가 불리한 것은 당연하다. 그러나 한국은 경제성장이라는 이 낯선 게임에서 다수의 스타 플레이어 기업들을 배출하며, 마이너리그에서 메이저리그로 승격했다. 도대체 한국에서 무슨 일이 있었던 것일까. 한국인들은, 기업이란 낯선 조직을 어떻게 구성하고, 경영이라는 새로운 게임을 어떻게 풀어 나간 것일까.

기업은 서구에서 등장한 이래 산업혁명과 경제성장의 주역이 된 생산 조직이다. 서구 사회는 유서 깊은 명문 기업을 수없이 배출했으며 그 원리를 집대성하여 '경영학'이라는 학문까지 만들었다. 서구 바깥의 신생 국가들은 경제발전을 이끌고 갈 좋은 기업을 가지고 싶었고 그래서 선진 기업의 사례와 교훈을 열심히 배우고 적용했다. 쉽게 따라할 수 없는 것은 당연하지만, 이미 성공 사례와 비결이 알려져 있으니 후발자들은 열심히 미리 닦여진 길을 걷기만 하면 될 것 같았다. 하지만 이미 포춘 기업 리스트에서 보았듯이 그 결과는 실망스러웠다.

위대한 카피캣 대한민국

서구 선진 기업의 길을 따라가는 것이 성공을 보장하지 못한다면 어떤 대안이 있을까. 의료환경이 썩 좋지 않은 제3세계 국가의 농촌 마을을 방문한 국제 의료봉사단의 경우를 생각해 보자. 이들이 어린이의 건강 개선 프로그램을 진행하려 한다. 그런데 선진국에서 유효성이 검증된 프로그램이 어쩐 일인지 효과를 거두지 못한다. 왜일까. 이 지역 사회와 아이들의 특성을 고려하지 않았기 때문이다. 이 문제를 해결할 대안이 있다. 전반적으로 건강 상태가 안 좋은 마을이지만 그중에서도 가장 건강해 보이는 아이들을 찾는다. 이 아이들의 삶과 가정, 학교 등 주변 상황을 조사하여 건강하지 못한 아이들과의 차이점을 밝힌다. 이미 잘 알려진 표준 프로그램과는 다른, 지역의 고유성을 반영한 토종 해법을 시도하는 것이다.

　　서구의 식민지였다가 낯선 산업 사회에 내던져진 신생 국가들은 "준비되지 않은" 어수룩한 새내기들이다. 산업혁명 이래 오랜 기간 시행착오를 거쳐 온 노련한 선진국과는 비교가 되지 않는다. 이런 나라들의 경험을 그대로 배운다고 해서 좋은 결과를 기대하기란 어렵다. 기업을 위해 경영학이란 학문이 있지만, 경영학의 세계관은 치안 및 사법제도, 효율적인 자본시장, 게다가 대졸 화이트칼라와 엔지니어들을 쉽게 채용할 수 있는 노동시장을 당연하게 상정한다. 이것은 실제 한국이 처한 현실과 너무 달랐다. 경영학이 가르쳐 준 지식이 크게 도움을 주기 어려운 상황이었다.

　　대부분 개발도상국들의 경제성장은 지지부진했으며 21세기에 들어와 부국과 빈국의 격차는 더욱 확대되는 조짐마저 보인다. 이러한 배경에서 한국은 파키스탄 훈자 마을 못지않게 흥미로운 사례로 떠오른다. 과연 한국은 어떻게 기업을 키우고 유례없는 경제성장을 달성했는가. 한국은 자원도 자본도 기술도 갖추지 못한 상태에서 새로운 게임에 빠르게 적응했다. 오랜 경험을 통해 학습을 하고 그 결과로 능숙해지는 것은, 그렇게까지 신기한 일은 아니다. 한국경제와 기업의 수수께끼는 짧은 시간 내에 사전 준비도 없이 새로운 것을 배우고 자기 것으로 만들었다는 점이다. 특정 분야를 잘 배운 데서 그치지 않고 한국은 배우는 법을 배웠다.

해방 이후 80년 동안 한국은 번번이 새로움의 충격을 맞이했다. 주로 기술 변화에서 촉발된 이런 변화들은 기업과 시장의 본 고장인 서구에서조차 받아들이기 쉽지 않은 충격이어서 프랑스, 일본 등의 산업 강국조차도 적응하는 데 어려움을 겪었다. 그런데 한참 막내로 겨우 산업화의 끝자리에 올라탄 한국은 최초의 새로움이 겨우 익숙해질 때쯤 또 찾아온 제2의 새로움에 물러서지 않고 다시 배움을 시도했다. 처음부터 오랜 시간 시행착오 끝에 배운 것이 아니어서였을까. 한국인과 한국기업은 기존에 가지고 있던 것에 연연하지 않았다. 새로운 것에 적응하고 빨리 배우는 한국 인재들이 기업과 사회를 이끌어 왔다. 무얼 하나 배우는 것도 어려운데 배우는 것을 배우기란 얼마나 어려울까. 한국은 어떻게 그 어려운 일을 해냈을까.

한국적 경영의 핵심을 한마디로 집약한다면 '혁신'이다. 혁신이란 무엇이든지 하던 대로가 아니라 새롭게 하는 것이다. 새로운 것 즉 변화란 반드시 반갑고 흥미로운 일만은 아니다. 변화는 사람들을 프로professional

위대한 카피캣 대한민국

에서 아마추어 amateur로 끌어내린다. 사람은 프로일 때 폼 나고 자랑스럽고 기분이 좋아지고 아마추어일 때는 서툴고 민망하고 불쾌한 법이다. 일단 프로가 되고 나면 다시 아마추어로 돌아가고 싶지 않다. 그러나 한국기업들은 변화를 피하거나 거부하지 않았다. 변화의 위험을 아랑곳하지 않고 오히려 이를 즐기는 괴팍한 삶의 태도 때문은 아니었다. 아마도 변화는 두렵지만 그래도 뭔가 가치 있는 것을 얻을 수 있는 기회라고 여겼기 때문이 아닐까 짐작해 본다. "호랑이를 잡으려면 호랑이 굴에 들어가야 한다"는 우리 속담이 떠오른다.

변화를 두려워하지 않는 마인드로 변화의 시대를 맞이한 한국은 뒤늦게 시작했다는 핸디캡을 극복하고 가장 빠르고 역동적인 기업의 나라를 만들었다. 한국의 기업들이 어떻게 탄생하고 어떻게 성장하고 어떻게 한계를 돌파했는지를 알아보는 것은 그 자체로 흥미로울 뿐더러, 경제 발전을 시도하는 제3세계 국가들에게 영감을 준다. 어쩌면 한때 산업과 기업의 강국이었다가 활력이 저하되어 경제를 재혁신하고자 하는 선진국에게도 새로운 시각에서 문제를 바라보게 하는 계기가 될 수도 있다.

물론 한국은 완벽한 나라가 아니며 2024년 현재 다른 어떤 나라에 못지않게 많은 문제점에 직면해 있다. 하지만 한 가지 분명한 것은 한국은 한 가지 해결책에 오래 매달려 있는 나라가 아니라는 것이다. 한국은 한 번의 성공 이후 "오래오래 행복하게 살았다~"는 동화의 나라가 아니다. 한국과 한국기업은 언제나 새로운 문제를 찾고, 문제를 만나면 이를 해결하기 위해 모든 에너지를 동원한다. 이것은 완전한 것도 이상적인 것도 아니며 모든 나라가 따라야 할 모범은 더욱 아니다. 그러나 이것은 오늘날 세계를 만드는 데 꼭 필요한 다양한 특징 중의 하나임에 틀림없다. 한국인이 기업을 만들고 운영하는 독특한 방식, 한국적 경영을 지금부터 살펴보자.

기적의 일꾼 — 기적적 성장으로부터 무엇을 배울 것인가

산업혁명과 민주화를 통해 먼저 선진국이 된 서구 경제는 농업, 목축업 등 1차 산업에 머물러 있던 전 세계를 식민지로 나눠 가졌다. 제2차 세계 대전이 끝난 후 거의 모든 제3세계 국가들이 이런저런 과정을 거쳐 독립을 달성했고, 한국도 1948년에 첫 근대 정부를 출범시켰다. 비슷한 시기에 출발한 제3세계 국가들은 자신의 의사와 무관하게 새로운 경쟁, 즉 경제성장이라는 장거리 경주에 끌려 들어갔다. 이 경주는 지금도 진행 중이다. 국민총생산^{GNP} 또는 국내총생산^{GDP}이라는 정확한 스코어가 매년 측정되어 구간마다 기록을 비교할 수 있는 달리기 경주와 똑같다.

무려 100개가 넘는 나라들이 총성과 함께 앞서거니 뒤서거니 달리는 마라톤이 시작되었다. 80년이 되어 가는 2024년, 그 성적은 어떻게 나타나고 있을까. 지금부터 16년 전쯤인 2008년에 세계은행이 제2차 세계 대전 후 가장 모범적인 성장을 한 13개국을 선정했다. 남미 1개국, 유럽 1개국, 중동 1개국, 아프리카 1개국을 제외하고는 9개국이 모두 아시아에 속했다. 이 중에서 아프리카의 보츠와나와 중동의 오만은 다이아몬드와 석유 등 광물자원의 발견에 의존하여 성장을 달성한 경우다. 세계은행은 13개국의 선두 그룹에서 다시 6개국, 즉 한국, 일본, 중국, 싱가포르, 대만, 홍콩이 지속적으로 성장하고 있으며 나머지 국가들은 추진력을 상실해 간다고 평가했다. 선두 그룹이 이미 나눠 지고 있었던 것이다. 아시아 9개국에서 뒤처진 3개국은 태국, 말레이시아, 인도네시아이다.

2008년도에 내린 평가는 정확했다. 13개국의 선두 그룹은 완전히 분열되었다. 2022년 1인당 국민소득 기준으로 선진국으로 간주되는 세계 30위권 이내에 진입한 국가는 한국, 일본, 싱가포르, 대만, 홍콩의 5개국이었다. 중국은 고소득국의 기준에 살짝 못 미쳤다. 여기서 일본은 제2차 세계 대전 당시 세계 열강의 하나로 후발 신생국이 아니다. 홍콩은 이미 중국에 편입되었고, 대만은 완전한 독립국으로서 인정받지 못하고 있다. 싱가포르는 특색 있는 작고 강한 나라임이 분명하지만 작은 도시국가다. 적정한 영토를 지닌 신생 독립국으로서 선진국에 진입한 것은 한국뿐이라는 결론이 나온다. 제2차 세계 대전 종전을 기점으로 80년을 지속하는 장거리 경주에서 한국은 최선두권을 달리고 있다.

장기 레이스의 출발선에서 동아시아가 얼마나 어려웠는가를 생각한다면 이 결과는 더욱 놀랍다. 스웨덴의 저명한 경제학자 뮈르달Gunnar Myrdal은 1968년 《아시아의 드라마》라는 책에서 아시아의 빈곤 문제를 다루었다. 한국을 특별히 지칭하지는 않았지만 전반적으로 아시아 경제가 빈곤에서 벗어나기 어렵다는 비관적 전망이 제시되었다. 이 책의 부제는 애덤 스미스의 《국부론An Inquiry into the Wealth of Nations》의 제목을 비튼 《국빈론An Inquiry into the Poverty of Nations》이었다. 이후 불과 2~30년 만에 일어난 변화에 세계는 깜짝 놀랐으며 한국의 경제성장을 '한강의 기적'

이라고 불렀다. 이것은 일반 대중이나 언론의 자극적인 표현이 아니다. 전문가인 경제학자들이 '기적'이라는 표현을 전적으로 인정하고 있다.

MIT의 경제학자 암스덴 Alice Amsden은 1989년 《아시아의 다음 거인 Asia's Next Giant》이라는 책에서 한국을 후발 산업국가의 고전적 사례로 인정하며 다른 후발국들이 따라야 할 모범이라고 말한다. 이후 한국은 외환위기, 금융위기 등을 극복하며 성장을 지속했고 놀라움은 더욱 커졌다. 1998년 초판이 발간된 스탠퍼드의 경제학자 찰스 존스 Charles I. Jones 의 《경제성장론 입문 Introduction to Economic Growth》에서는 일본, 홍콩, 싱가포르와 함께 한국의 경제성장을 "성장의 기적 Growth Miracles"이라고 부르고 더 나아가 "신데렐라의 변신 Cinderella-like transformation"에 비유했다. 버클리 대학의 경제사학자 배리 아이켄그린 Barry Eichengreen은 2013년 발간된 한국경제에 대한 연구 보고서의 제목을 《기적에서 성숙으로 From Miracle to Maturity》라고 붙였다. 그는 한국의 경제성장을 기적으로 부르는 것은 전적으로 타당하며 이에 비교할 만한 대상으로는 한국 이전의 일본, 이후의 중국 그리고 동시대의 대만뿐이라고 했다. 프랑스 경제학자 필립 아기온 Philippe Aghion은 《경제성장이론》이라는 책에서 한국 등 동아시아 국가의 경제성장은 20세기 가장 극적인 사건의 하나라며, 왜 이러한 장기지속성장이 다른 제3세계 국가에서 일어나지 않았는가를 성장이론의 핵심 질문으로 설정했다.

이처럼 경제학자들의 언급을 길게 인용한 것은 한국의 성장이 객관적으로도 놀라운 일로써 어떠한 과장이나 편향도 없음을 알리기 위해서다. 여기서 한 가지 곤란한 상황이 발생한다. 통계 분석에서 '이상점'이라고도 번역되는 아웃라이어outlier는 대부분의 다른 데이터와는 유별나게 달라서 튀어나와 있는 케이스를 가리킨다. 그 자체가 흥미로울 수는 있으나 일반성이나 법칙을 찾을 때는 분석에서 삭제하기도 한다. 한국은 제2차 세계 대전 이후 20세기 후반까지 펼쳐진 성장 레이스에서 단연 돋보이는 존재이며 대만을 제외하고는 유일무이한 사례다. 과학자에게 기적이란 "법칙으로는 설명이 되지 않는 현상"으로 곧 아웃라이어다. 한국과 대만의 성장은 경제성장 법칙이 들어맞지 않는 예외적 현상이다.

이러한 예외적 현상을 어떻게 설명할 것인가. 물론 경제학자들은 여러 가지 방법을 동원해 그 비밀을 풀기 위해 노력하고 있으며 의미 있는 성과도 보인다. 가장 먼저 한국경제의 잠재력에 주목한 암스덴은 한국의 이례적인 성공이 다른 후발 국가들의 역할 모델이 될 수 있다고 역설했다. 아웃라이어로서 삭제되는 것이 아니라 오히려 다른 국가들의 지향점이 되는 것이다.

한국이 지속적으로 성장한 이유가 다른 국가로 이식될 수 있는가 없는가가 관심사로 떠오른다. 만약 한국인만이 가지고 있는 고유한 특징이 성장의 원동력이라면 실망스러운 일이다. 예를 들어 한국의 우수한 인적자원이 성장의 핵심이었고 이러한 인적자원은 한국인이 가진 고유한 DNA로서 교육이나 훈련에 의해 재현될 수 없는 것이라고 해 보자. 이것은 중동 산유국의 경제성장이 보유한 석유자원 때문이라고 설명하는 것과 같다. 석유자원이 인적자원으로 바뀌었을 뿐이며, 산유국이 비산유국의 모델이 될 수 없는 것처럼, 인적자원 부국이 인적자원 빈국의 모델이 될 수는 없다.

그러나 다른 경우도 있다. 한국적 경영이 석유와 같은 희소 자원과 달리 누구든 적용할 수 있고 실천할 수 있는 역할 모델일 수도 있다는 것이다. 일본 고지마섬의 원숭이들은 사람이 던져 준 고구마를 먹고 살았는데 바닷가에 떨어지면서 모래가 잔뜩 묻는 것이 문제였다. 처음에 원숭이들은 몸의 털에 고구마를 비볐는데 별로 효과가 없었다. 그런데 한 어린 원숭이가 고구마를 바닷물에 씻어 먹기 시작했다. 이 방법은 다만 새로울 뿐 어려울 것도 기술이 필요할 것도 없었다. 동료 어린 원숭이들이 따라하기 시작하고 어미들이 따라하면서 이제는 고지마섬의 원숭이 대부분이 고구마를 씻어 먹는다.

한국이 한 일이 '고구마 씻기'처럼 새로울 뿐 누구나 따라할 수 있는 것이라면 후발 국가들의 경제성장에 새로운 트리거가 될 수 있을 것이다. 한국의 경제성장은 학자들조차 기적이라고 하는데 기적을 따라할 수 있을까. 기적을 모범으로 삼을 수 있을까. 고지마의 원숭이들은 여기서 중요한 시사점을 던진다. 아무도 고구마 씻기를 생각하지 못할 때 어린 원숭이의 뇌리에 선뜻 떠오른 아이디어, 이것은 기적과도 같다. 아이디어란 떠오르고 나면 별것 아니지만 떠오르는 순간에는 기적이다. 하지만 발상되고 나면 누구나 따라할 수 있는 것이 된다.

한국경제의 기적은 불가능한 일을 성취했다는 의미의 기적이 아니라 평범하게 생각해서는 떠올릴 수 없던 일을 생각해 내고 실천했다는 의미의 기적이다. 그리고 이로부터 배워야 할 점은 한국이 했던 일을 기계적으로 따라하는 것이 아니다. 현재의 익숙한 세계에서는 도저히 생각해 낼 수 없는 발상을 하고 이제껏 하던 방식과 다른 방식을 시도하는 것

위대한 카피캣 대한민국

이다. 실행할 수 없는 일은 누구도 할 수 없다. 그러나 생각할 수 없던 것은, 생각의 영역을 넓히고 낡은 사고방식을 깨뜨리면 생각해 낼 수 있고 도전할 수 있다. 기적의 일꾼으로부터 배울 수 있는 진짜 지혜는, 생각하지 못했던 영역으로 담대하게 들어가는 것이다. 고구마 씻기를 따라하지 말고 그 아이디어를 떠올리고 시도하는 자유와 용기를 따라하라. 그러면 변화는 저절로 시작된다.

황금 만냥과 자식 교육 — 학업 성적과 경제 성적표

한국은 자연자원도, 축적된 자본도 없기 때문에 사람 밖에 믿을 것이 없다는 데에 많은 사람들이 공감한다. 이 대답을 뒷받침하는 강력한 증거가 있다. 바로 학생들의 학업 성적이다.

한국 학생들은 장기간 학업 능력을 테스트하는 국제 검사에서 발군의 성적을 기록해 왔다. 전 세계 학생들의 학업 능력을 평가하기 위해 경제협력개발기구 OECD 에서 매년 시행하는 국제학생평가 프로그램 PISA: Programme for International Student Assessment 은 읽기, 수학, 과학의 세 가지 분야로 이루어져 있는데 우리나라는 2000년부터 참가하고 있다. 참가 이래 한국은 늘 최상위권이다. 선진국이라고 할 수 있는 37개 OECD 회원국 중에서는 세 분야 모두 4위 이상의 성적을 지속적으로 유지한다.

다음은 국민들이 평균적으로 학교를 몇 년간 다니는가를 보는 '교육 연수' 그리고 PISA와 같은 국제적 학업 성적 비교 테스트를 이용한 학생

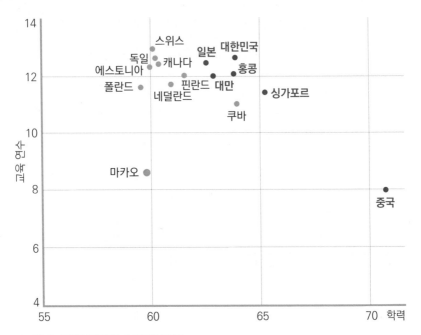

〈그림 1〉 교육 투자와 학력의 관계

들의 실력인 '학력'을 하나의 그림으로 표시한 것이다. (교육 연수가 교육 투자의 '양'이라면 학업 성적은 '질'이라고 볼 수 있다.) 교육 연수에서는 선진국과 아시아 국가들이 차이가 없는데 학업 성적으로는 중국을 포함한 유교권 국가들이 단연 돋보인다.

한국 학생들이 국제적 기준으로도 공부를 잘 한다는 것을 어떻게 이해하면 좋을까. 한국인이 유전적으로 머리가 더 좋은 것일까. 한국인의 평균 IQ는 전 세계 5위로 상위권이기는 하다.[1] IQ가 학업 성적과 밀접하게 연관된 것은 사실이지만 한국에는 이보다 더욱 강력한 이유가 있다. 학생들이 공부를 열심히 한다는 것이다.

위대한 카피캣 대한민국

〈표 1〉 전체 참여국의 PISA 2018 영역별 성취 결과 비교

읽기			수학			과학		
국가명	평균	순위	국가명	평균	순위	국가명	평균	순위
에스토니아	523	1~3	일본	527	1~3	에스토니아	530	1~2
캐나다	520	1~4	대한민국	526	1~4	일본	529	1~3
핀란드	520	1~5	에스토니아	523	1~4	핀란드	522	2~5
아일랜드	518	1~5	네덜란드	519	2~6	대한민국	519	3~5
대한민국	514	2~7	폴란드	516	4~8	캐나다	518	3~5
폴란드	512	4~8	스위스	515	4~9	폴란드	511	5~9
스웨덴	506	6~14	캐나다	512	5~11	뉴질랜드	508	6~10
뉴질랜드	506	6~12	덴마크	509	6~11	슬로베니아	507	6~11
미국	505	6~15	슬로베니아	509	7~11	영국	505	6~14
영국	504	7~15	벨기에	508	7~13	네덜란드	503	7~16
일본	504	7~15	핀란드	507	7~13	독일	503	7~16
호주	503	8~14	스웨덴	502	10~19	호주	503	8~15
덴마크	501	9~15	영국	502	10~19	미국	502	7~18
노르웨이	499	10~17	노르웨이	501	11~19	스웨덴	499	9~19
독일	498	10~19	독일	500	11~21	벨기에	499	11~19
슬로베니아	495	14~18	아일랜드	500	12~21	체코	497	12~21
벨기에	493	15~20	체코	499	12~21	아일랜드	496	13~21
프랑스	493	15~21	오스트리아	499	12~23	스위스	495	13~23
포르투갈	492	15~21	라트비아	496	15~23	프랑스	493	16~23
체코	490	16~22	프랑스	495	15~24	덴마크	493	16~23
네덜란드	485	20~24	아이슬란드	495	16~24	포르투갈	492	16~24
오스트리아	484	20~24	뉴질랜드	494	18~24	노르웨이	490	18~24
스위스	484	19~25	포르투갈	492	18~26	오스트리아	490	18~25
라트비아	479	23~27	호주	491	20~25	라트비아	487	21~25
이탈리아	476	23~29	이탈리아	487	23~29	스페인	483	24~27
헝가리	476	24~29	슬로바키아	486	23~29	리투아니아	482	25~27
리투아니아	476	24~28	룩셈부르크	483	25~29	헝가리	481	24~28
아이슬란드	474	25~29	스페인	481	26~31	룩셈부르크	477	27~29

읽기			수학			과학		
국가명	평균	순위	국가명	평균	순위	국가명	평균	순위
이스라엘	470	25~31	리투아니아	481	26~31	아이슬란드	475	28~30
룩셈부르크	470	29~31	헝가리	481	26~31	터키	468	30~33
터키	466	30~32	미국	478	27~31	이탈리아	468	30~33
슬로바키아	458	32~34	이스라엘	463	32	슬로바키아	464	30~33
그리스	457	31~34	터키	454	33~34	이스라엘	462	30~33
칠레	452	33~34	그리스	451	33~34	그리스	452	34~35
멕시코	420	35~36	칠레	417	35	칠레	444	35
콜롬비아	412	35~36	멕시코	409	36	멕시코	419	36~37
–	–	–	콜롬비아	391	37	콜롬비아	413	36~37
평균	487		평균	489		평균	489	

※ OECD 평균은 OECD 37개국(읽기에서는 스페인 제외) 각각의 평균에 대한 평균임.
출처: 교육부(2019), p. 3.

여기서 한 가지 의문이 떠오른다. 학생들의 공부 실력과 그 나라의 경제 실력이 비례한다면 유교 국가보다 더 잘 사는 선진국 학생들이 더 공부를 잘해야 하지 않을까? 동아시아 국가들이 경이로운 성장을 했음에도 불구하고 아직 서구 선진국의 소득에는 미치지 못한다. 하지만 선진국 학생들의 성적은 동아시아 학생들에게 뒤처지므로, 이로 미루어 볼 때 국가 단위로 학생들의 실력과 1인당 국민소득은 비례하지 않는다. 그렇다면 학생들의 성적은 어떤 경제 변수와 비례하는가?

비례하는 것은 소득의 절대 수준이 아니라 소득의 성장 속도다. 학생들의 성적이 우수한 나라들은 거의 예외 없이 빠른 속도의 경제성장을 장기간 지속했다. 이미 높은 수준의 부를 형성하고 안정적으로 이를 유지하는 국가의 학생들은 세계 최고의 수학, 읽기 실력을 뽐내지 않는다.

위대한 카피캣 대한민국

하지만 빠르게 성장하는 국가의 학생들은 공부를 잘한다.

이 현상을 설명하기란 간단하지 않다. 한국에서 언론인 생활을 하다가 독일에서 아이 둘을 키운 박성숙 씨는《독일 교육 이야기》라는 책에서 한국과 독일 교육의 다른 점을 설명했다. 그는 처음에 "독일 사람들은 왜 이렇게 공부를 안 시키는 거야"라고 불만을 품었다고 한다. 한국 학교와 같은 경쟁 분위기, 압박, 주입식 교육은 찾아볼 수 없었다. 심지어 독일의 교사는 한국인 학부모를 소환해 아이에게 너무 공부를 압박하면 안 된다고 충고하기까지 했다.[2]

호주의 심리학자 라자 스탄코프는 〈용서 없는 유교문화: 높은 학문적 성취와 시험 공포증, 자기 불신이 공존하는 배경 Unforgiving Confucian culture: A breeding ground for high academic achievement, test anxiety and self-doubt?〉이라는 논문에서 실력, 자신감, 흥미가 불일치하는 현상을 '동아시아 학습자 역설 East Asia Learner Paradox'이라고 불렀다. 학생의 실력과 자신감은 비례하는 것이 확립된 진실인데 한국에서만은 예외다. PISA에서 수학 성적 세계 1위인 한국 학생들은 자신감에서는 65개국 중 63위, "수학 시간이 기다려진다"는 문항의 답변에서는 58위를 기록했다.

서양인들에게는 패러독스로 여겨지는 이 현상에 대해 한국인들은 어떻게 느낄까. 우리에게 이것은 그렇게 이상한 일이 아니다. "공부를 좋아하지도 않으면서 왜 열심히 하는가"라는 질문은 한국에서는 조금 엉뚱하게 들린다. 좋아하는 것은 즐길거리, 즉 놀이의 대상이지 열심히 해야 할 일, 즉 공부의 대상은 아니다. 한국 학생들에게 공부란 취미가 아니라 의무, 즉 좋아하든 싫어하든 열심히 해야만 하는 일이다.

반드시 잘해야 하는 것이므로 잘하고 있어도 한 번의 실수로 시험을 망치지 않을까 늘 긴장하고 그 결과 자신감이 낮아진다. 자신감이 없으니까 공부에 더 매달리게 되고 공부량이 많다. PISA에서는 학생들의 공부시간도 조사하는데 여기서 한국은 일주일에 수학을 7.2시간 공부하는 것으로 나타나 세계 최고를 기록했다. 한국직업능력개발원의 유한구·채창균 박사는 공부시간을 고려한 단위시간당 성적으로 순위를 내면 한국은 57개국 중 4위에서 48위로 떨어진다는 결론을 제시했다.[3]

왜 이렇게 공부에 진심일까? 한국에서 공부, 그리고 공부의 결과인 성적과 상급학교 특히 대학 입학 여부는 능력의 확실한 증거, 더 나아가 능력 자체로 여겨진다. 여러 가지 능력 중 특수한 하나가 아니라 일반 능력, 더 나아가 인성과 태도까지 포함된 전인적 능력이다. 한국인들은 머리가 백발이 되어서도 학창 시절의 학교 성적과 대학 입학 시험의 점수를 기억한다. 성적과 '학벌'은, 이후 어떤 역량을 쌓고 어떤 업적을 올리더라도 그 의미와 상징성을 잃지 않는다. 나쁜 입시 성적은 돌이킬 수 없는 '주홍글씨'다.

한 개인의 출세와 영달을 위해 이처럼 청춘 시절을 다 바쳐 공부하는 것이 과연 교육에 좋은가에 대해서는 의심스러운 점이 많다. 그러나 분명한 것은 학생들의 성적이 우수한 국가가 장기간 고성장을 달성했다는 점이다. 학생들이 무리하게 공부한 나라들이 두드러진 경제성장을 달성했다는 것은 움직일 수 없는 사실이다. 이 사실만을 놓고 보면 다른 어떤 투자, 물적자본, 기술, 설비, 제도 등등에 대한 것보다 교육 투자가 높은 수익률을 가져왔다는 점에 의문의 여지가 없다.

〈그림 2〉 전쟁 중 서울 거리에서 공부하는 아이들. 1953년 6월 5일 종군기자 워런 리가 촬영했다. (완주 책박물관)

《명심보감》에는 다음과 같은 말이 있다.

황금이 상자에 가득해도 자식에게 경전 하나를 가르치는 것만 못하고 자식에게 천금을 물려주느니 육예(예법, 음악, 활쏘기, 승마, 붓글씨, 산수 등 당시 선비들의 기본 교양과목)의 하나를 가르치는 것만 못하다.

黃金滿籝 不如教子一經 賜子千金 不如教子一藝.

《명심보감》은 공부가 황금보다 경제적으로 우월하다고 말하려는 것은 물론 아니다. 경제와는 다른 차원의 가치를 말한 것이지만, 현대 한국의 교육 투자는 경제적으로 다른 어떤 물적 투자보다 더 나았다. 특히 좋은 것은 교육 투자가 엄청난 돈이나 시설 등을 요구하지 않았다는 점이다. 비만 피할 수 있는 장소와 선생님만 있으면 되었다. 빈곤한 사회에서 교육 투자의 진짜 비용은 아이들을 노역에 동원하지 못한다는 것이다. 하지만 이것은 어린이의 정신과 육체를 훼손시켜 인적자원을 장기적으로 파괴하는 자해행위다. 학부모들의 교육열은 이러한 어린이 노역을 자생적으로 억제하는 효과를 발휘했다. 세계적으로 아동 노동이 지금 이 순간에도 간과할 수 없는 문제임을 감안할 때 한국의 교육열은 경제적 가치를 뛰어넘는 기여를 해 왔다고 평가되어야 한다.

한국이 해방과 전쟁의 폭풍우를 지나 신생국으로 출발했을 때 신분, 재산, 혈통 등의 기준은 거의 의미가 없었고 맨몸뚱이로 살아남은 사람들에게 공부는 유일무이한 기준이자 희망이었다. 한국의 시인 김수영은 전쟁이 끝난 직후인 1955년 〈국립도서관〉이란 시에서 다음과 같이 말한다.

전쟁의 모든 파괴 속에서
불사조같이 살아난 너의 몸뚱아리―
우주의 파편같이
혹은 혜성같이 반짝이는
무수한 잔재 속에 담겨 있는 또 이 무수한 몸뚱아리―들은
지금 무엇을 예의 연마하고 있는가

전쟁 포로로 2년의 고초를 겪고 풀려난 김수영은 국립도서관에서 자리를 가득 메우고 공부하는 인간 군상을 발견한다. 어떤 고난도 비극도 한국인들이 공부하려는 열정을 막을 수 없었다. 정세 변화에 민감한 사

위대한 카피캣 대한민국

람들은 한문과 유교 경전을 버리고 영어와 서구 문명 특히 수학으로 공부의 방향을 돌렸다.

저개발국의 경제성장을 위해 많은 전략과 제도 개선이 제안되고 실행되었지만 적어도 지금까지는 지속가능한 성과를 거둔 사례가 드물었다. 한국인의 교육열은 경제성장이라는 엔진에 불을 붙인 불쏘시개 또는 펌프질을 시작할 때 먼저 붓는 마중물의 역할을 했다. 황금보다 더 공부를 중시하라는 가르침이 현대 한국에서 빛을 발했다.

한국의 공부 문화는 혁신과 성장을 추구하는 다른 사회에서도 도입할 수 있다. 현재 인도는 명문 공대를 향한 경쟁이 한국 못지않게 치열하다. 인도가 한국의 모델을 의식적으로 수입한 것은 물론 아닐 것이다. 인도의 IT산업이 꾸준히 발전하면서 이 분야에서 일하면 전통적인 인도의 카스트 제도의 한계를 극복할 수 있다는 믿음이 생겼고, 한국과 비슷하게 신분상승과 공부의 선순환 관계가 생겼다. 이로부터 불붙은 뜨거운 교육열은 인도의 경제와 산업에 분명히 긍정적인 영향을 미칠 것이다. 어떤 나라라도 과학기술 교육을 중시하고 이러한 교육을 통해서 개인과 집단의 번영을 추구할 수 있다는 확신을 줄 수 있다면 한국에서와 같은 교육열이 점화될 수 있다.

공부를 의무로 생각하고 스스로를 채찍질하는 현재 한국 학생의 삶은 걱정거리임이 분명하다. 이 문제는 앞으로 우리가 고민하고 풀어 가야 할 숙제다. 한국은 경제성장의 결과로 높은 소득을 얻었고, 그에 따라 삶의 스타일과 산업의 조건이 모두 바뀌었다. 학교를 보내지 않으면 노동 현장으로 보내지는 세상도 아니며 포탄 소리를 들으며 땅에 앉아 공부하는 세상도 아니다. 이제는 선진국의 학교처럼 자신감과 흥미가 선순환되는 창조적인 공부를 지향해야 할 때다. 하지만 많은 개발도상국에서 교육열과 교육 투자는 지금 이 순간에도 결정적으로 중요하다. 학생들이 공부를 열심히 하는 나라는 기회를 갖는다. 학생들이 공부에 전념할 수 있는 동기와 여건을 마련하는 것이 경제성장에서 매우 중요하다는 사실은 한국의 사례에서 검증을 거쳐 굳건해진 명제라고 말할 수 있다.

제1장

빈곤의 함정으로부터 탈출하다

한국은 다양한 성취를 통해 온 세계로부터 관심의 대상이 되고 있지만 그중 가장 주목할 것은 단연 경제성장이다. 한국의 성장 속도와 지속성이 "기적"으로까지 평가받는 이유 중 하나는 출발 당시 한국의 열악한 상황 때문이다. 인간으로 비유하면 돌봄 없이는 살아 있는 것조차 힘든 버려진 신생아가 건강하고 유능한 성인으로 자라난 것과 같다. 그 첫 단계, 즉 빈곤의 함정에 빠져 있던 나라가 어떻게 이를 극복하고 정상적인 성장 궤도에 올라섰는지, 지금부터 살펴보자.

한강의 기적 — 빈곤의 함정에서 빠져나오다

제2차 세계 대전 이후 세계경제가 전후 복구에 나서면서 적지 않은 신생 독립국가들이 경제성장을 시작했다. 일찍 식민지를 경험하고 독립도 빠르게 한 중남미, 석유자원을 보유한 중동, 심지어 한반도 내에 공산주의 정권에 의해 등장한 북한마저 경제성장의 시동을 걸었다. 이들이 처한 상황은 모두 달랐지만 한 가지 공통점이 있다. 모두 자원이 많은 지역이라는 것이다. 외부에 의해 산업화를 시작한 나라들 중에서 그나마 산업의 에너지원이나 소재가 되는 천연자원을 많이 가지고 있는 나라들은 출발선상에서 우위에 있었다.

한국이라는 그리 크지 않은 나라에서조차 자원이 많았던 북한이 남한에 비해 경제성장에서 앞서 나갔다. "한강의 기적"이라고까지 불리운 남한의 경제성장이 1980년대가 되어서야 조금씩 알려지기 시작한 데 비해 북한의 경제는 이미 1960년대에 주목을 받았다. 영국의 저명한 경제학자 조앤 로빈슨은 1964년 북한을 방문하고 깊은 인상을 받아 〈한국의 기적 Korean Miracle〉이라는 논문을 사회주의 성향의 잡지 《먼슬리 리뷰 Monthly Review》에 발표한다. 기적이라는 명예로운 호칭은 남한보다 북한이 10년 이상 먼저 얻었던 셈이다.

한국은 2002년 일본과 공동 개최한 월드컵에서 아시아 국가로서는 최초로 4강에 오르는 쾌거를 달성했는데 북한은 이미 36년 전인 1966년 개최된 영국 월드컵에서 8강에 오르는 기염을 토한 바 있다. 북한은 당시 이탈리아를 1:0으로 꺾고 8강에 올랐는데 놀랍게도 2002년 남한 역시 이탈리아를 2:1로 꺾고 8강에 올랐다. 스포츠와 경제 모두 북한이 먼저 기적을 달성하고 남한이 추격해 간 모습이 흥미롭다.

북한이 이처럼 앞서간 것은 역시 자원의 우위 덕분이었다. 북한은 광물자원이 풍부했을 뿐더러 이 때문에 일제 강점하에서 북쪽에 편중된 제조업, 발전소 등 산업과 인프라의 기반을 활용할 수 있었다. 이에 반해 남한은 더욱 농업에 치중하게 되었고, 남북한이 미국과 소련의 영향 아래 분단되고 나니 양쪽 모두 불균형한 경제가 되고 말았다. 근대 이전이었다면 농업이 주가 된 남한이 더 잘 살았을지 모르지만 산업화 시대에는 그렇지 않았다. 북한은 중공업 우선 전략을 추진하여 남한보다 빠르게 경제를 키워 나갔다.

남한은 국토 분단으로 북한의 중공업과 인프라를 이용할 수 없게 되고, 주력인 농업조차 제조업 상품이 더 큰 가치를 부여받는 시대에서 큰 힘이 되지 못했다. 현재도 마찬가지지만 농업과 같은 1차 산업에 주력하면서 순조롭게 산업화를 달성하는 국가는 매우 드물다. 중동 산유국의 경제성장은 지체되고 있으며 인구보다 소의 머릿수가 더 많다는 아르헨티나 또한 경제발전에 큰 어려움을 겪고 있다.

별다른 산업 기반도 없이 작은 나라로 출발한 한국의 미래를 낙관하는 사람은 거의 없었다. 한국전쟁이 끝나고 10여 년이 흐른 뒤인 1969년, 경공업 위주의 발전에서 철강산업 등 중공업으로 한 단계 도약을 시도하던 한국에 세계은행(이때의 명칭은 국제부흥개발은행 IBRD: the International Bank for Reconstruction and Development)의 아시아 담당 연구원이었던 존 W. P. 자페 John W. P. Jaffe 는 한국을 조사한 후 철강산업은 무리이며 농업에 더욱 치중해야 한다는 보고서를 제출했다. 1986년 포항제철의 박태준 회장이 자페에게 "아직도 그 보고서가 옳다고 믿는가"라는 질문에 "그러한 상황이라면 지금도 똑같은 판단을 내릴 것이다. 다만 당신과 같은 한국 사람이 기적을 만들 수 있다는 것을 몰랐다"고 답했다고 전한다.[1]

경제학에서 말하는 '빈곤의 함정'이란, 경제가 마치 블랙홀처럼 어떠한 노력에도 불구하고 모든 경제 주체들을 빈곤 상태로 원위치시키는 것을 뜻한다. 가난하기 때문에 가난을 벗어날 도구를 구할 수 없고 그래서 가난이 지속된다. 함정이란 말은 부정적인 의미를 갖는 동시에 회복력 있는 균형이라는 의미도 갖는다. 버둥거릴수록 원 지점으로 빨려드는 것이다. 컬럼비아 대학의 제프리 삭스Jeffrey Sachs는 2004년 출간한 《빈곤의 종말The End of Poverty》에서 세계 인구 중 10억 명이 빈곤의 함정을 탈출하지 못하고 있다고 말했다.

사실 인류의 경제 상태는 산업혁명 이전에도 지금의 기준으로 빈곤의 상태를 벗어나지 못하고 있었다. 인류는 유인원의 영역을 벗어나 문명에 도달한 이후 조금씩 생산성을 증가시키기는 듯했으나 그 속도는 매우 느렸다. 산업혁명 이전에는 전 세계가 빈곤의 함정에 빠져 있었다고 해도 과언이 아니다. 서유럽을 중심으로 산업화와 경제성장이 깨어나면서 세계경제는 혁신과 발전의 시대에 돌입한다. 이후 200년 이상 세계경제는 성장하고 있지만, 아직도 상당수의 인구가 빈곤의 함정에서 빠져나오지 못하고 있다.

문명 시작 후 거의 1만 년 동안의 정체를 생각하면 정체하는 10억의 빈곤 인구가 이상한 것이 아니라 갑자기 질주하기 시작한 일부 산업국가들이 더 독특한 것일 수도 있다. 한국이라는 나라를 생각해도 신라, 고려, 조선에 이르는 수천 년의 시간 동안 경제는 정체되어 있었다. 어떻게 갑자기 마지막 70년에 들어와 유례없는 고속성장을 하게 되었을까. 비유하면 고속촬영으로만 움직임이 보이는 식물 줄기처럼 뻗어 가던 생물이, 마지막 순간에 동물로 변신하여 달리는 것과 같다.

한국은 어려운 상황에서 산업화를 향한 힘든 경주를 시작했다. 하지만 취약한 산업 기반과 협소한 시장으로 발전의 계기를 잡기 어려웠다. 다른 많은 개발도상국처럼 미국 등 강대국의 원조는 가장 급한 어려움을 극복하는 데는 도움이 되었지만 기존 농업 기반을 약화시키는 등 장기적 발전에는 큰 도움이 되지 않았다. 계속 농업과 경공업에 매달릴 경우 미래가 보이지 않았으며, 그렇다고 자원도 역량도 없는 중공업에 도전할 엄두를 내기도 어려웠다. 그럼에도 불구하고 전쟁이 끝나자마자 한국경제는 기지개를 켜고 움직이기 시작했다.

한국경제는 한국전쟁의 폐허 뒤에 극도의 빈곤에 사로잡혀 있었고 군사 쿠데타를 일으킨 박정희 정부가 수출주도전략을 밀어붙이면서 탈출이 이루어졌다는 것이 그동안의 학계는 물론 일반인 사이에서도 공감을 얻고 있었다. 그러나 한국의 경제학자 김두얼은 일본 제국주의의 착취, 그리고 전란을 겪으면서도 한국경제는 결코 빈사 상태에 빠져 있지 않았다고 주장한다.

물론 한국의 전통사회는 다른 모든 나라처럼 정체되어 있었고 갓 독립했을 때의 주변 상황과 경제 주체들의 역량은 결코 희망적이지 않았다. 박정희 정부가 새로운 계기를 만들고 흔히 생각하기 어려운 수출전략을 과감하게 채택하여 한국경제를 비상시킨 것은 분명한 사실이다. 그러나 빈사 상태에 빠져 생명이 위태로운 무기력한 환자를 기적적인 치료법으로 살려 냈다는 것은 정확한 비유가 아니다. 더욱 현실적인 비유는 영양 상태나 생활 환경이 매우 나쁜 빈민촌에 살고 있지만 그 마을에서는 평균적으로 건강 상태가 양호하고, 의욕과 활기도 갖춘 어린이를 적절한

위대한 카피캣 대한민국

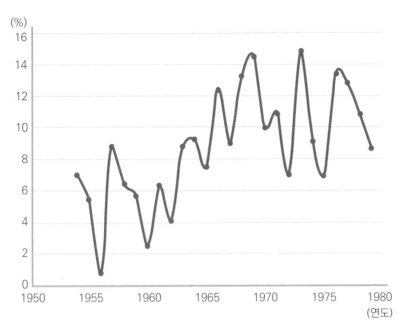

〈그림 1-1〉 한국의 경제성장률(1954~1979)

돌봄을 통해 더욱 건강하게 만들었다는 것이 올바른 비유가 될 것이다. 김두얼에 의하면 전쟁 직후인 1954년부터 1960년까지 한국의 성장률은 평균 5.3%로 당시 선진국 경제와 비교해도 낮은 수준이 아니었다.[2]

　전쟁의 폐허를 복구하고 토지개혁을 하는 등 제도적 기반을 다지고 일본이 남겨 두고 간 적산, 즉 귀속재산 사업체로부터 다시 경공업을 발전시키는 등 1950년대 한국은 재건의 발걸음을 내디뎠다. 하지만 다른 많은 개발도상국들이 그러했던 것처럼 그 상태에서 계속 각자의 역할에만 치중했다면 성장의 가속화는 일어나지 못했을 가능성이 높다.

　박정희 정부는 전략 궤도를 과감하게 수정했으며 다수의 경제 주체들은 각자 때로는 기꺼이, 때로는 경계하고 때로는 저항하면서 이 선택을 받아들였고 때로는 의식도 하지 못한 채로 이 흐름에 휩쓸려 들어가기도 했다. 결과적으로 이 선택 이후 한국경제는 거의 30년에 이르는 고공비행을 하게 된다.

오랜 정체의 시기를 마감하고 산업화의 선배 국가들조차 경험하기 힘든 고속성장이 한국에서 일어났다. 그 원동력은 무엇이었을까. 지금부터 이 문제를 집중적으로 탐구해 본다.

가난 구제는 나라도 못한다 — 경제성장의 이론과 실제

우리 속담에 "가난 구제는 나라도 못한다"는 말이 있다. 사람의 얼굴로 길흉을 판단하는 관상가들도 얼굴에 재물운, 즉 부자가 될지 가난해질지는 알 수 없다고 한다. 국가든 개인이든 부자가 되는 묘수가 없다는 것이다. 이것은 당연한 진리다. 부자가 되는 쉬운 방법이 있다면 이미 우리는 모두 부자가 되어 있지 않을까. 아무런 고민도 없이 바로 지상 천국이 될 것이다.

그렇다면 경제학은 한 나라가 부유해지는 방법에 대해서 어떻게 얘기하고 있을까. 경제학이 아무리 이론적으로 발전했다고 해도 이런 궁극의 질문에 뾰족한 답을 내놓을 수 있을까. 경제학의 설명은 그다지 신통해 보이지는 않는다. 일단 부자가 되려면 가치 있는 재화를 만들어 내기 위한 도구, 즉 자본이 있어야 한다. 자본이란 흔히 돈을 가리키지만, 돈

중에서도 소비재를 사는 데 쓰이는 경상지출이 아니라 생산을 위한 것, 즉 기계, 원료, 설비 등 생산 도구의 구입비다. 자본이란 결국 인간의 노동을 도와주는 모든 물적 도구를 의미한다.

자본이 많으면 생산성이 올라간다. 사람이 혼자서 밭을 가는 것과 소를 이용하는 것, 더 나아가 경운기를 이용하는 것은 생산성에서 비교가 되지 않는다. 아무리 농토가 비옥해도 종자나 비료, 경운기 등을 살 돈이 없으면 사람 손으로 짓는 농사의 수확은 보잘것없다. 부자가 되려면 자본이 있어야 한다. 문제는 가난하면 자본이 없다는 것이다. 가난하기 때문에 자본이 없고 자본이 없으므로 생산성이 낮고 생산성이 낮아서 가난해지는 빈곤의 악순환이 벌어진다. 이것이 빈곤의 함정이다. 가난하면 계속 가난하고 부자가 되려면 돈이 필요하다는 이야기인데, 틀린 말은 아니지만 허무하기 짝이 없다. 좀 더 그럴듯한 이야기는 없을까.

자본을 더 투입해서 생산성이 늘어날 수만 있다면 자본주의 세계에서는 방법이 있다. 한 나라가 너무 가난하다고 해도 이웃에 돈이 있는 나라에서 자본을 주는 것이다. 그냥 주는 것이 아니라 이자와 원금을 돌려받으므로 이것은 투자다. 고맙고 좋은 일이긴 한데, 이미 잘살고 산업도 발전한 부자 나라가 자기 나라 안에서 투자를 하면 되지 왜 가난한 나라에 투자를 해야 할까? 여기서 경제학적으로 문제를 따져 볼 필요가 있다.

1인당 자본, 즉 일하는 사람 한 명이 사용하는 자본의 양이 늘어나면 인당 생산량, 즉 생산성이 향상된다. 누구나 아는 얘기다. 그러나 경제학자는 여기서 한 가지를 더 얘기한다. 자본은 모든 사람에게 똑같은 효과를 갖지 않는다. 두 사람에게 똑같이 1천만 원의 자본이 주어졌다고 하

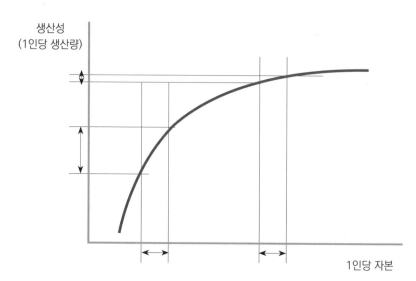

〈그림 1-2〉 자본증가에 따른 생산성 변화

자. 그런데 한 사람은 무일푼이고 또 한 사람은 이미 1억 원을 보유한 자본가다. 누구의 생산성이 더 많이 증가할까. 두 사람의 생산성은 모두 증가하지만, 무일푼인 사람이 훨씬 더 많이 증가한다.

무일푼인 사람은 모든 것을 자신의 힘과 손으로만 생산해야 한다. 땅도 없을테니 아무나 이용할 수 있는 공유지 야산에 가서 산딸기나 버섯을 따야 한다. 그 수확은 보잘것없을 것이다. 하지만 1천만 원이 생기면 작은 땅이라도 임대하고 종자나 저렴한 농기구도 살 수 있다. 산딸기, 버섯과는 비교도 안 될 정도로 생산이 증가할 것이다. 그러나 이미 1억을 가진 사람이라면 어떨까. 1천만 원은 큰돈이지만 이미 보유한 자본의 10%밖에 되지 않으며 거의 무에서 시작한 사람만큼의 극적인 생산 증가는 기대하기 어렵다.

위대한 카피캣 대한민국

인당 자본이 적을수록 생산성이 더 빨리 늘어나는 것을 앞의 그래프와 같이 표현할 수 있다. 그래프에서 보듯이 1인당 자본이 똑같이 늘어나도 현재 자본의 양에 따라 생산성 증가의 차이는 크다. 그래프의 곡선이 처음에는 가파르게 올라가다가 점점 더 완만해지기 때문이다.

이것을 증명하는 역사적 증거가 있다. 제2차 세계 대전 직후 패전국 독일과 일본은 생산 시설의 거의 전부가 파괴되었다. 많은 전사자 때문에 인구도 크게 줄었지만 전체 인구 대비로는 2~5% 정도의 감소였기 때문에 자본이 훨씬 더 많이 파괴되었다. 경제학적으로 보면, 제2차 세계 대전의 패전국인 독일과 일본의 인당 자본이 극단적으로 감소한 셈이다. 전란의 폐허 위에서 독일과 일본은 모두의 예상을 뒤엎고 빠르게 선진국 대열에 복귀했으며 2023년 현재까지도 그 지위를 유지하고 있다. 독일의 경우 "라인강의 기적"이라는 말까지 생겼으며 일본 역시 1960년을 기점으로 10년 만에 국민총생산이 4배로 증가했다.

"기적"이 이해가 안 가는 현상이라고 정의한다면 독일과 일본의 재건은 기적이 아니다. 표준적인 경제성장이론을 적용하면 10년 만에 4배의 소득 증가는 예측 가능한 일이다. 초고속 성장의 배후에는 복리의 마법이 숨어 있다. 10년 만에 4배는 놀라운 숫자이지만 매년 15% 정도 성장하면 달성 가능하다. 물론 1년에 15% 성장하는 것은 평상시에는 거의 불가능한 일이지만 모든 것이 폐허가 된 패전국에서는 가능하다. 기술자, 숙련공들이 공장과 기계가 없이 놀고 있는 상태에서 자본이 투입되기 시작하면 생산성이 파격적으로 늘어난다. 실제로 이 시기에 독일과 일본에서는 매년 10%를 넘나드는 경제성장이 지속됐다.

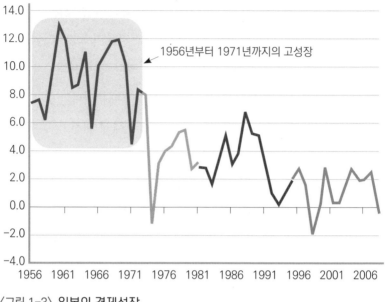

14.0

12.0

10.0   1956년부터 1971년까지의 고성장

8.0

6.0

4.0

2.0

0.0

-2.0

-4.0
    1956 1961 1966 1971 1976 1981 1986 1991 1996 2001 2006

〈그림 1-3〉 일본의 경제성장

　전쟁으로 극단적으로 낮아진 인당 자본 수준에서 자본재가 공급되면서 파격적인 생산성 향상과 성장이 가능했던 것이다. 이것은 신기하거나 믿을 수 없는 일이 아니라 경제이론이 예측하는 바였다. 독일과 일본이 이렇게 할 수 있다면 다른 가난한 나라도 이렇게 할 수 있지 않을까.

　다음과 같은 농담이 있다. 한 저개발국 대통령이 재무부장관에게 경제발전을 위한 묘안을 짜내라고 요구했다. 장관은 미국에 선전포고할 것을 권했다. 무슨 뚱딴지 같은 소리냐고 대통령이 소리치자 장관은 태연하게 대답했다. "독일과 일본을 보십시오. 미국에게 패망한 후 순식간에 성장하여 경제 부국이 되지 않았습니까?" 일리 있는 답변에 대통령은 잠시 멈칫했으나 다시 심각한 표정이 되었다. 대통령이 조용히 반문했

위대한 카피캣 대한민국

다. "그렇긴 하지만, 만약 우리가 이기면 어떻게 되나?"

우스갯소리지만 웃어넘길 수만은 없는 얘기다. 재무장관의 제안은 왜 터무니없는가? 두 가지 가능성이 있다. 하나는 이 나라가 너무 가난해서 전쟁을 해도 파괴될 자본이 없다는 것이다. 인당 자본이 줄어들어야 생산성이 늘어나는데 이미 0에 가까운 값은 전쟁을 해도 별로 변하지 않는다는 슬픈 현실이다. 그러나 문명과 동떨어진 오지 부족이 아니고서는 자본이 제로일 수는 없다. 그 정도로 자본이 부족하다면 이미 생산성이 높고 따라서 외국인들이 투자를 할 만한 매력이 충분하다. 전쟁을 겪지 않고도 일본과 독일의 전후 상황이 되는 것이다.

독일과 일본의 사례만 보면 생산성과 성장을 위해서는 자본이 없는 것이 더 좋다. 이것은 명백히 상식과 충돌한다. 그럼에도 불구하고 많은 경제학자가 제2차 세계 대전 후 신흥국은 자본이 없으므로 패전국 독일, 일본과 비슷한 상황이고 따라서 외국의 투자를 받아들여 순조롭게 성장할 것으로 기대했다. 결국에는 모든 나라의 인당 소득과 성장률이 같아진다는 "수렴 가설"까지 등장했다. 하지만 불행하게도 이러한 수렴은 일어나지 않았고 그보다는 "빈곤의 함정"이 더 현실에 맞는 것처럼 보인다.

독일과 일본의 기술과 인력 수준을 생각해 보자. 이들은 저개발국이 아니었다. 미국, 영국, 소련의 연합군과 대등하게 맞서 싸운 산업국가로서 기술과 전문인력을 보유하고 있었다. 그런 상태에서 자본이 파괴된 것이다. 농촌에 경운기 운전면허를 가진 100명의 농부가 있었다. 전쟁으로 100대의 경운기가 모두 파괴되었다. 그러면 농부들은 호미와 쟁기로 밭을 갈 수밖에 없다. 하지만 처음부터 경운기가 없어서 운전면허가 아무도 없는 오지의 농촌과는 근본적으로 다르다. 운전할 줄 아는 사람에게 경운기가 주어지면 생산성은 빠르게 증가할 것이다. 모든 농부가 경운기를 운전할 수 있는 100대까지는 경운기가 공급될 때마다 생산성이 증가한다. 이것이 바로 독일과 일본에서 일어난 일이다.

그러나 산업 경험이 없던 신흥국은 경운기를 아무도 운전할 줄 모르는 오지 농촌과 비슷했다. 자본이 더 투입되어도 소용이 없었다. 현대적 공장의 기계들은 최대한 특별한 기술 없이도 조작할 수 있도록 설계됐지만 기계 자체가 낯선 사람들에게는 역시 어려운 일이었다. 생산 라인에서 기계의 리듬에 맞춰 일하거나 일정한 시간에 출퇴근하는 습관이 모두 만만치 않았다. 인당 자본 비중이라는 숫자만으로는 설명할 수 없는 것, 그것이 바로 기술 수준이다.

제2차 세계 대전 후 독일과 일본을 필두로 북유럽 국가, 그리고 캐나다와 호주 등 신대륙 국가가 선진국에 안착한 후 더 이상 수렴은 일어나지 않았다. 남북 간 격차, 즉 선진국이 많은 지구의 북반구와 후진국이 많은 남반구의 격차는 좁혀지지 않고 오히려 늘어났다. 경운기를 운전할 수 있나 없나가 차이를 갈랐다. 자본은 없다면 외국에서 가져올 수 있었다. 그러나 기술은 자본처럼 들여올 수 없었다. 경제학이론의 수렴 가설은 전 세계의 기술 수준이 동일하다는 가정에 기반한 것이다. 이 가정은 사실이 아님이 드러났다. 기술의 이전 가능성은 나라마다 달랐고 이것이 바로 우리들의 관심사다.

성장을 위해 미국을 공격하자는 재무장관의 아이디어는 반려하는 것이 낫겠다. 운 좋게 패전하더라도 독일과 일본과는 상황이 다르다. 오지

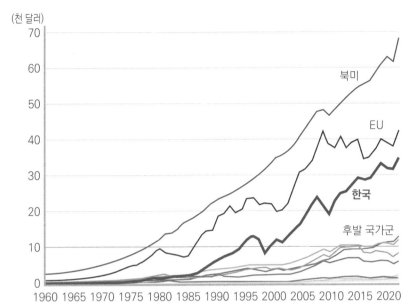

(천 달러)

<그림 1-4> 세계 주요 지역 및 국가의 경제성장

의 농부들도 경운기 운전 교육을 받으면 되지 않을까. 생각만큼 간단하지 않다. 우선 면허가 있는 교사가 있어야 하고 실습을 할 차량과 장소가 필요하다. 사람들은 면허를 딸 때까지 교육에만 전념해야 하는데 돈도 시간도 없다. 면허를 발급하려면 시험 기관이 필요하고 시험제도를 공정하게 운영할 인력과 시스템이 있어야 한다. 이 모든 조건을 구비하려면 돈은 물론 높은 수준의 사회적 신뢰와 역량이 필요하다. 이 조건들이 그렇게까지 달성하기 어려운 것일까. 불행하게도 매우 어렵다는 것이 입증되고 있다.

한국은 서구 경제권도 아니고 자원 부국도 아니면서 경제발전을 이룩한 희귀한 사례다. 위 그림에서 보듯이 유럽과 미국이 선진국의 반열에 오르고 지속적으로 성장하는 반면, 동남아, 남미, 중동, 아프리카 등 후발 국가군은 2000년이 넘어서야 일부가 겨우 소득 1만 달러를 넘어서는 수준에 머문다. 상당수 국가들은 여전히 정체 심지어는 후퇴하는 모습까지 보인다. 무언가 강력한 중력이 이들의 도약을 방해하고 있는 것 같다.

문제를 해결하려면 문제를 정확히 알아야 한다. 경제학 교과서의 성장이론은 모든 나라의 수렴을 예견했지만 실제 역사에 의해 반증당했다. 더 현실적인 설명이 필요하다. 사람 한 명당 자본이 얼마인가가 성장을 설명하지 못한다는 것은 분명하다. 사람 수가 아니라 역량의 크기가 더 중요한 것이다. 노동과 자본에 대한 더욱 깊이 있는 이해가 필요하다.

자원의 저주 ─ 후발 산업국에게 너무 어려운 제조업

석유를 이용한 산업이 등장하기 전, 한 중동의 한 왕이 물을 얻기 위해 우물을 뚫었다. 그러나 우물에서는 물이 아닌 시커먼 석유가 올라왔고 왕은 이 무서운 저주를 한탄했다. 물이 귀한 중동에서 우물은 생명의 숨구멍이었고 우물을 찾고 지키는 것은 목숨처럼 중요한 일이었다. 이런 상황에서 석유가 나오는 우물은 상상조차 두려운 악몽이었다. 그러나 내연기관과 석유화학이 등장하면서 석유는 역사에서 가장 극적인 반전의 주인공이 된다.

석유가 현대 산업의 핵심으로 등장하면서 중동 산유국의 존재감은 커질 수밖에 없었다. 동아시아의 성장이 시작하기도 전에 중동 산유국의

위대한 카피캣 대한민국

드라마가 먼저 펼쳐졌다. 그러나 처음부터 석유가 중동 국가들에게 '알라딘의 보물' 같은 횡재였던 것은 아니다. 마치 알라딘이 동굴에서 꺼내 온 램프를 빼앗으려 한 마법사와 같이 서구 열강들은 석유 이익을 독점하려고 획책했다. 중동은 대부분 서구 열강의 식민지이거나 실질적인 지배 아래 있었고, 석유를 채굴하고 정제하고 활용할 수 있는 기술도 산업도 가지고 있지 못했다.

제2차 세계 대전 이후 중동 국가들이 독립을 얻은 뒤에도 상황은 여전히 녹록치 않았다. 식민지 시절 글로벌 석유기업들은 중동에서 유전을 개발하고 얻은 이익의 90%를 가져가고 10%를 부족의 지도자에게 나눠 주었다. 중동 국가들이 독립하면서 이 비율은 5대 5로 바뀌었지만 자신의 자원으로부터 얻는 이익 절반을 외국 자본에 내어 준다는 것은 받아들이기 힘든 것이었다. 절치부심하던 중동은 1970년대에 사우디아라비아의 주도로 서구 제국에 전면 반기를 든다. 석유수출국기구^{OPEC}의 결성과 이를 통한 석유 무기화전략이 본격적으로 실행되었다. 값싼 석유를 바탕으로 전성기를 누리던 서구 자본주의는 엄청난 충격에 빠진다. 이후 석유기업과 산유국의 이익 분배 비율은 10대 90으로 바뀌고 엄청난 오일머니가 산유국으로 흘러들었다. 우리나라가 중동의 건설시장에 본격 진출한 것도 이때다.

석유라는 천연자원의 축복도 그것을 누리기 위해서는 힘과 용기, 전략이 필요했다. 중동의 석유 무기화를 직접적으로 촉발한 계기는 이스라엘과 아랍 사이에 벌어진 중동전쟁이었다. 미국과 서구의 지원을 받은 이스라엘의 공격이 지속되자 아랍 국가들은 전격적으로 석유금수조치를 단행하여 석유를 무기화했다. 자원 주권을 선언한 지극히 당연한, 그러나 너무 오랫동안 유예되어 온 권리의 회복이었다. 산유국의 단결은 서로 이해관계가 얽힌 '죄수의 딜레마' 구조를 띠고 있다. 즉 어느 나라든 생산량을 제한하는 공동 행동 중에 더 많은 양을 수출하여 이익을 얻고 픈 유혹에 빠진다. 이것이 약점이다. 그러나 중동전쟁으로 인한 위협과 서방세계에 대한 분노가 아랍세계를 단결시켰다. 그리고 그 힘이 역사의 흐름을 뒤바꿔 놓았다.

석유가 강력한 무기가 되면서 중동 산유국은 오일머니를 통한 경제발전의 궤도에 올랐다. 한때 저주라고 여겨졌던 석유는 최고의 축복이 되었다. 그러나 얼마 지나지 않아 1993년 영국의 경제지리학자 리처드 오티는 '자원의 저주Resource Curse'라는 개념을 제시했다. 축복인 줄 알았던 자원이 도리어 저주가 된다는 것이다. 간단하게 소개하면 석유와 같은 천연자원의 풍족함은 당장 막대한 수익을 가져오지만 그 결과로 다른 산업의 발전을 저해한다는 것이다.

천연자원을 보유했다는 것은 일단은 당연히 좋은 일이고 축복이다. 그러나 호사다마, 새옹지마라는 말이 있듯이 좋은 일이 항상 좋은 것만은 아니다. 오티는 자원이 부족한 한국, 대만과 자원이 풍부한 국가들의 경제상황을 비교, 분석했다. 산업화가 일어나기 전의 국가들은 대부분 농업, 광업 등 1차 산업에 전적으로 의존하고 있었다. 경제성장을 위해서는 제조업, 제조업에서도 소비재 산업에서 중공업으로의 단계적 발전이 필요하다. 후발국의 경우 저소득으로 내수시장이 작아 해외시장에 대한 수출이 절실하다.

먹고살기도 힘든 나라가 무슨 여력이 있어서 해외시장에 팔 상품을 생산할 수 있을까. 이것이 어려운 부분이다. 마치 최초로 암벽 등반을 해야 하는 상황과 비슷하다. 줄을 걸 곳도 발을 디딜 곳도 없기 때문에 맨몸으로 올라서 장비를 바위 사이에 박고 줄을 걸어야 한다. 엄청난 힘과 인내가 요구된다. 작은 암벽을 오르면서 힘을 길러 점차 더 큰 암벽에 오를 수 있도록 시간과 노력을 투입해야 한다. 경공업이 비교적 낮은 암벽이라면 중공업은 훨씬 더 높은 암벽이다.

누군가가 어떤 일을 하지 못하도록 금지하려면 어떻게 해야 할까? 그 일을 할 필요를 없애면 된다. 교외 주택에서 텃밭을 가꾸는 사람이 농사를 짓지 않게 하려면 어떻게 해야 할까. 가까운 곳에 신선한 채소가 저렴하게 상시 공급되는 마트를 만들어 주면 된다. 풍부한 천연자원은 힘든 제조업에 매달려야 할 필요를 없앴다. 우리나라를 비롯한 동아시아 국가들은 자국의 1차 산업에서는 수출 상품을 만들어 낼 수 없었다. 농업은 국민이 먹을 식량을 제공하기에도 부족했으며 광업은 남한과 북한이 분단되면서 더욱더 빈약해졌다. 광물자원조차 북한 쪽에 집중되어 있었던 것이다. 1차 산업의 빈약함은 결국 제조업 외에 다른 대안을 없앰으로써 암벽 타기라는 힘든 도전을 불가피하게 만들었다. 만약 1차 산업이 발달하여 그로부터 충분한 수출 상품을 생산할 수 있었다면 어땠을까.

이것이 중동 산유국의 상황이었다. 막대한 석유자원은 그대로 해외에 수출할 수 있는 이상적인 수출품이었다. 석유 채굴을 외국 석유회사에 맡기니 힘들게 일할 필요도 없었다. 그 때문에 석유로부터 얻은 이익의 상당 부분을 석유회사에 넘겨줘야 했지만 어쨌든 남은 이익은 불로소득이나 마찬가지니 아쉬울 것이 없었다. 석유를 수출하여 외화, 특히 달러를 벌어들이게 됨에 따라 산유국의 화폐가치가 상승한다. 외화가 들어와 산유국의 돈으로 바뀌어야 하니 돈을 더욱 많이 찍어 내지 않는 한 화폐가치 상승은 당연하다. 그 결과 다른 산업으로 바람직하지 않은 영향이 번져 간다.

우선 자국기업이든 외국기업이든 석유회사들이 번창함에 따라 다른 산업의 활동이 위축된다. 투자 자금, 생산요소 그리고 노동력을 빨아들이면서 인건비 등 전반적으로 비용이 상승한다. 돈을 잘 버는 석유회사들이야 큰 문제가 없겠지만 이제 걸음마를 시작하는 제조업에는 부담이 크다. 더욱 큰 문제는 환율이다. 석유 수출로 인해 자국 화폐가치가 상승하는데 이것은 수출기업에게는 좋지 않은 소식이다. 석유를 팔아서 돈을 버는 입장에서 자국 화폐의 가치가 오르면 수입이 늘어난다.

한국이 산유국이라는 꿈 같은 가정을 하고 1드럼의 유통가격이 10만 원이라고 하자. 환율이 1달러당 1천 원이라면 수입국은 1천 달러의 금액을 지불해야 한다. 그런데 원화의 화폐가치가 상승해서 환율이 1달러당 800원으로 하락한다. 이제 10만 원이라는 석유 가격을 지불하려면 1천 달러로는 부족하다. 이제 1천 달러는 8만 원 밖에 되지 않기 때문이다. 이제 10만 원의 가격을 맞추려면 수입국은 1,250달러를 지불해야 한다.

물론 돈 내는 나라는 250달러를 더 내지만 우리나라가 받는 돈은 그대로 10만 원이므로 실제 이익이 없다고 생각할 수 있다. 하지만 달러의 가치가 상대적으로 떨어지면 석유회사가 외국에서 수입해 오는 다양한 생산 요소의 가격이 떨어지는 것과 같은 효과를 볼 수 있다. 석유산업 외에 제조업이 발달하지 않은 단계에서는 많은 공산품을 수입해야 하는데 달러가치가 떨어지므로 수입 가격이 하락해서 전체 국민도 이익을 본다. 모두가 행복한 것 같지만 그렇지 못한 부문이 하나 있다. 바로 제조업이다. 제조업은 외국기업에 비해 실력도 부족한 상태에서 환율이라는 또 하나의 악재에 부딪힌다.

산유국의 제조업체가 공을 들여 수출품으로 어떤 상품을 만들고 1천 원의 가격을 설정했다고 하자. 이것은 해외에서 1달러로, 그나마 경쟁력을 가질 수 있는 가격이다. 그런데 석유 수출의 호조로 환율이 1달러당 800원이 되었다. 그러면 1천 원의 가격을 받으려면 이 제품의 수출 가격은 갑자기 1달러에서 1.25달러로 상승한다. 브랜드 가치도 취약하고 품질도 그다지 높지 않은 제품으로서는 치명적이다.

석유자원의 축복이 저주로 바뀌는 메커니즘이다. 1차 산업에 머물러 있던 국가가 제조업을 키우는 것은 맨몸으로 암벽 등반을 하는 것과 비슷하다. 어려울 뿐더러 성공 확률도 불투명하고 무엇보다도 엄청난 노력과 인내를 요구한다. 막다른 상황으로 쫓기지 않으면 쉽게 도전하기 어려운 과업이다. 천연자원의 존재는 이렇게 힘든 도전을 가로막는다. 또는 여기에 도전하려고 해도 비용 상승과 환율 효과로 족쇄를 채우는 영향을 가져온다. 그렇지 않아도 하기 싫은 일을 하려고 하는데 방해까지 하는 격이다. 제조업이 성장하기 힘든 환경이다.

천연자원이 축복이 되지 않는 사정은 충분히 이해되지만 그렇다고 자원이 없는 것이 축복은 아니다. 헝그리 정신이 투지로 이어지는 것은 일리가 있지만 이것은 성공의 충분조건이 될 수 없다. 암벽에 오를 수밖에 없도록 압박을 가한다고 해서 모두 암벽 등반에 성공하는 것은 아니다. 더군다나 한국의 수출 제조업의 발전과정을 살펴보면 사정이 그렇게 간단하지 않음을 알 수 있다.

한국이 제조업을 육성하고 이로부터 수출을 확대한다는 전략을 세웠을 때 모두가 동의한 것은 아니었다. 당장 식량에서부터 자국의 필수품 수요조차 제대로 충족하지 못하는 상황에서 해외시장에 내놓을 제품을 생산한다는 것은 무모한 전략으로 보였다. 기술도 역량도 부족했고 한국이나 한국기업에 대한 인지도도 전무한 실정이었다. 이런 악조건하에서 수출 제조업을 키우기 위해서 정권은 할 수 있는 모든 일을 해야 했다. 그중 가장 쉬운 것이 환율이었다. 실제로 쿠데타로 정권을 잡은 박정희 대통령은 쿠데타 직후 최우선적으로 환율을 조정하여 원화가치를 크게 떨어뜨렸다.

이제 모든 논리는 반대가 된다. 산유국의 환율 하락이 제조업에 치명적이었던 것과 반대로 우리나라의 환율 상승은 제조업에 큰 힘이 된다. 매출은 그대로인데 수입국 소비자들에게 가격 할인을 해 주는 것과 마찬가지이기 때문이다. 하지만 모든 일에는 대가가 따른다. 앞에서 살펴본 바와 같이 환율의 하락은 제조업에만 나쁜 일이었고 석유산업 및 모든 국민에게는 좋은 일이었다.

환율 인상은 정확히 반대의 효과를 가져온다. 당장 수입품의 가격이 올라가 전 국민에게 고통을 준다. 또한 당시 한국의 산업 기반은 취약했지만 내수시장을 상대로 어느 정도는 제조업이 존재하고 있었다. 이들 제조업은 원자재나 기계설비 등을 해외에 의존하기 때문에 원가 상승 압박을 받는다. 수출 제조기업을 제외한 모든 경제부문이 힘들어진 것이다. 생필품의 상당 부분을 수입에 의존하기 때문에 생활물가도 올라 노동자들 또한 힘들어진다. 수출부문은 이제 막 걸음마를 하려는 단계로 규모나 비중에서 영향력도 발언권도 취약하다. 오직 믿을 것은 수출부문을 키우겠다는 정부의 강력한 의지밖에 없었다.

물론 한국의 수출전략은 기념비적인 성공으로 평가받고 있으나 당시로서는 개발도상국 사이에서 파격적인 선택이었다. 한국경제에서 수출부문은 제대로 뿌리를 내리지 못한, 국가 정책의 의지로 삽입된 이질적 존재였다. "굴러온 돌이 박힌 돌 뺀다"는 속담이 있다. 당시 한국의 산업기반이 미약했다고 해도 내수 경공업이 있었고 해외로부터의 수입을 담당하는 무역업자들도 있었다. 당시로서는 이들이 한국 산업의 주류였다. 이들에게 원화가치의 하락은 전혀 반갑지 않은 현상이었을 것이다. 이 문제를 어떻게 해결해야 할 것인가.

이것은 개혁을 할 때 기업이든 국가든 또는 개인이든 부딪히는 문제다. 개혁을 하려면 새로운 것을 받아들여야 하는데 이것은 원래 존재하는 것과 충돌한다. QWERTY 자판을 더 효율적인 DVORAK 자판으로 바꾸려고 하면 기존의 자판을 익힌 모든 타자수와 이들을 가르치는 트레이너, 이들을 고용한 업체, 자판을 생산하는 기업이 모두 반대한다. 아무리 쿠데타로 집권한 정부라도 이권이 얽힌 문제에 대해서 단번에 기존 자판을 폐지하고 새로운 자판을 채택하도록 명령을 내리는 것은 큰 부담이다. 수출기업을 키우려는 박정희 정부가 바로 이런 상황에 직면했다. 이런 신구 세력의 힘겨룸에서 구세력이 이겨 버리거나, 또는 승부가 나지 않아 지지부진한 교착 상태가 지속될 때 개혁은 실패한다.

박정희 정부는 쿠데타로 집권한 군사 정권인만큼 힘이 있었고 반대파를 억제할 수도 있었다. 그러나 총칼로 강압하는 것만으로 경제가 돌아갈 수는 없다. 다행히 박정희 정부는 계획이 있었다. 당시 내수 경공업과 무역업체들이 정부의 환율 상승에 반발했다는 것이 상식적인 견해였다. 그러나 한국에서 박사학위를 받은 도쿄대의 기미야 다다시 교수는 당시 환율 정책의 피해자와 수혜자가 동일한 대상, 기업이었다고 주장한다. 연세대 산업경영연구소 조사(1965)에 의하면 수출업자이면서 동시에 무역을 겸업하는 기업이 전체의 64%였다. 기존 내수기업들이 수출기업으로 변신하면서 수출과 수입은 별개의 기업이나 부문으로 구분되지 않았다. 수입에서 불이익을 겪더라도 수출을 통해서 벌어들인 이익으로 이를 상쇄할 수 있었다. 개혁의 주체와 대상이 동일한 존재가 됨으로써 저항이 사라지고 변화는 순조롭게 진행되었다. 물론 이것은 초기 섬유기업들이 빠르게 경쟁력을 키우고 품질을 획기적으로 높였기 때문에 가능했다. 해외시장에 판매할 만한 제품, 특히 합성섬유제품의 개발에 성공한 것은 한국기업이 거둔 최초의 성공이라고 해야 할 것이다.

그러나 이것만으로는 부족하다. 환율 인상은 전반적인 수입물가 상승으로 이어져 노동자의 실질임금과 가계소득의 하락 효과를 가져왔다. 물론 이 효과는 경제 전체로 분산되어 바로 특정 이익집단을 자극하지는 않았지만, 가랑비에 옷 젖듯이 다수 서민 계층의 삶을 장기간 무겁게 짓눌렀다. 그 결과가 노동자의 저항 운동이나 대중들의 민주화 요구 등으로 분출되었다. 쿠데타로 집권한 박정희 정부로서는 권력의 정당성을 유지하기 위해 방치할 수 없는 문제였다.

정부의 대책은 수출부문의 이익 증가를 최대한 빨리 이전시켜 내수와 서민 경제부문의 손실을 보상하는 것이었다. 다행히 내수부문에 비해 수출부문은 더 빨리 성장하고 돈을 잘 벌었다. 여기서 벌어들인 소득을 어떻게 이전시킬 것인가. 그 메커니즘은 우선 수출기업이 고용을 빠르게 늘려 노동자에게 임금을 지급하는 것이었다. 또한 수출을 주도하던 대기업은 생산과정에서 자체 생산보디는 외주를 통해 조달하는 것이 더 유리한 부품, 자재, 서비스 등이 많았고 이를 해결하기 위해 많은 협력업체를 필요로 했다. 기업이 대규모 공장이나 사무실을 밀집시킨 지역에서는 지역 경제 전체가 활기를 띠기도 했다. 이렇게 노동자, 협력업체, 지역사회 등을 대상으로 수출기업이 거둔 부가 이전되었다.

이것이 신구 부문 간의 선순환을 가져왔다. 환율로 인한 수입물가 상승은 수출물가의 경쟁력으로 상쇄되고도 남아 경제를 밀고 가기 시작한 것이다. 쉽게 말해 연료를 집어넣으면 자동차는 무거워져서 더 많은 연료를 요구한다. 하지만 연료의 파워가 충분하다면 무게 증가로 인한 부담은 쉽게 극복되고 차는 빠르게 달릴 수 있다.

한국이 이런 방식으로 신체제와 구체제의 발전을 선순환시켰다는 것은 훌륭하지만, 다른 방식은 어떨까. 만약 농업과 광업이라는 1차 산업에서 성과를 거둬서 이를 제조업 쪽으로 이전시키는 방식은 불가능했을까. 몇 가지 문제가 있다. 제조업은 암벽 타기에 비유될 만큼 어려운 일이다. 석유산업에서 일한 역량으로 제조업으로 부상하는 것은 하류에서 상류로 거슬러 올라가는 것이다. 일부 산유국은 석유 채굴조차 스스로 하지 않고 이를 외국회사에 일임한 후 수익의 일부를 나눠 받는다. 테니스장을 빌려준 지주가 아무리 사용료를 받아도 테니스 실력이 늘 리 없다.

산업이란 기술의 집적이다. 산업 경쟁력은 결국 사람이 기술을 학습하고 체득함으로써 생긴다. 산업의 부가가치는 기술 체득의 난이도와 밀접하게 연결되어 있다. 자원을 채굴하는 1차 산업의 기술 수준과 향후의 확장 가능성은 제조업에 비해 낮다. 자원부문에서 강점을 가진 국가들이 제조업으로 옮겨 가기 어려운 것은 이 때문이다. 반면 해외시장에서 팔 수 있는 제품을 만들기 위해 분투한 한국의 경우 더 어려운, 기술집약적 산업으로 상향할 수 있는 기초 실력이 만들어졌다.

석유는 고대 동식물의 사체가 수천만 년간 변용되어 만들어진 것으로 인간의 추가적인 노력 없이도 충분한 상품가치를 지닌다. 물론 채굴, 정제, 가공, 수송의 과정을 거쳐야 하지만 산유국들은 이러한 밸류체인에도 적극적으로 참여하지 않았다. 점점 더 어려운 산업으로 가야 할 동기도 역량도 취약해진다. 기술 역량이란 오랜 기간 힘들게 축적되어 온 것이지만, 그 필요성이 약화되면 잃어버리는 과정은 훨씬 더 빠를 수 있다. 만약 기술 역량이 있다면 천연자원이 반드시 저주가 되는 것은 아니다. 단순한 채굴 단계에 머물러 있지 않고 정제, 가공의 후속 단계까지 참여한다면 자원의 개발이 오히려 산업 발전의 계기가 될 수 있다. 다양한 자원을 효과적으로 활용한 노르웨이, 캐나다, 호주 등이 이를 증명한다.

아프리카 모리셔스의 도도새는 섬에 천적이 되는 포유류가 없고 과일이 풍성하자 금세 나는 법을 잊고 땅에 내려앉았다. 그 결과 섬을 찾아온 인간과 포유류에게 멸종당했다. 날지 않아도 되는 환경에 처하면 대부분의 새들은 금세 나는 것을 포기한다. 하늘을 나는 자유를 위해서는 쉬지 않는 학습과 훈련의 나날을 지속해야 한다.

금강산도 식후경 — 산업화의 기반, 녹색혁명

조선은 사농공상의 나라였다. 즉 글을 읽고 행정을 담당하는 계층이 가장 높고, 그다음으로 농업 그리고 장인들의 공업과 상인들의 상업은 가장 낮은 계층으로 보았다. 사회적으로 높고 낮음이 분명히 있었고 또 대부분의 경우 계급이 대물림되었다. 사농공상의 아래에는 천민이 있었다. 멀리서 보면 조선사회의 모습은 엄격한 신분제 사회인 인도와 크게 다르지 않았다.

오랜 기간 국부의 원천은 농업뿐이었고 공업과 상업은 잘해 봐야 보조적이거나 때로는 해로운 존재였다. 이것은 한국인의 유별난 특성이 아니다. 우리가 경제학의 시조로 존경하는 애덤 스미스도 중농주의 학파였다. 상업, 특히 무역을 통해서 돈을 벌어야 한다고 생각하던 중상주의자들에 반대한 애덤 스미스는 농업이 국가를 부유하게 만드는 가장 중요한 산업이라고 역설했다. 이것은 애덤 스미스가 당시 지주들의 계급적 이익을 대변한 것으로도 해석된다. 무역을 중시해서 해외로부터 돈을 많이 벌어 오려면 자국의 상품을 최대한 값싸게 만들어야 했고 이를 위해서는 먹는 것, 즉 곡물가격을 내려야 했다. 곡물을 담당하는 농업부문으로서는 나쁜 소식이다. 중농주의와 중상주의의 싸움은 이처럼 상인과 농민(주로 지주) 간의 갈등 때문에 일어났다.

우리나라는 대대로 농업국가였고 전쟁이 끝난 뒤에도 농업 외의 산업 기반은 취약했다. 광업과 일부 공업이 발달한 북한이 분단으로 떨어져 나간 뒤의 남한으로서는 더욱 그러했다. 이런 나라에서 제조업을 중심으로 산업을 발전시키기란 쉬운 일이 아니었다. 1960년대부터 본격적으로 한국경제를 진두지휘한 박정희 정부는 "수출만이 살 길"임을 대내외에 선언했다. 다른 많은 후발국은 수입대체, 즉 외국기업으로부터 수입하던 생필품을 자국 산업이 생산하도록 만드는 전략을 택했다. 하지만 박정희 정부는 오랜 고민 끝에 수출에 전력투구하기로 방향을 세웠다.

이 방향은 장단점을 지니고 있었다. 일단 산업 기반이 취약한 한국이 해외 소비자에게 팔 수 있을 만한 양질의 제품을 만들 수 있을 것인가부터가 문제였다. 제조업을 해 본 적이 없는데 어떻게 무엇을 만들 수 있겠는가. 만약 대단히 열심히 해서 어떻게든 물건을 만들었다고 하자. 이제 이 물건을 최대한 값싸게 해외시장에 내놓아야 한다. 여기서 중상주의, 중농주의의 대립이 재연된다. 모든 비용이 다 문제지만, 특히 초기 제조업일수록 설비가 별로 많지 않아 인건비가 더욱 중요하다. 인건비의 핵심은 식량, 결국 농업 생산물이다. 한국의 수출전략은 이렇게 과거 수천 년간 국가의 근간이던 농업과 충돌하게 되었다.

농산물 가격을 낮춰야 하는데 이 경우 농민들은 피해를 입을 수밖에 없다. 당시 한국의 농업 생산력은 좋지 않았다. 농촌에서 제조업부문으로 인력을 이동시키고 이들에게 저렴하게 식량을 공급하려면 상당 수준의 농업 역량이 필요했다. 그러나 농업 여력은 이에 턱없이 못 미쳤다.

이 상황에서 농업부문의 증산을 압박하면 인력이 부족하므로 인건비 상승 압력이 생긴다. 농업을 국가에서 강제로 가격통제를 할 경우 일시적으로 가격을 낮출지 몰라도 장기적으로 농민들의 의욕과 투자는 위축되고 공급이 줄어 농산물 가격은 궁극적으로 더 오를 것이다.

만약 한국 농업이 높은 생산성과 막대한 수확량을 올리고 있었다면 산유국과 비슷한 '자원의 저주' 현상이 나타날 수도 있었다. 하지만 농업이 취약하다고 해서 저주가 축복으로 바뀌는 것은 아니다. 기초 체력이 너무 부족한 사람이 운동을 열심히 한다고 운동 능력이 배가되는 것은 아니다. 시급한 것은 제조업을 뒷받침할 만한 식량 자급이었다. 수출을 많이 해서 번 돈으로 식량을 수입하면 되겠지만 이제 걸음마 단계인 제조업에서 외화 수입을 기대하기에는 너무 일렀다. 수출품을 만들어 내려면 무엇보다도 식량 문제를 해결해야 했다. 문제는 농업과 제조업을 동시에 발전시키는 것이 불가능하다는 것이었다. 수출 제조업을 위해 인건비를 낮춰야 하는 한국경제는 농업에 부담을 지울 수밖에 없었다. 이미 기반이 취약한 농업으로서는 이를 감당하기 곤란한 상황이었다.

해결책은 기술에서 나왔다. 녹색혁명이 시작된 것이다. 제2차 세계 대전 후 등장한 신생 독립국들을 대상으로 미국과 소련은 치열한 이념 경쟁을 벌이고 있었다. 미국은 아시아의 공산화를 막기 위한 대책으로 식량 문제해결에 주목했다. 미국은 이를 위해 쌀 농사의 생산성을 획기적으로 높이기 위한 품종개량 연구를 본격화했다. 미국은 '붉은혁명'이라고 불리던 소련의 제3세계 장악 시도를 의식하여 이를 '녹색혁명'이라고 불렀다. 그리고 1962년 필리핀에 국제미작연구소^{IRRI: International Rice}

Research Institute를 설립하고 연구에 박차를 가한 결과 수확량이 훨씬 높은 신품종 개발에 성공했다. 이 연구소에 1964년 서울대학교 농과대학 교수 허문회가 특별연구원으로 방문하게 된다. 허문회 교수는 여기서의 경험을 바탕으로 한국에 돌아와 본격적인 연구에 돌입한다.

연구과정은 순탄치 않았다. 미국이 주력한 쌀 품종은 인디카, 한국인들이 '날라 가는 쌀'이라고 표현하는 찰기 없는 쌀이었다. 동남아의 볶음밥이나 이탈리아 리조또의 재료다. 한국은 자포니카라는 찰기 있는 쌀을 선호했기 때문에 허문회 교수는 자포니카와 개량 인디카를 교배했다. 그 결과 개량 자포니카가 등장했지만 문제가 생겼다. 마치 말과 당나귀를 교배해서 나온 노새가 생식 능력이 없듯이 개량 자포니카는 재생산이 불가능했다. 허문회 교수는 제3의 품종을 삼중 교배하여 어떻게든 번식 능력을 회복하려고 했으며 그 과정에서 백여 개가 넘는 조합을 테스트했다고 한다. 그 결과 '기적의 볍씨'로 불리는 통일벼가 만들어졌다.

우여곡절이 있었지만 통일벼 덕분에 한국은 70년대 중반 곡물 자급을 달성했다. 이것은 수출지향전략의 든든한 병참이 생긴 것이나 마찬가지였다. 전쟁에서 가장 중요한 것이 최전선까지의 보급이다. 보급이 무너지면 아무리 강력한 군대, 아무리 탁월한 전략이 있어도 전쟁에서 이길 수 없다. 이를 위한 기술적 해법이 한국 연구자들의 피땀 어린 학습과 실험의 노력에 의해 탄생한 것이다.

통일벼는 맛, 또 냉해에 취약한 단점 등으로 인해 역사 속으로 사라졌지만 지속적인 품종 개량의 기반이 되었다. 여기서 한국 경제성장의 비결로 빼 놓을 수 없는 또 하나의 요소를 언급하지 않을 수 없다. 통일벼가 필리핀에 있던 미국 연구소에서 기원했다면, 이것은 일본에서 기원했다. 그것은 바로 라면이다.

한국과 일본은 산업 개발에서 시대를 달리하여 비슷한 시도를 한 평행 발전의 과정을 밟았다. 일본은 구한말 본격적인 산업화를 시작하여 세계 대전 추축국이 될 정도로 열강의 지위에 올랐지만 패망으로 1940년대 후반에는 한국과 비슷한 지경까지 추락했다. 회복기의 일본은 식량 부족 문제에 시달렸다. 대만 출신의 안도 모모후쿠는 기존에 존재하던 라면을 인스턴트화 하기로 결심하고 엄청난 실험을 시도했다. 한국과 일본은 같은 유교권 동아시아 국가로서 많은 차이점에도 불구하고 공통점 또한 많다. 일본인의 학습 열정과 끈기는 한국에 뒤지지 않는다. 안도는 상하지 않고 오래 저장할 수 있는 면을 고민하다가 기름에 튀기는 방식을 창안했다. 라면이 탄생하는 순간이었다. 저장 문제를 해결하기 위한 유탕면은 가장 적은 비용으로 칼로리를 증가시켰고 빈곤에 시달리던 당시에 가장 적합한 해법이었다.

일본에서 라면이 발명된 1958년으로부터 5년 뒤 한국의 기업인 전중윤이 일본으로부터 라면 기계를 도입하여 한국 최초의 라면을 출시했다. 미군 부대에서 나온 남은 음식재료들로 '꿀꿀이죽'을 만들어 팔던 시절에 값싸고 위생적인 인스턴트 식품이 나온 것이다. 밥맛에 길든 한국인들에게 기름에 튀긴 밀가루는 선호되는 음식이 아니었지만 당시 정부의 '혼분식 장려 운동'이 본격화되면서 빠르게 사람들의 입맛을 사로잡기 시작했다. 그 결과 라면은 엄청난 판매고를 올리면서 쌀 등 곡물의 수요를 상당 부분 대체했다. 라면이 쌀을 대체한 효과를 감안하면 경제성장에 얼마나 중요한 기여를 했는가를 짐작할 수 있다. 라면이 없었어도 한국은 어떻게든 경제성장을 했겠지만 라면 덕분에 그 길이 훨씬 더 견딜 만하게, 심지어 즐길 만한 것이 된 것은 부인할 수 없다.

서구의 산업혁명도 그 출발점에 농업혁명이 있었다. 저명한 경제사학자 데이비드 랜즈는 자신의 저서 《프로메테우스의 해방》에서 산업혁명이 일어나려면 농업부문에서 2차 산업으로 자본과 인력이 이동해야 하며, 따라서 농업의 생산성 향상은 산업혁명의 필수 선결조건이라고 말한다. "곳간에서 인심 난다"는 속담은 먹을 것에 여유가 있어야 인심도 베풀 수 있다는 의미다. 인정만이 아니라 산업혁명도 풍족한 쌀독이 있어야 가능한 것이다.

랜즈는 영국의 농업 생산성이 18세기 100년 동안 43% 정도 증가했다고 추정한다. 우리나라의 경우 통일벼의 보급으로 곡물자급을 달성한 1977년까지 약 10년 동안 쌀 수확량은 30% 이상 급증했는데 놀라운 속도라고 할 만하다. 장시간의 꾸준한 노력에 의해 달성된 원조 농업혁명과 달리, 한국은 밤낮 없는 실험과 외국의 기계 도입을 통해 초고속 농업혁명을 달성했다. '압축성장'이라는 표현 그대로 선진국이 밟아 온 길을 압축해서 재현하는 한국식 경제성장이 시작된 것이다.

하늘은 스스로 돕는 자를 돕는다 — 수출지향전략 탄생의 비밀

그리스 철학자 파르메니데스는 이 세상은 항상 불변의 상태에 머물러 있고 변화란 모두 허상이라고 주장했다. 이 주장을 좀 더 밀고 나가서 여러 가지 재미있는 역설을 만든 것이 제논 Zenon 이다. 제논의 '화살의 역설'은 화살이 날아가는 것처럼 보이지만 실제로는 날 수 없다고 한다. 날아가는 경로를 쪼개서 보면 각 위치마다 정지해 있는 여러 개의 화살들이 있을 뿐이다. 움직이는 화살이란 어디에도 없다. 정지한 화살을 아무리 모아 봤자 정지한 존재들의 모임일 뿐이다. 마치 애니메이션에서 1초에 12프레임으로 이미지 파일을 돌리면 움직이는 것처럼 보이지만 사실은 정지 화면을 빨리 교체했을 뿐이다. 이것을 1,200프레임으로 늘리든, 12억 프레임으로 늘리든 아무리 자연스러워져도 그것들은 착시를 일으킬 뿐 정말로 움직이는 실체는 아니다.

터무니없는 이야기처럼 들리지만 현실에서도 변화를 시도해 보면 관성이 얼마나 강력한지 느끼게 된다. 삶에 변화를 일으키는 것이 어려운 이유는 현재의 상태가 일시적인 것이 아니고 나름대로 균형이기 때문이다. 균형을 유지하고 있는 체제를 다른 균형으로 옮기는 것은 어렵다. 하나의 균형에서 다른 균형으로 단번에 옮겨가면 좋은데 중간 단계, 즉 과도기를 거쳐야 하기 때문이다. 이 과도기는 균형이 아니고 불안정하다. 즉 문제가 많다. 이런 상황을 만나면 사람이든 사회든, 아직 겪어 보지 못한 새로운 균형보다는 익숙하고 친근한 옛날 균형으로 돌아가고 싶어진다. 이것이 변화에 실패하는 이유다.

조직이론을 연구하는 사람들에게 이것은 늘 골치 아픈 문제였다. 기업은 조직과 행동을 근본적으로 바꾸는 혁신을 감행해야만 성장하고 경쟁력을 유지할 수 있다. 하지만 기업은 매우 복잡하고 정교한 조직체.

오랜 노력 끝에 이루어진 각 부서의 관습이 있고 부서 간의 소통과 협력의 방식들도 좀 더 고차원의 질서로 정착된다. 그런데 갑자기 변화를 일으키면 이 관행이 무너지고 모든 것을 새롭게 구성해야 하는 문제에 봉착한다. 그리 복잡하지 않은 문제들이 큰 문제로 증폭되고, 새롭게 하려는 파와 옛 관습을 고집하는 파가 갈등을 일으킨다. 변화를 완료하면 얼마나 좋아질지에 대해 확신도 들지 않는 상황에서 옛날로 돌아가자는 목소리가 힘을 얻는다. 이 문제를 해결하는 방법으로 제시된 것이 '양손잡이 조직'이다. 이것은 해법이라기보다는 얼마나 어려운 문제인가를 강조하는 표현처럼 보인다.

박정희 정부가 경제개발 5개년 계획을 추진하던 60년대 초에도 한국 경제가 백지 상태는 아니었다. 많은 인구가 농업에 종사하고 있었고 내수용 경공업도 제법 존재했다. 기존 산업을 유지, 발전시키면서 새로운 성장 동력인 수출 지향의 제조업을 발전시킨다면 가장 좋았겠지만 변화에는 항상 대가가 따르기 마련이다. 수출 제품의 가격을 낮게 유지하려면 환율은 높게, 인건비는 낮게 유지돼야 했고 이는 기존 산업부문의 희생을 요구하는 것이었다. 많은 경우 개혁이 실패하는 이유는 희생을 감수해야 할 기존 부문의 힘이 강하기 때문이다. 대부분의 경우 헤게모니를 쥐고 있는 기존 영역에서 희생을 거부함으로써 개혁은 좌초한다.

이것은 꼭 기존 영역이 이기적이고 탐욕스러워서가 아니다. 이들의 반대에는 합리적 측면도 있다. 기존의 강점을 버리고 생소한 새로운 경쟁력을 갖추려는 시도는 무모해 보인다. 새로운 일에 매달리지 말고 한 우물을 파라는 이야기는 많이 들었던 바다. 산업 발전을 추구하던 많은 후발 독립국들이 수입대체 산업, 즉 내수시장 위주의 경제발전을 도모한 것은 그러한 현실적 사고도 있었다. 현재 잘할 수 있는 것 그리고 너무 어렵지 않은 것에 집중함으로써 힘을 기르는 것이 그렇게 나쁜 선택은 아니라는 것이다. 당시로는 이 생각이 더욱 보편적이고 설득력이 있었다. 실제로 수많은 신생 독립국들이 경제발전에서 수출지향전략을 택하지 않았다는 사실이 이를 뒷받침한다. 수출지향전략은 전 세계적으로 한국과 대만을 제외하고는 찾아보기 힘들다.

박정희 정부는 결국 남들이 가지 않던 길을 택했다. 지금에 와서 보면 현명한 선택이었지만 당시로는 무모해 보이는 선택이었다. 또한 한국이나 대만이 아닌 다른 나라들이 이러한 전략으로 성공할 수 있었을지는 판단하기 어렵다. 더 나아가 한국조차도 역시 과연 수출전략이 오늘날의 성공을 보장해 주는 '신의 한 수'였는지에 대해서는 의심스러운 점이 있다. 후발 산업국의 산업화 역량은 전반적으로 취약했으며 막연하게 잘 될 것이라고 기대할 수 있을 만한 합리적 근거도 없었다.

인구도 적을 뿐더러 소득도 매우 낮았던 내수시장으로는 발전에 한계가 있다는 점은 분명했지만 그렇다고 해서 수출이 답이라고 생각하기는 어려웠다. 어떻게 보면 걷기조차 힘겨워 하는 환자의 근력을 키우기 위해 등산이나 달리기를 추천하는 것과 비슷한 느낌이다. 물론 등산이나 달리기를 할 수만 있다면 근력은 길러지겠지만 문제는 지금 당장 그것을 할 수 있는 근력 자체가 없다는 것이다.

당장 한국의 실력으로 버겁다고 느껴지는 전략을 채택한 것은 박정희 정권의 무모함이었을까. 제조업은 에너지, 원자재 등 자본과 인프라는 물론 유능한 경영자와 엔지니어 등 인적자원을 요구한다. 한국을 포함한 거의 모든 후발 산업국에서 이러한 것들은 기대하기 어렵다. 앞으로 살펴보겠지만 한국의 인적자원은 선진 기술을 학습하고 적용하는 것 그리고 합리적 경영을 수행하는 데 특출한 재능을 가지고 있었고 수출지향 전략은 이런 재능을 촉진하는 계기가 되었다. 그러나 그런 재능이 있는지는 시도해 보지 않으면 결코 알 수 없는 것이다. 이겨 낼 수 있는 힘이 있을 것이라고 믿고 도박을 하는 것과 같다.

수출을 촉진하기 위해 이를 담당하는 에이전트와 인프라, 즉 새로운 산업부문을 창출했다고 하자. 이 부문은 기술과 자원, 인력 등 모든 측면에서 매우 취약하다. 더욱 큰 문제는 이렇게 취약한 신규 부문이 이미 자리 잡고 있는 기존 부문과 공존해야 한다는 것이다. 산업은 서로 돕기도 하지만 경쟁하기도 한다. 잘 기능하는 기존 부문은 비틀거리는 신규 부문을 공격하거나 최소한 밀어낼 가능성이 크다. 목적 의식을 지닌 정부가 신규 부문을 보호하면 불만이 쌓이기 시작한다. 정부의 보호를 받는 신규 부문은 의존성이 생기고 자생력을 갖추는 데 어려움을 겪을 수 있다. 일이 순조롭게 진행되지 않는다.

되풀이하면 박정희 정부의 경제개발전략은, 사후적으로 현명한 것이었다. 수입대체전략에 비해 위험성은 높았지만 이 도박은 해 볼 만한 가치가 있었다. 제2차 세계 대전 이후 전 세계는 미국의 주도 아래 장기 호황을 누린다. 이것은 수출시장의 확대를 의미한다. 미국, 유럽, 일본 등의 자본주의 진영 국가들은 인구와 소득이 함께 지속적으로 증가하며 시장규모를 키웠다. 한국이라는 가난한 작은 나라 시장을 무대로 하는 것과, 빠르게 확대되는 세계시장을 무대로 하는 것의 차이는 분명하다. 비록 낯설고 까다로운 해외시장이라고는 하지만 팽창하는 시장은 뚫고 들어갈 수 있는 여지가 많았다. 내수시장이 더 편하고 익숙하더라도 성장에 한계가 있는 좁은 시장에서는 규모의 경제를 구현하기 어렵다. 더구나 해외기업과 경쟁하면서 해외시장에 물건을 파는 과정에서 우물 안 개구리와는 전혀 다른 안목과 역량을 갖출 기회도 얻을 수 있었다.

한국 산업의 잠재력을 믿고 모험을 벌인 당시 지도자들의 예지력과 신념에 대해서는 오늘날 분명히 높은 평가를 내릴 만하다. 그러나 전적으로 이것이 예지력에 의한 것인가에 대해서는 또 다른 설득력 있는 해석이 제시되었다. 지한파 학자로 알려진 도쿄대의 기미야 다다시 교수는 당시 박정희 정부가 어떻게 성장 전략을 수정했는가를 구체적으로 분석하고 있다. 이 논의의 중요한 결론 중 하나는 당시 정부가 의도적으로 수출 지향을 선택했다기보다는 상황상 그 방향으로 밀려간 느낌이 강하다는 것이다.[3] 즉 박정희 정부는 정책 수립 초기에는 다른 많은 개발도상국들처럼 수입대체와 내수 산업 발전으로 방향을 정했다. 수출 지향이라는 카드를 택하는 데 엄두를 내지 못했다는 점에서 한국도 다른 개도국과 크게 다르지 않았다.

강인한 산업국가를 지향한 박정희 정부는 모든 것을 제대로 갖추고자 했다. 그저 몇몇 업종이나 기업을 키우는 데 그치지 않고 산업 인프라와 시스템을 제대로 갖추려고 한 것이다. 그런데 이러한 야무진 시도는 막대한 자본을 요구했다. 걸음마를 떼고 있는 신흥 산업국 한국으로서는 이러한 자본을 조달할 여력이 없었고 당연히 외국, 특히 미국 등 선진국의 원조나 차관이 필요했다.

　그러나 미국은 박정희 정부의 이러한 시도에 대단히 회의적이었다. 걸음마도 못하는 아이에게 축구화나 러닝화를 사 주지 않을 것이다. 미국의 눈에 박정희는 꿈만 크고 실행력은 없는 허세에 가득 찬 후진국의 독재자로 보였을지도 모른다. 미국에 인접한 중남미의 경우 미국기업들이 대거 진출하기도 했지만 머나먼 한국은 직접 투자를 하기에도 전혀 매력이 없어 보였다. 결론적으로 선진국 자본은 한국을 시장으로서도 생산기지로서도 무시했다. 기술, 인프라, 규모, 접근성 등 모든 면에서 존재감을 찾아볼 수 없는, 다만 남북이 대치한 자본주의와 공산주의의 경계선으로서만 의미를 갖는 지역이었다. 미국은 한국이 정치·경제적으로 관리 가능한 수준에 머물러 있기를 원했으며, 무모한 짓으로 자원을 낭비하거나 예상 외로 빠른 산업화를 달성하는 것 모두 관리 범위를 벗어나는 반갑지 않은 일이었다.

　선진국으로부터 자본을 끌어들일 길이 막히자 한국정부의 계획은 멈춰설 수밖에 없었다. 자본이 없으면 산업화는 시작조차 할 수 없다. 계획이 좌절된 듯이 보였을 때 갑자기 하나의 돌파구가 나타났다. 앞에서 언급한 것처럼 박정희 정권은 쿠데타를 정당화하기 위해 한국경제가 극히 열악한 상태였다고 주장해야 했고, 이 주장은 어느 정도 사실로 받아들여졌다. 그러나 김두얼 교수의 연구로 해방 이후 한국경제는 상당히 높은 수준의 성장을 해 왔음이 밝혀진 바 있다. 한국인은 사실 일제 강점하에서도 나름대로 다양한 산업 활동을 벌였으며 이로 인해 현대적 기업경영을 조금씩 익혀 왔다.

　위대한 카피캣 대한민국

이 문제는 일제의 강점이 그 나름 한국의 발전에 이바지했다는 역사적 해석으로 이어질 수 있어 논란의 소지가 있다. 여기서는 이러한 논란에 대해 깊이 다루거나 판단을 내릴 필요는 없을 것 같다. 다만 그 자체 후발 산업국으로서 서구 열강과 겨룰 수준에 오른 일본의 지배 아래 한국인들이 산업과 기업경영에 접촉 기회를 얻었고 이를 적극 활용하여 해방 이후의 기업 활동에 뿌리가 되었다는 사실에만 주목하면 된다. 이를 통해 산업화의 계기를 찾은 것은 한국인의 주체적 노력의 결과였다.

이것은 앞에서 다룬 자원의 저주에 대한 설명과 관계가 깊다. 만약 한국이 특정 자원이 풍부한 국가였다면 일본은 이 자원 채취를 위해 한국 경제를 왜곡시켰을 가능성이 크다. 그러나 한반도 북부의 일부 광물을 제외하면 한국은 천연자원이 많지 않았고 그 대신 학습능력이 뛰어난 사람이 많았다. 그 결과 일본은 한국의 인력을 많이 활용하게 되고 이로써 한국인은 단순 노무만이 아니라 근대적인 생산관리나 기업경영에 참여하는 경험을 다른 식민지 국가에 비해 더 많이 할 수 있었다. 심지어 일제 하에서도 한국인이 주체가 된 기업활동이 일부 이루어졌다. 두산, LG, 롯데 등은 해방 전 한국인이 창업하여 오늘까지 활동하는 기업들이다.

산업 자립 기반을 외자를 통해 구축하려던 정부의 의도가 좌절되었을 때 그 대안으로 떠오른 것이 바로 국내 기업의 자생적 경쟁력이었다. 즉 일제강점기부터 뿌리를 내렸거나 또는 해방 이후 창업된 기업들이 이미 1950년대에 상당한 성장을 이뤘고 박정희 정부가 들어선 60년대에는 수출 성과를 올리고 있었다. 이것은 정부조차 의식하지 못하였던 성과였다. 당시 한국기업들, 특히 대부분 섬유산업을 하던 기업들은 이미 다양한 해외시장의 문을 두드리고 수출 실적을 올리고 있었다. 내수시장에 안주하고 있던 기업들을 정부가 억지로 해외시장으로 떠민 것이 아니라, 자생적으로 수출을 모색하는 기업들이 정부에 수출 지원 정책을 거꾸로 요구하는 양상조차 나타났다.[4]

오늘날 한국을 대표하는 대기업은 모두 이 시기 섬유공업에서부터 출발했다. 삼성은 제일모직, LG는 럭키화학의 합성섬유사업, SK는 선경직물, 효성그룹은 효성물산 등 섬유업체를 모태로 성장을 시작했다. 이들은 합성섬유 등 신기술을 빠르게 습득하고 농촌 인력을 산업 인력으로 전환하며 높은 생산성과 품질을 실현했다. 일제강점기와 한국전쟁을 겪으면서 기업 활동의 명맥을 이어 온 기업가들은 이미 토착 혁신가로서 서구 선진 기업에는 미치지 못해도 자생적 경쟁력을 키워 가고 있었다. 그 결과 이들은 해외시장에 내놓아도 손색없는 제품을 만들어 냈고 매출을 증가시키려고 노력하는 과정에서 수출 지원을 요청하기에 이르렀다.

초기 한국기업들이 의식주부터 자립 기반을 만들기 위해 노력한 것은 수입대체, 즉 내수 지향이라고 해석될 여지가 있다. 그러나 이들은 대단히 빠르게 생산성과 품질을 향상시킴으로써 성장의 기회를 해외시장에서 찾기 시작했다. 이것은 앞에서 언급한 대로 정부의 수출전략 파트너 기업들이 대부분 기존의 내수 산업의 업체들과 중복되었음을 의미한다. 이해관계가 상충하는 두 부문을 동일한 주체들이 담당하고 이로써 이해관계는 자체적으로 조정될 수 있었다. 환율이 오르면 수출기업에 유리하지만 내수기업이나 수입업체는 불리하다. 그러나 하나의 기업이 수입과 수출을 모두 담당한다면, 양쪽의 유불리는 상쇄된다.

이것은 정부로서는 예상하지 못한 행운이었다. 차관이나 직접 투자를 통해서 조달해야 했던 외화를 벌어들일 또 하나의 경로가 형성된 것이다. 수출을 통한 외화 획득은 산업 자체를 강화하면서 부수적으로 얻어지는 방식이라 선순환되고 증폭되는 이상적 전략이었다. 한 가지 유의할 점은 이제 수출을 막 시작하는 몇몇 기업들의 외화 획득이 산업의 기반 인프라를 전부 구축할 수 있을 정도로 막대한 규모에 도달했던 것은 결코 아니었다. 1964년의 수출 실적은 1억 달러로 오늘날의 기준으로는 미미한 규모에 불과하지만, 이것은 앞날의 가능성을 보여주는 지표였다. 정부는 외국에 아쉬운 소리를 하지 않아도 자체적으로 조달할 수 있는 투자 재원에 주목했고 이로써 수출 지향 성장전략이 만들어졌다. 이런 면에서 성장 초기 기업의 역할은 아무리 강조해도 지나치지 않다.

정부는 이로써 수출에 올-인 all in 하는 기조를 견지했고 1960년대 10년간 연평균 41%라는 경이적인 수출 신장세를 기록했다. 그 결과 박정희 정부 정식 출범 15년째가 되던 1977년 100억 달러 수출을 달성한다.

앞에서 제시했던 트랙터의 예를 다시 생각해 보자. 독일과 일본은 트랙터 면허를 지닌 100명의 농부에게 미국이 100대의 트랙터를 제공함으로써 경제를 다시 회복시켰다. 그러나 농부들이 트랙터 면허를 갖지 못한 후발 산업국들은 단순히 트랙터를 제공하는 것만으로는 성장을 촉진할 수 없다. 한국의 농부들은 면허는 없었지만 가르쳐만 주면 굉장히 빠르게 학습할 수 있다. 그러므로 트랙터를 제공해 줄 충분한 유인이 있다. 그러나 농부들의 학습능력이 높은지를 확신할 수 없어서 트랙터가 지원되지 않았다. 그러자 농부들이 여러 가지 방법을 써서 돈을 벌어 기어코

자기 돈으로 트랙터를 한 대, 두 대 사들이기 시작했다. 결국 농부들은 독일과 일본이 그랬던 것처럼 고속성장의 기적을 자력으로 달성했다. 이것이 한국경제 기적의 우화다. 마셜플랜처럼 경제회복을 지원받은 독일과 일본의 사례보다도 더욱 극적이었다.

두 마리 토끼 — 내수와 수출부문 간의 상생

수출과 내수를 동일한 주체인 기업이 담당함으로써 부문 간의 갈등은 크게 완화되었지만, 이것만으로 모든 문제가 해결되지는 않는다. 농업에 치우쳐 있던 한국경제에 수출산업을 키우는 것은, 자녀가 여럿인 집에서 공부 잘하는 한 자녀에게만 상급 학교 진학 등 교육 투자를 몰아주는 것과 비슷하다. 학자금을 마련하기 위해 다른 형제자매들은 어려서부터 일터로 나가 돈을 벌어야 한다. 수출산업을 지원하기 위해 환율이 오르고 인건비는 억제되었는데 그 부담은 고스란히 노동과 가계에 지워졌다. 노동조합을 억제하여 인건비 상승을 막으면서 동시에 고환율 정책으로 수입물가는 오르니 실질임금의 상승은 기대할 수 없었다.

노동자와 서민층의 불만이 누적되어 갔다. 이들은 사회적 영향력이 크지 않은 약자의 위치였으나 경제 사회의 저변을 형성하는 다수파이기도 했다. 물론 이들은 산유국의 석유부문처럼 국가를 좌지우지할 수는 없었지만 수출 일변도 전략에 이의를 제기하고 파업 등의 형태로 저항했다. 이것은 권력의 정당성을 동요시킬 수 있었고 공권력을 통한 억압만

위대한 카피캣 대한민국

으로는 풀리지 않는 문제였다.

수출부문도 살리면서 내수는 물론 노동과 서민 가계까지 함께 살 수 있는 길을 찾아야 했다. 합리적으로 판단하면 "두 마리 토끼 잡기"처럼 무리해 보이는 것이 사실이다. 수출 경쟁력을 높이는 것은 단기간에 달성하기는 쉽지 않으며 노동과 가계부문의 인내심에는 한계가 있었다. 수입대체전략이 더 유망해 보이는 것도 무리가 아니다. 수입대체전략이란 아직 실력이 부족한 자국 산업 — 흔히 '유치산업'이라고 부른다 —이 처음부터 험악한 해외시장이 아니라 내수시장에서 성장할 수 있도록 지원한다. 내수시장에서만 경쟁하면 환율 인상이나 인건비 통제로 국민을 괴롭힐 필요도 없다. 부품이나 자재 수입이 많은 상황에서 낮은 환율은 자국기업에게도 나쁘지 않다. 처음부터 너무 어려운 상대와 경쟁하지 않으면서 차츰 경쟁력을 키워 나중에 수출 전선으로 내보내는 것이 가장 자연스러운 수순처럼 보인다. 선 수입대체[IS], 후 수출촉진[EP]은 모범답안으로 여겨졌고 많은 국가에 의해 채택되었다.

많은 후발 산업국들이 채택했던 이 모범답안은 어째서 성공하지 못했을까. 말레이시아의 이슬람국제대학 교수 로키아 알라비 Rokiah Alavi 는 말레이시아의 경우 수입대체기업들이 경쟁력을 키워 수출기업으로 발전하는데 실패했다고 진단한다.[5] 알라비 교수는 유치산업을 보호하고 지원하는 정책이 회사의 경쟁력을 키우는데 효과가 없으며 회사를 보호 정책에 만성적으로 의존하게 한다고 보았다. 응석받이로 자란 아이가 강인한 어른으로 자라나지 못한다는 것이다. 국내시장이라는 울타리로 방어된 안전한 영역에서 산업 경쟁력은 만들어지지 않는다. 후발국이 유치산업을 키우려면 적극적인 보호 정책을 추진해야 한다는 주장은 19세기 독일 태생 경제학자 리스트 Friedrich List 이래 많은 지지를 얻어 왔다. 하지만 보호 정책의 문제점은 의존성이다. 한 번 중독된 마약을 끊기 어렵듯이 보호 정책 또한 그렇다. 오랫동안 존속해 온 보호 정책의 중단은 단순히 경제논리만이 아니라 정치적 고려가 얽힌 이슈가 되기 쉽다.

한국정부 역시 기업에 대한 강력한 지원과 보호를 지속했다. 단 한 가지 다른 점은 기업들의 활동 무대를 해외시장으로 지정했다는 것이다. 기업들은 엄격하게 수출 실적에 따라 그에 상응하는 지원을 받았다. 해외시장은 거짓말을 하지 않는다. 내수시장에서 정부 보호를 받는 기업은 안락한 영역 comfort zone 을 벗어나 진정한 학습을 하기 어렵다. 그러나 아무 배경도 없이 낯선 해외시장에 상품을 파는 행위는 거칠고 완강한 현실과 마주서야 하며 이로부터 진정한 학습이 이루어진다. 내수시장과 수출시장의 차이는 단순히 규모가 크고 작고가 아니라 안락한 장소와 불편한 장소의 차이였다. 학습은 오직 불편한 장소에서만 이루어진다.

《1만 시간의 재발견》을 쓴 스웨덴의 심리학자 안데르스 에릭손은 한 분야의 대가가 되기 위해서는 1만 시간의 연습과 함께 지속적으로 안락한 영역을 벗어나려는 노력을 해야 한다고 주장한다. 자신의 아지트나 요새와 같이 가장 편안한 장소에 머물면서 연습한 1만 시간으로는 대가가 될 수 없다는 것이다. 한국기업은 초기부터 해외시장을 승부처로 삼음으로써 안락한 영역을 벗어났고 이후 지속적인 학습을 통해 경쟁력을 강화할 수 있었다.

수출기업들이 해외시장에서 점점 더 경쟁력을 키우는 동안 내수기업,

농업, 노동자, 서민은 어떻게 되는 것일까. 수출기업이 해외시장에서 벌어들인 돈을 이들에게 단순히 나눠 주기만 한다면 보상은 받을 수 있겠지만 부문 간의 불균형은 점점 더 심화될 것이다. 하지만 정부와 기업의 노력 그리고 몇 가지 유리한 조건들이 맞아떨어져 선순환이 형성되었다. 전후 미국이 주도한 자본주의 경제는 성장의 황금기를 맞이했다. 팽창하는 해외시장은 새로운 기회의 땅이 되었다. 수출부문의 성과가 빠르게 향상되었고 이 자원이 다른 부문으로 환류했다. 마치 연어가 넓은 바다로 나아가 맘껏 먹이를 먹고 자신이 태어난 고향 하천으로 회귀하여 생태계를 살찌우는 것과 같은 일이 벌어졌다. 수출기업이 성장하자 노동시장과 협력업체가 따라서 성장하는 파급 효과가 발생한 것이다.

빠르게 성장하는 수출기업들은 인력을 필요로 했으며 그 결과 농업부문의 인력을 2차 산업으로 이동시키는 결정적 역할을 했다. 전통사회에 속한 인력들은 한국전쟁 이후 베이비 붐을 맞으며 크게 증가했으나 농업 생산성의 향상으로 농업 등 전통 부문에서는 일자리를 찾을 수 없는 상황이었다. 기업부문에서 지속적으로 인력 수요를 늘려 베이비 부머를 흡수할 필요가 있었다.

이런 면에서도 수출지향전략은 절묘하게 맞아떨어졌다. 만약 내수 지향의 산업화를 추진했다면 1960년대 합계출산율 6에 달하는 인구 증가를 흡수할 산업 수요를 만들어 낼 수 없었을 것이다. 산업 성장과 인구 성장이 동기화되면서 노동부문과 기업부문이라는 영원한 노사갈등의 두 축이 길항하지 않으면서 상생할 수 있는 절묘한 조건이 형성되었다. 1980년대 말 민주화 이후 노동자 대투쟁이라는 노사갈등 분출기가 오기까지 한국은 이렇게 두 마리 토끼를 잡을 수 있는 중요한 조건을 구축했다.

수출기업들은 인력뿐 아니라 소재, 부품을 공급하는 다양한 협력업체들도 필요로 했다. 뒤늦게 출발한 한국 산업에 역량을 갖춘 소재, 부품회사가 없는 것은 너무나 당연한 일이었고 수출을 하기 위해 처음부터 수입에 의존할 수밖에 없었다. 수출촉진전략을 위해 환율을 올리면 오히려 수입 부품의 가격이 올라 뒤통수를 맞게 되는 상황에서 한국은 부품 국산화에 나섰다. 기업들은 스스로 학습하면서 협력업체들도 함께 학습에 참여하도록 독려했다. 1차 협력업체가 다시 자신들에게 부품을 공급할 2차 협력업체를 키우는 식으로 협력의 네트워크는 점점 더 심화되었다. 서울대학교의 이경묵 교수에 따르면 이 네트워크가 14차에까지 이른다.[6]

이것은 불교에서 말하는 "자기도 이익을 얻으면서 남도 이롭게 한다"는 정신이 산업시장에서 구현된 흔치 않은 사례. 원청업체라고 불리는 대기업과 이들을 돕는 하청업체들의 네트워크는 수출기업이 벌어들인 수익을 전체 경제로 환류시킨다는 의미도 있지만, 부품 국산화를 통해서 산업 전체의 경쟁력을 끌어올린다는 더 깊은 의미를 가졌다. 인력과 협력업체를 육성하면서 수출기업의 성과는 단순히 분배된 소득이 아니라 산업 생태계를 건강하게 만드는 영양제의 역할을 한 것이다.

수출지향전략은 우선적으로 수출부문을 키우는 것이 목표지만, 이러한 불균형전략은 궁극적으로 균형으로 회귀할 때에 의미가 있다. 수출부문을 먼저 성장시키고 여기서 동력을 얻어 내수부문을 키운다는 큰 그림이 있었다. 수입과 수출은 얼핏 보기에는 서로 제로섬 관계에 놓인 것

위대한 카피캣 대한민국

처럼 보인다. 그러나 이미 소재, 부품 협력업체의 사례에서 보았듯이 결국은 하나의 산업 생태계를 형성하는 협력의 관계가 근저에 있다. 기미야 교수는 수출지향전략은 '복선형 성장' 전략의 한 부분이었다고 본다. 내수부문 중에서도 특히 자본과 기술집약적인, 기간산업, 첨단산업의 육성이 1960년대 후반부터 본격화되었다는 것이다.[7]

해외시장에 입성하기 위해 경공업 중심으로 어렵게 교두보를 만들었지만, 그 성과가 가시화되는 시점에 이미 한국은 B2B 산업의 발전을 모색하기 시작했다. 가발, 액세서리, 육가공식품, 의류 등을 수출하면서 기업들은 시장 개척과 더 나아가 경영전략을 학습해 나갔다. 빠르게 역량을 갖춘 기업들은 점차 본격적인 산업, 특히 전자, 중화학 등의 분야로 진출했다. 1968년 포항제철이, 1969년 삼성전자가 설립된 것은 우연한 일이 아니다.

초기 수출의 성과는 외화 획득이라는 금전적 측면도 있겠지만 그보다 더욱 중요한 것은 학습을 통한 역량과 자신감의 구축이었다. 해외시장에서 상품을 팔아 본 경험은 어떤 일도 해낼 수 있다는 의지의 바탕이 되었다. 이것이 수출주도전략이 갖는 가장 중요한 강점이다.

수출과 내수라는 두 마리 토끼를 잡아야 하는 상황에서 많은 개발도상국들은 내수를 먼저 쫓았다. 수출이라는 토끼가 워낙 잡기 어렵다는 판단 아래 우선 내수라는 쉬운 목표를 달성하고 이를 바탕으로 수출에 도전한다는 나름대로 합리적인 선택이었다. 그러나 협소한 국내시장에서 보호 아래서 성장하는 산업은 '안락한 영역'에서 제대로 된 학습을 하지 못했다. 반면 너무나 어려워 보였던 수출은 제대로 된 학습이 가능한 무대였다. 또한 당시 한국은 익숙한 경공업의 저가 제품에 집중함으로써 난이도를 조절할 수 있었다. 문제는 경공업에만 매달려 얻는 이익이 얼마나 될까였다. 고부가 제품도 아니고 경쟁력도 별로 없으며 소재나 부품을 수입해야 하는 처지에서 외화 획득에 큰 기대를 하기는 어려운 상황이었다.

중남미 국가들은 바로 이 점을 걱정했다. 경쟁우위가 없는 제조업에 매달려 수출을 해 봤자 별 이득이 없으며, 자신들 스스로 자본을 축적해야 한다는 것이 이들의 판단이었다. 그래서 이들은 스스로 강력한 내수기업을 키우려고 했다. 그러나 이것은 영어를 공부하기 위해 골방에 틀어박혀 책과 씨름하는 것과 같았다. 잘 못하는 영어라도 미국 사람들이 있는 곳으로 가서 용감하게 말을 붙여야 했다.

여기서 순서의 중요성이 드러난다. 한국도 결국은 경공업에서 포항제철, 현대중공업, 삼성전자와 같은 중공업으로의 이행을 통해 수입대체 효과를 거두었다. 이것은 브라질 등 중남미 국가의 수입대체전략이 꿈꾸었던 것이다. 그러나 중남미 국가들은 처음부터 산업 자립 인프라를 달성하려고 했다. 반면 한국은 우선 경공업 수출을 택했다. 해외시장 개척의 경험은 경영 역량으로 변했다. 더욱 중요한 효과는 규모의 경제다. 내수시장을 대상으로 기간산업을 구축하면 막대한 투자 대비 수익이 부족해진다. 브라질과 같은 큰 나라라고 해도 당시 소득이 낮은 상황에서 내수시장 규모는 세계시장과 비교할 수 없을 정도로 작았다.

이에 반해 한국은 제조업에서 해외시장을 꾸준히 개척하고 있었고 점점 더 판매량이 늘어났다. 이러한 생산 증가가 바로 자본집약적 중공업

위대한 카피캣 대한민국

의 수요를 형성했다. 똑같은 제철소라고 해도 미약한 산업 기반에 국한된 철강 수요를 충족시키는 정도라면 조업 규모가 제한되고 막대한 고정비를 감당할 수 없다. 그러나 포항제철오늘날의 POSCO은 이미 제조업이 상당 수준에 오른 1970년대 이후 건설되었다. 포항제철은 늘어나는 철강 수입을 대체하기 위해 만들어진 전형적인 수입대체 산업에 속한다. 그러나 한국의 철강산업은 한국의 좁은 내수시장에 국한되지 않는다. 포항제철로부터 철강을 구입하는 한국기업들은 수출을 전제로 조업하고 있으며 이렇게 확대된 철강 수요로 제철소는 손익 분기점을 훨씬 뛰어넘을 수 있었다.

두 마리 토끼를 잡는 순서가 중요하다. 한국은 우선 경공업 수출에서 시작하여 해외시장에 교두보를 만든 후 바로 수출업체들의 사업에서 파생되는 소재, 부품, 인프라 수요를 감당하기 위한 협력업체 생태계와 기간산업을 발전시켰다. 이것은 5~10년의 차이를 두고 병행되었다. 빠르게 성장하는 해외시장은 학습과 훈련의 기회의 장일 뿐더러 자본집약적 기간산업의 손익 분기점을 보장하는 물량을 가져다주었다. 이러한 선순환 덕분에 한국은 두 마리 토끼를 잡을 수 있었다.

쉬운 영역에서 실력을 키워 어려운 영역으로 진출한다는 원리에는 오류가 없다. 하지만 "너무 쉬운" 영역에서는 학습이 일어나지 않는다. 일정 수준 이상의 난관과 자극이 필요하다. 제조업에 처음 진출하는 개발도상국에게 해외시장은 도전하기에 어려워 보이는 것도 사실이다. 그러나 경공업부문의 저가시장을 타깃으로 할 경우 그중에서도 쉬운 단계를 찾아낼 수 있었다. 발전전략의 핵심은 자기 역량으로 도전할 만한 중간 목표를 찾아내는 것이다. 집토끼를 먼저 선택한 중남미는 학습도 확장도 일어나지 않았지만, 손에 잡히지 않을 것 같던 산토끼를 추격한 한국은 두 마리 토끼를 모두 잡을 수 있었다.

제2장

인적자원, 유교가 남긴 고귀한 유산

우골탑의 나라 — 인적자본 투자와 유교경제권

  제2차 세계 대전 후 경제성장의 레이스에서 최종적으로 발군의 성적을 올린 6개국, 한국, 대만, 중국, 일본, 싱가포르, 홍콩은 모두 유교문화권에 속한다. 위치상 동남아권인 싱가포르 역시 화교 출신 리콴유 총통이 건국한 유교 전통 국가다. 이 때문에 유교가 산업화나 경제성장과 관련이 있지 않은가라는 주장이 제기되었다. 베버 Max Weber 의 프로테스탄트 기독교가 자본주의 발전과 관련이 있다는 주장은 많은 비판의 대상이 되었고 종교가 경제와 어떤 관련을 맺는가에 대해 확실한 이론이나 실증이 제시되었다고 보기도 어렵다. 그러나 산업화 후발국 중 유독 유교 전통을 갖는 나라들이 독보적인 경제 성과를 올렸다는 사실은 간과하기 어려운 뚜렷한 사실임에 분명하다.

  여기서 유교 전통이 어떻게 현대의 경제와 연결되는가를 살펴보기 위해 먼저 교육이 갖는 사회적 기능에 주목해 보자. 유교문화권 국가들은

〈그림 2-1〉 유교경제권의 판도

중국에서 만들어진 관료제의 이상을 발전시켰다. 관료제 사회는 봉건
제 사회와 뚜렷이 구별되는데 오늘날 회사의 용어로 설명하면 비용센터
와 이익센터의 차이와 비슷하다. 유럽의 봉건사회에서는 왕이 영주에
게, 또 영주는 기사에게 땅을 나눠 주고 그 땅으로부터의 수익과 비용 모
두를 위임했다. 바로 이익센터다. 즉 한 기업의 사업부이지만 이 사업부
는 독립적인 회사로서 사업의 비용도 수익도 모두 책임진다. 물론 전쟁
같은 국가적 대사가 벌어지면 영주들은 함께 참전하고 왕의 지휘에 따른
다. 그러나 농사짓고 교역하는 평화 시에는 각자가 알아서 하는 것이다.
그리고 왕이 왕세자에게 왕위를 넘기듯 영주들도 자신의 후계자에게 작위를 넘기며 왕은 이에 간섭하지 않는다.

반면 관료제는 비용센터다. 자체적으로 이익을 계산하지 않으며 비용센터의 직원들은 회사로부터 월급을 받는다. 유럽과 달리 중국은 진시황 시대부터 관료제, 즉 모든 수익과 비용을 왕이 책임지며 신하들은 각자에게 주어진 임무에만 전념하는 체제였다. 급여를 받는 관료는 관직을 후계자에게 물려줄 수 없음은 물론 스스로도 죽을 때까지 유지할 수도 없다. 관직이란 왕이 인사권을 가지고 임명하는 것이다.

관료란 자기 책임을 갖고 독립 자회사를 운영하는 CEO가 아니라 위계 조직 내의 종업원이다. 봉건제 사회는 자립적인 영지 단위로 문화의 다양성이 유지되는 반면 관료제 사회에서는 문화가 동질화되는 경향이 있다. 유럽 사회가 EU라는 공동체를 수립한 지금도 나라마다 언어가 모두 다르고 문화적 개성을 강하게 보유한 반면 중국은 엄청난 크기의 영토와 민족 다양성에도 불구하고 비교적 문자와 언어의 통일성이 유지되고 있다. 중세 이래 봉건제를 유지해 온 일본이 50여 현마다 서로 다른 독특한 문화를 지닌 데 반해 한국은 지역별로 언어나 문화 격차가 상대적으로 작은 것도 봉건제와 관료제의 차이로 해석할 수 있다.

봉건제에서 왕은 초대 영주만 임명하면 그 뒤로는 인사에 대해 신경 쓸 것이 없다. 자기 영지를 직접 보좌하는 인력만 관리하면 된다. 영주들은 자기 영지 내의 인사를 스스로 담당하기 때문이다. 이와 달리 관료제는 왕이 나라를 다스릴 모든 관료를 임명하고 감찰하며 가끔은 암행어사를 통해 비밀 감시까지 했다.* 관료제에서는 그 누구에게도 토지를 나눠

* '암행어사'란 페르시아 황제가 총독을 감시하기 위해 보낸, '왕의 눈'이라 불린 비밀감찰

위대한 카피캣 대한민국

주지 않았으므로 세습 귀족이 사라졌고, 사회 계층에서 지위의 근거는 관료인가 아닌가, 또 고위 관료인가 하위 관료인가뿐이었다. 왕을 제외한 누구도 토지를 세습할 수 없게 되자 원리상 모든 백성은 동등해졌다. 이제 모두 동등한 백성 중에 누구를 관리로 임명할 것인가가 문제로 등장한다.

이것을 해결하기 위한 중국의 제도적 발명이 과거科擧다. 공자의 영향으로 유교문화가 발달하고 경전과 주해를 중시하는 인문적 분위기가 형성되었던 까닭에 유교적 교양을 주제로 시험을 치를 수 있었다. 당시로서는 드물게 책을 이해하고 글을 쓰는 능력을 테스트할 수 있었다. 유교적 교양은 충효忠孝를 강조하기 때문에 왕으로서는 나쁠 것이 없었다.

문제는 관료들이었다. 자신의 지위가 일단 과거 합격 여부, 그리고 합격 이후로는 왕의 인사권에 의존하게 된 것이다. 대대로 명예와 수입이 보장되지 않기 때문에 이를 장기간 지키는 것이 여간 까다로운 일이 아니었다. 현대의 민주사회가 아니라 당시 중세 신분사회와 비교했을 때 상대적으로 조선의 과거제도는 높은 수준의 공정성을 유지해 온 것으로 평가된다. 음서제와 같이 유력 가문이 과거에 합격하지 않은 후손을 벼슬에 올리는 관행이 있었으나 하위직만 가능했고 규모도 제한적이었다.* 결국 조선의 지배적 가문은 자제들을 독려하여 과거에 합격하도록 할 수밖에 없었다. 그 결과 사회적으로 어릴 때부터 아이들은 공부를 열심히 해야 한다는 분위기가 매우 강하게 자리 잡았다.

관과 비슷한 존재다.
* 조선시대 과거의 공정성에 대해서는 이어지는 이야기에서 좀 더 자세하게 다룬다.

제도와 문화가 이런 경향을 더욱 강화했다. 완전한 관료사회라면 신분이란 없는 것이 원칙이지만 조선에는 '양반'이라고 불리는 신분이 존재했다. 다만 이 신분은 자동으로 세습되는 것이 아니라 조건부 세습, 즉 3대 안에 과거 합격자를 배출할 때에만 세습된다. 과거 불합격에 대한 삼진 아웃 시스템이다. 두 세대에 걸쳐 합격자를 배출하지 못하면 가문은 위기에 몰린다. 3대째의 후손들은 사력을 다해 마지막 기회를 잡지 않으면 안 된다. 이러한 절박함이 조선시대 내내 지속되었다.

주목해야 할 것은 이 절박함의 심리적 기초다. 양반에서 탈락하는 것이 치명적인 것은 조상 숭배 사상이었다. 기독교 등 고등종교에는 대부분 영생에 대한 믿음이 있다. 반면 유교에서는 영생, 윤회, 천국과 지옥, 카르마 등의 교리가 없다. 공자는 "삶도 모르는데 죽음을 알 수 없다未知生 焉知死"고 했고 사후세계에 대해서 언급하지 않았다. 하지만 유교문화권 사람들이 이번 생은 한 번뿐이라는 욜로 YOLO 주의자였던 것은 당연히 아니다. 유교에서의 영생은 후손을 통해서 이루어진다. 단독자로서 개인은 자연적 수명을 다하고 죽지만 그가 남긴 후손을 통해서 생명을 지속한다. 후손들이 제사를 통해서 조상에 경의를 표할 때 생명의 연속성은 유지되고 이를 통해 집단적 생명으로서의 혈통이 영생을 누린다.

더욱 중요한 것은 이러한 혈통 존중이 후손에 대한 배려가 아니라 조상에 대한 책임감 때문이라는 점이다. 자신이 잘못하여 후손에게 문제가 생기면 지금까지 이어 내려온 혈통의 연속성을 훼손하는 꼴이 된다. 후손을 배려하는 것은 곧 가문을 번창시킴으로써 조상을 영생하게끔 하는 것이다.

서구의 개인주의 가치관에서 이처럼 후손 만대萬代를 고려하는 삶의 태도는 이해하기 어렵다. 한국과 유교문화권에서는 평범한 사람조차《족보族譜》라는 가문의 연대기를 통해 대대로 조상들의 이름과 행적을 확인할 수 있다. 이러한 독특한 혈통 중시 문화는 사람들의 경제 행동에도 중대한 영향을 미친다. 특히 시간 선호, 즉 경제적 의사결정을 할 때 고려하는 시간 규모가 달라진다. 오늘 하루만 보고 사는가 아니면 10년 뒤, 20년 뒤를 바라보는가의 차이다. 비교문화학자인 호프스테더 Geert Hofstede는 각국의 문화적 특성을 측정했는데, 측정 항목 중 하나가 '장기-지향'이었다. 장기-지향이란 미래를 중시하고 미래를 위해서 현재를 희생하는 정도를 의미한다. 측정 결과 비교 대상국 23개국 중에서 1위부터 5위까지가 중국, 홍콩, 대만, 일본, 한국이었다.[1] 우연의 일치라고 하기에는 너무나 맞아떨어지는 결과다.

서구에서 만들어진 거시경제학은, 사람들이 먼 미래를 위해 투자하는 것을 설명하는데 늘 어려움을 겪는다. 한 사람이 자신이 죽은 뒤에 발생하는 효용을 얻기 위해 투자한다면 이는 비합리적인 행동이다. 내일 죽는다면 오늘 모든 재산을 다 소비하고 죽는 것이 합리적이다. 하지만 사망 이후에까지 효용을 창출하는 장기 투자는 현실에 엄연히 존재할 뿐더러 매우 중요한 의미를 갖는다. 따라서 거시경제학자들은 '무한수명인'이라는 존재를 가정했다. 사람이 죽지 않고 영원히 산다는 터무니없는 가정이다. 합리적인 경제 주체를 설명하기 위해 완전한 정보와 완벽한 계산능력을 지닌 호모 이코노미쿠스의 가정이 필요했는데, 호모 이코노미쿠스가 사후에 유산을 남기는 것을 설명하기 위해 이번에는 불사의 인간, 호모 이모탈리스의 가정이 동원된 것이다.

불사의 인간이란 터무니없는 가정을 피하기 위해 등장한 더욱 현실적인 가정이 다음 세대에 대한 배려다. 아무리 개인적인 사람이라도 자녀는 사랑한다. 그런데 그 자녀도 자신의 자녀를 사랑한다. 그러므로 한 세대 아래 자녀를 사랑하면 손주도 사랑하게 되고, 이런 식으로 대를 이어 아주 먼 후손까지 배려하게 된다는 것이다. 이 정도의 가정으로 미래에 대한 투자를 설명할 수 있을까. 배려하는 정도가 세대가 늘어남에 따라 급격하게 감소한다면 증손 정도만 넘어도 남남의 수준에 근접한다. 예를 들어 자녀의 효용에 대한 배려가 자기 효용의 50%라고 해도 10대손까지 가면 0.1%까지 떨어진다. 물론 이 경우에도 3세대, 4세대 후손까지는 충분히 애정과 헌신의 대상이 될 수 있을 것이다. 하지만 이것으로는 불사의 인간, 호모 이모탈리스의 가정과는 큰 차이가 있다.

호모 이모탈리스의 진정한 현실적 존재는 바로 조상 숭배 사상으로 무장한 조선인이라고 할 수 있다. 조선시대 선조들의 조상 숭배는 가까운 후손을 배려하는 것과는 차원이 다르다. 조상 숭배는 조상의 영혼이 영생하기 위해서는 후손들의 존경과 그 외적 표현인 제사 의례가 영원히 지속되어야 한다. 여기서 개인은 혈통을 이어주는 중간 단계로서 전체 혈통으로 보면 미미한 존재일 수도 있으나 개인 한 명의 잘못으로 혈통을 끊어 버릴 수도 있는 무거운 책임을 지는 존재이기도 하다. 한 가지 주의할 점은 혈통이 공통의 조상을 갖는 후손 집단 전체를 가리키는 것이 아니라는 점이다. 만약 한 명의 조상을 공유하는 후손 전체를 혈통이라고 생각한다면 한 개인의 존재감과 책임감은 상당히 희석된다. 후손들이 수십, 수백 명일 경우 나 하나가 결혼하지 않거나 자녀를 키우지 못한다고 하더라도 나의 형제, 나의 사촌, 육촌 등이 혈통을 이어 갈 수 있다.

그러나 조선에서의 혈통은 이러한 전체 후손들의 집단만이 아니라 나를 통해서 이어지는 연결 고리를 또한 중시한다. 예를 들어 나의 대에 와서 후손이 끊어진다면 전체 가문으로서는 상관이 없지만 나 자신이 자식과 직계 후손으로부터 제사를 받을 수 없으며, 혹시 내 형제들도 후손이 없다면 나의 부모님이 제사를 받을 수 없다. 이것은 가장 큰 불효로 스스로 잘 살고 자식을 낳아 잘 키우는 것은 다른 형제, 사촌, 육촌에게 떠넘길 수 없는 고유한 의무다. 즉 공통 조상으로부터 비롯된 전체 후손 집단을 중시하는 것이 아니라 그 집단 내에서도 자기에게로 직결되는 혈연의 끈이 더욱 중요한 것이다.

자녀 교육을 중시하는 정신적 자세는 이러한 강력한 혈연 의식에 기반을 두고 있다. 또한 공통 조상으로부터 이어져 오다가 출세하여 특정인의 후손이 번성하면 그 사람을 중간 조상^{중시조}으로 하여 새로운 가문이 만들어지기도 한다. 이러한 중간 조상은 대개 높은 벼슬자리에 오르거나 학문적 성취를 거두거나 나라에 큰 공을 세운 탁월한 개인들이 차지한다. "입신 출세하여 이름을 떨치고 이를 통해 부모를 자랑스럽게 하는 것이 효의 마침"이라는 이야기도 있다. 이렇게 한 개인은 단지 혈통을 잇는 것이 아니라 자신의 혈통을 만들어 낼 수도 있다.

이것은 매우 정교한 시스템이다. 집단이 커지면 한 개인에 대한 의무를 부과하고 의무를 다하지 못했을 때 벌을 주는 일이 점점 더 어려워져서 결국 의무를 지키지 않게 된다는 것이 사회과학의 중요한 법칙이다.

한 조상으로부터 후손이 번성하면 수가 많아져서 책임감이 희석될 수 있지만 앞에서 살펴본 대로 수많은 후손 중에서도 단 한 사람이 자신을 관통하는 혈연을 끊을 수도 있고, 반대로 성공적인 인생을 살아 새로운 중간 조상이 되어 자신을 통하는 혈연을 창조할 수도 있다. 따라서 조선의 조상 숭배 시스템은 모든 개인을 조상과 혈통의 영생에 대한 강박에 가까운 책임감으로 묶어 둘 수 있었다.

자녀, 손주라는 눈에 보이는 존재만이 아니라, 조상의 영생을 위한 수단으로써 혈통 전체를 생각하는 태도는 식민지와 전쟁으로 빈곤 상태에서 출발한 한국경제를 이해하는 중요한 단서를 제공한다. 앞에서 인적자원이 경제성장에 중요하고 이를 위해서는 교육이 필요하다고 했는데, 대부분의 가정에서 아이들의 교육은커녕 끼니가 걱정인 상황이라면 교육보다는 밥벌이를 위한 아동 노역이 만연할 것이다. 그러나 한국인들은 매우 빠르게 교육 투자를 늘이면서 아이들을 학교에 보내기 시작했다.

고려대 이종화 교수가 1997년 국제기구인 유엔 개발 계획 UNDP: United Nations Development Programme 에서 발간한 보고서에 따르면, 해방 직후인 1946년, 한국의 초등학교 입학생 수는 140만에서 220만으로, 중학교의 경우는 8천 명에서 1만 3천 명으로 수직상승했다. 이후에도 한국의 교육열은 지속되었다. 한국과 함께 아시아의 네 마리 용 중 하나인 싱가포르는 1960년 기준으로 평균 교육연수에서 한국과 똑같은 4.3년이었다. 그러나 30년 후인 1990년 싱가포르는 이 수치가 6.1년으로 증가한 데 반해 한국은 9.9년이 되었다.

후손의 교육을 통해 가문과 혈통을 빛나게 한다는 관념은 해방 직후,

또 전쟁 직후 빈곤의 함정에 빠져 있던 한국인들에게 "밥은 굶더라도 교육은 시킨다"는 소위 "우골탑 정신"으로 교육 투자의 인센티브를 제공했다. "우골탑"이란 농가에서 소를 팔아 자녀의 대학 입학 등록금을 마련한다는 의미로 서양의 대학을 "상아탑 ivory tower"이라고 부르는 것에 빗대어 만들어진 자조적인 조어다. 자본이 결핍된 나라에서 거의 유일한 농업 자본인 소를 팔아 자녀를 대학에 보내는 사회적 의지는 빈곤의 함정을 탈출하는 원동력이었다.

물론 21세기 한국사회에서 아직도 조상 숭배나 혈통 중시의 정신이 살아 있다고 보기는 어렵다. 아직도 많은 가정에서 제사를 지내고 있으며 《족보》에 대한 존중이 사라지지는 않았다. 그럼에도 불구하고 이제 교육의 목표가 후손의 입신양명과 이를 통한 조상 숭배라는 관념은 크게 희석되었다. 하지만 한국경제가 최초의 산업화를 맞이할 때, 모든 것이 부족하고 결핍된 상황에서 교육 투자의 우선순위를 떠받친 것은 전통적 가치관이었다. 물론 조선시대의 교육의 의미와 내용은 산업화 시대의 교육과 크게 달랐다. 당시 사람들이 교육에 기대했던 것은 현실과 달랐을지도 모른다.

그러나 20세기를 통틀어 증명된 것은 경제발전에서 교육이 가장 중요하며, 그것도 전통사회와는 비교가 되지 않을 정도로 그러하다는 것이다. "낙타 바늘구멍" 같은 과거 급제 외에 다른 기회가 없던 조선시대의 교육열은 조선의 사회 경제에 이렇다 할 영향을 남기지 못했다. 그런데 이 특이한 조선인의 심리가, 세상이 바뀌고 산업화 시대가 도래된 후에 양질의 인력을 키워 내는 동력으로 바뀌었다. 이것은 500년 전에 창제된 한글이 조선사회에서 큰 존재감이 없다가 현대에 들어와 디지털 시대에 꼭 맞는 공식 문자로 채택된 것을 연상시킨다.

개천에서 난 용 — 영의정 상진 이야기

　조선시대 관직 선발 시험인 과거에 대해서는 아직도 그 정확한 성격과 사회적 영향에 대한 연구가 진행 중이다. 이 제도가 정말로 한국인들의 입신양명에 대한 사회적 욕구를 형성하고 다른 나라에서 찾아보기 힘든 교육열을 만든 원천인가는 섣불리 단정하기 어렵다. 오래된 제도가 사람들의 마음속에 지속적인 성향을 만들어 낼 수는 있다. 인도에서 카스트 제도는 21세기 현대사회에서도 인도인의 삶에 큰 영향을 미친다. 과거제도 역시 그 이상의 문화적 영향력을 발휘할 수 있다.

　과거제도에 대한 논란의 하나는 전 국민에게 평등한 시험 기회를 부여한다는 창립의 취지가 현실에서도 구현되었는가이다. 적지 않은 역사학자들이 과거란 의도와는 달리, 권문세가가 권력과 위상을 대물림하는 복잡하고 위조된 과정에 불과하다고 주장한다. 무려 40년간 과거 합격자의 신상을 연구해 온 전북대 송준호 교수는 한 인터뷰에서 특정 가문에서 문과 급제자가 대량 배출되고 이들 중 다수가 국가 요직에 등용되는 경향이 뚜렷하다고 말한다.

　물론 긍정적 의견도 많다. 송준호 스스로 조선 정부는 집권 내내 과거제도를 공정하게 운영하려고 노력했으며, 지배적 신분인 양반만이 아니라 노비 등 일부 계급을 제외한 모든 백성이 과거에 응시할 수 있도록 보장했다고 한다. 적어도 문ᴹ은 누구에게나 열려 있었다는 것이다. 송준호와 짝을 이루어 조선의 과거를 연구한 하버드 대학의 에드워드 와그너 교수 또한 과거제도의 공정성을 지지한다. 신분사회였음에도 불구하고 급제자 중 평민 출신의 비중이 일정 수준 이상 유지되었고 세도 높은 가문이 더 많은 급제자를 배출하는 독점화 경향이 존재했지만, 그 와중에도 평민 가문에서 "개천 용" 식의 급제자가 배출되었다는 것이다.

과거의 공정성을 평가할 때 유의할 점은 기준을 무엇으로 하느냐이다. 만약 현대 민주사회를 기준으로 한다면 과거제란 결함 투성이의 불공정한 제도로 평가될 것이다. 그러나 신분이 무조건 세습되는 봉건제나 카스트 사회를 기준으로 한다면 신분 상승의 길이 제도적으로 보장된 과거제는 비교적 공정하고 합리적인 제도로 평가받기에 부족함이 없다.

와그너 교수가 "개천에서 난 용"의 사례로 지목한 인물이 있다. 조선의 최고위 관직인 영의정을 지낸 상진尙震이다. 상진은 목천 상씨라는 가문 출신으로 이 가문은 조선시대 내내 상진, 단 한 명의 급제자만 배출했다. 배경도 인맥도 없는 집안에서 급제자가 나온 것은 물론 영의정까지 승진했다는 것은 비록 한 건의 사례라고는 해도 인상적이다. 상진은 조선 명종 대에 영의정으로 70세까지 무난히 임무를 마치고 퇴임 후에도 왕과 세자의 학문적 자문을 담당하는 등 오래도록 성공적인 삶을 누렸다. 상진에 대해서는 몇몇 일화가 전하는데 그중 하나가 조선 중기 문인 김시양의 《부계기문》에 다음과 같이 전한다.

성안공 상진이 업무상의 실수로 파직되어 고향으로 돌아가는 길에 언덕 위에서 말을 먹이고 있었다. 한 노인이 두 소를 먹이고 있는데 공이 두

소 중 어느 것이 더 좋은가를 물었더니 노인이 대답하지 않았다. 몇 번 고쳐 물어도 영 대답을 하지 않아 공이 이상하게 여기고 다시 말에 올라 길을 가는데 수십 보를 따라와 은밀하게 대답하기를, "아까 묻는 것을 즉시 대답해 올리지 못한 것은 두 소가 일을 한 지가 여러 해가 되어 차마 하나를 가리켜 말할 수 없었기 때문입니다. 실은 작은 소가 더 좋습니다."라고 하였다. 공은 말에서 내려 감사하면서 말하였다. "노인께서는 숨은 군자이십니다. 나에게 세상 사는 법을 가르쳐 주셨습니다."라고 말하고 이 일을 가슴에 새겨 잊지 않았다.

尙成安震。以檢閱罷歸。秣馬於衿川地壟上。有翁牧二牛。公問曰二牛孰優。翁不對。再三問之終不對。公深怪之。公旣上馬。翁隨而後數十步。密復於公曰嚮有問。卽未奉對者。緣二牛服役歲久。不忍斥言故也。其實小者爲優。公下馬謝曰。翁是隱君子也。其敎我以處世法矣。遂服膺而勿失。

흔히 황희 정승의 일화로 소개되는데, 아마도 전파되는 과정에서 상진보다 더 유명한 인물로 주인공이 교체된 듯하다. 다른 사람의 능력과 성과를 함부로 말하지 말라는 교훈은 오늘날 성과주의가 대세인 세상에서 여러 가지를 생각하게 한다. 성과주의의 원리란 고성과에 높은 보상을 줌으로써 동기부여를 극대화하자는 것이니 평가와 보상을 공개하는 것이 합리적일 것이다. 2014년 코넬 대학의 엘리나 벨로골로브스키 교수는 실험을 통해 연봉을 비밀로 할 경우, 고성과자에 대한 인센티브 효과가 약화된다고 주장했다.[2]

그러나 이를 당사자 이외의 다른 구성원에게 비밀로 한다는 것은 또

위대한 카피캣 대한민국

다른 인간적 원리의 적용이다. 모든 구성원을 존중하고 그들의 감정을 보호한다는 것은 나름대로 의미가 있다. 미국의 저명한 경영학자 토드 젠거 Todd Zenger 는 2016년 발표한 《하버드 비즈니스 리뷰》의 한 논문에서 급여를 투명하게 알리는 것은 '양날의 칼'이라고 말한다.[3] 그는 실리콘밸리 기업의 엔지니어 700명을 대상으로 한 연구에서 40%가 스스로를 상위 5% 이내, 놀랍게도 92%가 상위 25% 이내로 평가하고 있음을 발견했다. 이런 상황에서 객관적 결과를 모두에게 밝히는 것이 좋은 결과만을 가져올 수는 없을 것이다.

소의 비교 이야기가 더욱 의미 있게 들리는 이유는 이것이 가문의 덕을 보지 않고 혼자만의 실력으로 과거를 통과한 상진의 이야기라는 점이다. 합격으로 조선판 성공 스토리를 일군 사람이 뒤처진 자에 대한 배려를 가슴에 새겼다는 것이 이채롭다. 상진이 이 교훈을 잊지 않았음을 보여주는 또 다른 일화가 있다. 문인 이제신의 《청강소설》이라는 수필집에, 상진이 과거 시험에 낙방한 자식들에게 들려준 이야기가 전한다.

옛 성현들이 말하기를, 그저 한 사람(시험관)의 안목으로 합격과 불합격이 결정되는 일에 어찌 일희일비하겠는가. 만약 과거에 급제하고 안 하고에 얽매여 천당과 지옥을 오가는 수준밖에 안 되는 인물이라면 후일 조정에 관료로서 중대한 사태에 임했을 때 정신을 똑바로 차리고 대응할 수 있을 리가 없다.

古人云。豈有決得失於一夫之之目。而爲之憂樂哉。若於小小科擧之得失。猶以爲欣戚。則他日立朝當大段立落。其不爲失性之歸者。幾希矣。

상진은 과거 시험 결과에 연연하지 말라고 힘주어 말한다. 특히 '한 사람의 안목'으로 결정된 합격, 불합격을 가지고 일희일비하지 말라고 한다. 한두 사람의 평가자가 결정하는 시험 결과가 정확하지 않을 수 있다는 말처럼 들린다. 아마도 시험이라는 절차로 진정한 실력을 평가할 수는 없다는 뜻일 것이다. 이것은 의외다. 사람은 자신이 성과를 올린 시험이나 과제의 존재감을 과장하는 경향이 있다. 기적적으로 통과한 과거의 문을 별 게 아니라고 하고 자식들에게 똑같은 성공을 강요하지 않았다. 그래서일까. 목천 상씨는 이후 끝내 과거 급제자를 내지 못했다.

과거제도가 조상 숭배와 혈통 중시라는 배경에서 공부의 의무를 신성화하고 이것이 현대 유교문화권 국가 학생에게까지 영향을 미치고 있다는 것은 다른 문화권 사람들에게 쉽게 이해되기 어려울 수도 있다. 하지만 사라진 옛 제도의 존재감을 입증하는 간접적이지만 강력한 증거들이 오늘날에도 있다.

대표적인 것이 인천국제공항공사의 정규직 전환으로 빚어진 논란이다. 2020년 인천국제공항공사는 공항 보안 업무를 수행하던 비정규직원 2천여 명을 정규직으로 전환하겠다고 발표했다. 이에 대해 취업을 준비하던 대학생들이 분노를 표하며 사회 전체가 들썩일 정도의 논란이 벌어졌다. 논란의 핵심은 "이러한 전환 절차가 과연 공정한가"였다. 공항공사와 같이 인기 있는 직장에 입사하려면 1차로 필기 시험, 2차로 면접을 통과해야 한다. 많은 대학생과 취업준비생이 장기간 시험을 준비하고 두 시간 동안 객관식 시험의 점수를 겨룬다. 문제는 정규직 전환자들이 이 시험을 동등하게 치루지 않았다는 것이다. "열심히 공부해서 시험 문제를 많이 맞추는 것만 공정하고 비정규직으로 입사해 열심히 근무하여 좋은 성과를 내는 것은 불공정한가"라는 반론은 큰 반향을 얻지 못했다. 분노한 취업준비생들은 "약속은 약속"이라는 완고한 태도를 흔들림 없이 유지했다.

과거 시험 결과로 인생이 판가름 나던 오랜 전통이 21세기 젊은이들의 마음에도 그대로 살아 있는 것처럼 느껴진다. 이것은 과도한 의미 부여가 아니다. 소설가 장강명은 한국에서 작가의 등용문으로 기능하는 '문학공모전'에서 대학 입학 시험이나 기업공채와 같은 모습을 보았다. 그 핵심은 동질적인 응시자들이 규격화된 테스트과정을 거치고 그 결과에 따라 향후 경력, 더 나아가 인생을 결정할 자격을 부여받는 것이다. 문학이라고 하는 다양성과 창의성이 중시되는 분야에서조차 공모전은 일정한 절차와 시기에 의해 작가가 될 수 있는 자격을 엄밀하게 정의한다는 사실에 장강명은 충격을 받았다. 더욱이 공모전이 자리 잡을수록, 그 외의 다른 어떤 방법으로도 작가가 될 수 없다는 배타성이 나타났다. 문학에서조차 일회성 선발 절차가 또아리를 튼 것이다.

입시, 자격 시험, 공채 더 나아가 문학공모전에 이르기까지 심층에 도사린 강력한 원리는 이것이다. 일정한 응시자격을 지닌 사람들이 한 자리에 모여서 절차에 따라 테스트를 받는다. 명확하게 산출된 점수에 의해 합격 여부가 결정되고 이 단 한 번의 결정으로 응시자의 삶은 완전히 달라진다. 이 관문을 통과하지 못한 그 누구도 합격자의 지위를 넘볼 수 없으며, 이 지위는 이후의 삶에서 취소되거나 훼손되지 않는다. 같은 기준으로 같은 장소, 같은 시간에 똑같은 테스트를 통한다는 것은 공정성에 대한 시비를 최소화할 수 있는 방법일 것이다. 또한 이러한 단 한 번의 이벤트를 통해서 가장 빠르고 효율적으로 선발의 문제가 해결된다. 그러나 이러한 속도와 비용의 이점에 뒤따르는 부작용은 무엇일까.

19세기 프랑스의 살롱전은 화가들의 수능, 화가들의 공채, 즉 회화공모전으로서 누구의 도전도 허용하지 않는 권위의 상징이었다. 1884년 살롱으로부터 거부당한 젊은 화가들이 앙데팡당전이라는 이름의 전시회를 개최했다. 이들은 미술작품에 대한 심사를 거부하고 소정의 참가비만 내면 누구나 그림을 전시할 수 있는 '무심사 원칙'을 내세웠다. 서양미술사의 획을 그은 인상파 미술은 이렇게 해서 탄생했다. 당시 살롱전에 당당히 전시되는 영예를 누린 그림들은 대부분 잊혀지고 말았다. 모두에게 공정하고 객관적인 관문은 다양성과 창의성을 가로막는 벽이 되기 쉽다.

홀로 과거의 관문을 뚫고 영의정까지 오른 상진은 일시적 시험에 매몰되지 말라고 자식을 훈계했다. 한나절 작성한 답안을 한두 사람이 평가한 결과에 울고 웃어서야 큰일을 할 수 없다는 것이다. 그러나 합격하지 못하면 관직에 올라 큰일을 감당할 일도 없다. 이것이 문제다. 좀 더 다양한 통로가 마련될 필요가 있다.

집약된 경쟁을 통해 학생들이 공부를 신성한 의무로 여기고 어린 시절에 기대하기 힘든 집중력과 지구력을 발휘한 것은 부정할 수 없는 사실이다. 그러나 이 경향이 더욱 심화되고 경쟁의 문이 단일화, 독점화되는 것은 자연스럽지도 바람직하지도 않다. 그러나 기억할 것은 조선의 과거제도가 창립의 취지대로 아무 배경도 없는 개천의 용에게 평등한 기회를 제공하려는 형식적인 노력을 지속했다는 것, 그리고 그 제도를 이용해 성공한 인물 가운데 일부는 제도에 매몰되지 않는 더 큰 포부와 이상을 평생 유지했다는 것이다. 제도는 인간의 행동에 엄청난 영향을 끼치지만 인간은 그 영향력을 넘어설 수 있는 자유로운 존재다. 교육열과 경쟁이 여전히 뜨거운 21세기 초 한국에서 상진의 존재감이 더욱 크게 느껴진다.

과거 시험의 계승자, 기업공채

과거제도의 긍정적 영향력에 반대하는 만만치 않은 반론은, 이 입신양명의 등용문이 조선인을 열광시키기에는 로또보다도 확률이 낮은 허황된 '남의 잔치'였다는 것이다. 과거 합격자 수는 시대적 상황을 감안하더라도 너무 적었다. 문과에 국한해서 볼 때 정식 과거인 식년시 급제자는 조선 500년 동안 6천 명, 그 외의 시험을 다 포함해도 1만 5천 명이 넘지 않았다. 3년마다 30여 명의 급제자가 나온 셈이다. 조선시대 인구가 적게는 500만 많으면 1천만 명이라고 보는데, 연간 10여 명은 "바늘 구멍"이라는 표현으로도 부족한 경쟁률이다. 너무 낮은 성공 확률은 의욕을 불러일으키지 못한다. 데이비드 매클렐런드는 이제 고전이 된 성취동기 연구에서 사람은 성공 확률이 50%일 때 가장 높은 의욕을 보이며 확률이 너무 높거나 너무 낮으면 의욕을 잃는다고 했다. 이것이 옳다면 과거 급제는 매력적인 목표가 될 수 없다.

그러나 과거 시험을 단지 확률이라는 기준으로만 판단할 수 있을까. 사람은 때로는 비합리적이고 때로는 감정적 충동에 빠지기도 한다. 고전문학 연구자 이윤석 교수는 과거 응시자에 대한 데이터를 제시하였다. 조선 후기인 영조 때부터 1만 명을 돌파한 응시자는 1894년의 마지막 과거에서 20만을 돌파했다고 한다. 조선이 망하든 말든 과거를 향한 사회적 열정은 뜨거웠던 것 같다. 이윤석은 당시 한양 인구보다도 더 많았던 응시자들이 도대체 어디서 숙식을 해결하고 어떻게 종이와 먹 등 문방구를 조달했는지는 앞으로 밝혀져야 할 미스터리라고 말한다.[4]

희박한 가능성에 왜 이렇게 많은 사람들이 승부를 걸었을까. 명쾌한 해답은 없지만 과거 시험이 삶에 지친 사람들에게 '구원의 꿈' 같은 것이 아니었을까. 수천 대 일이라는 경쟁률의 시험을 치르고 평생 낙방을 거듭하면서도 사람들은 합격의 꿈을 버리지 못했다. 이를 뒷받침하는 사례가 바로 금의환향이라는 이벤트다. 문무과에 급제한 사람들은 국가에서 사흘간의 '유가遊街 행렬'—올림픽 메달리스트들이 도심에서 벌이는 카퍼레이드와 비슷한 느낌이다—을 하도록 했으며, 이후 고향에 돌아가 성대한 연회로 피날레를 마감했다.

이 연회는 그 지방의 수령과 아전이 참석한 가운데 지방 관사인 동헌에서 열렸다. 금의환향 행사는 축제다운 축제가 별로 없던 조선사회에서 거의 유일한 축제였다. 다른 나라의 축제가 신이나 영웅을 기리는 행사였다면 조선사회는 수천 대 일의 관문을 뚫은 기적의 인물을 기렸다. 이 축제의 주인공은 신이나 영웅과 달리, 열심히 노력했다면 누구나 될 수 있었던 존재였고, 그만큼 부러움과 질투의 대상이자 동시에 자책과 상처의 원천이었다. 낮은 합격률에도 불구하고 과거라는 이벤트는 조선시대 선조들의 마음을 내내 사로잡았다.

현대사회가 되어서도 이 전통은 사라지지 않았다. 일제강점기 오늘

위대한 카피캣 대한민국

〈그림 2-2〉 장원급제자의 유가 행렬

날의 서울인 경성京城에는 일본이 공식적으로 승인한 종합대학, 경성제
국대학이 개교했다. 대학이 아예 없던 시절 유일한 대학이면서 '제국대
학'의 명칭을 부여받은 명문대학이었다. 일본어로 문제를 내고 일본어
로 답을 해야 하는 한국인에게 불리한 입시에도 불구하고 조선 학생들은
상위권의 성적으로 합격했다. 대학이 문을 열자마자 한국의 우등생들은
일제히 이곳을 목표로 치열한 경쟁을 벌였고 제국대학에 학생 몇 명을
보냈는가에 따라 고등학교의 서열이 결정되었다. 과거제도가 사라지면
서 출구를 찾지 못하던 교육열이 근대 교육제도에서 새로운 출구를 찾은
것이다.

일제강점기를 직접 겪은 필자의 친지가 들려준 이야기에 따르면 경성
제국대학의 지방 출신 학생이 방학에 고향을 방문할 경우 이 사실이 고향
경찰서장에 사전 통보되었다고 한다. 사실인지 과장된 얘기인지 확인할

수는 없으나 한 가지 분명한 것은 이 이야기가 과거 급제자의 금의환향 이미지와 겹친다는 점이다. 과거제가 한국인의 욕망을 잡아당기는 인력의 중심으로 존재감을 잃지 않고 형태를 바꿔 살아남았음을 보여준다.

현대 산업사회에 들어와 과거는 다시 한번 환생한다. 1957년 한국전쟁의 상처가 채 아물기도 전, 삼성물산에서 직원을 뽑기 위해 최초의 공채를 실시했다. 당시로는 기업의 수효도 적었고 채용 인원도 많지 않아 과거 못지않게 바늘구멍 같은 시험이었다. 서서히 경제성장이 궤도에 오르면서 변화가 가시화되었다. 고도성장이 본격화된 80년대부터 기업공채는 전에 없는 규모에 도달했다. 1980년대 중반 주요 대기업30대 그룹의 채용 규모는 2만 명을 넘었는데, 같은 해 취업 희망자가 25만 명 정도였으니 수천, 수만 대 일의 경쟁률이 12대 1 정도까지 줄어든 셈이다.

기업공채가 과연 과거의 환생인가. 물론 공채는 여러 면에서 과거와 다르다. 일단 공직후보자를 뽑기 위해 정부가 주도하던 과거와 달리 공채는 기업의 임직원을 뽑기 위한 민간 주도 시험이다. 공식적 절차가 아니다 보니 시험의 실시 방법, 시기, 응시 자격, 합격자 수도 기업 형편에 따라 임의로 변할 수 있는 불규칙한 행사다. 시장에서 이루어지는 고용계약의 한 특별한 형태일 뿐이다. 그럼에도 불구하고 기업공채는 과거시험을 많이 닮았다. 정기적으로 사람들이 공통의 시험장에 몰려 필기시험 위주의 테스트를 치르고 그 결과로 당락이 결정된다. 주요 대기업은 비슷한 시기에 시험을 치렀으며 합격만 하면 대기업 직원으로서 평생직장이 제공되었다. 기업이 이런 식으로 직원을 채용하는 경우는 서구사회에서는 물론 세계적으로 유례를 찾기 어렵다. 기업공채의 관행은 세계적으로도 한국과 일본밖에 없다.

과거와 많은 부분에서 비슷했던 공채가 한 가지 극적으로 다른 점이 있다면 바로 합격률이다. 소수일 뿐더러 거의 정체되어 있던 관직과 달리 성장하는 경제에서 대기업은 훨씬 더 많은 일자리를 점점 더 많이 제공했다. 고도성장기에는 모든 대졸예정자의 10% 정도가 진입할 수 있는 등용문이 생겼다. 대학졸업자들이 모두 기업에 취업하는 것은 아니고 공무원을 비롯해 기타 의사, 변호사 등 전문직의 문도 열려 있으므로 이를 모두 포함한다면 당시 한국 대학생들에게는 성취동기를 최대화하는 30~50%에 가까운 '좋은 직장에의 진입 확률'이 주어진 셈이었다.

'학업을 통한 신분 상승'이라는 조선인의 관념은 산업화과정에서 기업공채를 통해 현실적 확률을 지닌 기회로 재현되었다. 입사 이후 직장생활에서도 "성과가 있는 곳에 보상이 있다"는 능력주의 원칙은 유지되었다. 경제가 고도성장하는 와중에 기업도 빠르게 성장하면서 사내에서 고속 승진하거나 퇴사 후 창업에 성공하는 "샐러리맨 신화"가 이어졌다. 불가능에 가까운 확률에도 입신양명을 평생 시도하던 조선 선비의 정신이 현대 한국에서 성취동기를 극대화하는 성공률을 만나면서 폭발한 것처럼 보였다. 다른 어떤 나라에서도 찾아보기 힘든 극한의 성과지향사회는 이렇게 만들어졌다. 서구에서는 일에 중독된 한국인들을 'Workaholic'이라고 부르면서 놀라움을 표했다. 한국의 산업이 선진국 산업을 추격할 수 있었던 것은 한국 인재의 일 중독이 분명히 기여한 바 있다.

고려대 강수돌 교수는 일 중독은 마약 중독만큼 나쁜 것이라고 주장한다. 일 중독자의 특성 중 하나가 만족할 줄을 모르고 자존감이 낮다는 것이다. 일을 많이 하면 뿌듯함과 보람을 느껴야 할 텐데 도리어 자존감이 낮아지는 것은 왜일까. 세상을 사다리로 이해하고 끝없는 상승을 추구하는 사회에서는 아무리 일해도 부족하기 때문이다. 세계 최고의 수학 성적을 올리면서도 수학을 싫어하고 수학에 대한 자신감이 바닥을 치는 한국 학생들의 모습과 비슷하다.

일 중독에는 많은 문제가 있지만 이러한 중독이 한국경제를 끌어올린 동력이라는 사실은 부인하긴 어렵다. 한국은 물적자본의 부족과 산업후발국이라는 약점을 오직 사람의 노력을 통해 극복했다. 자연스럽고 균형 잡힌 노력만으로 달성하기 어려운 성취였다. K-팝을 대표하는 보이그룹 BTS의 리더 RM은 스페인 언론과의 인터뷰 중 한국의 노력하는 문화가 과도하다는 지적에 이렇게 대답했다.

프랑스나 영국처럼 수 세기 동안 다른 나라를 식민지화했던 나라의 사람이 저를 보고 "세상에! 한국 사람들은 스스로를 너무 압박해요, 한국에서의 삶은 너무 스트레스가 많네요!"라고 하죠, 그래요, 우린 그렇게 목표를 달성해 왔거든요. 그리고 이 방식이 K-팝을 그토록 매력적으로 만드는 점의 일부이기도 합니다. 물론 그 이면에는 부작용도 있겠죠, 빠르고 급박하게 진행되는 모든 일이 그렇듯이요.

You are in France or the UK, countries that have been colonizing others for centuries, and you come to me with "Oh God, you put so much pressure on yourselves, life in Korea is so stressful!" Well, yes. That's how you get things done. And it's part of what makes K-pop so appealing. Although of course there are shadows, everything that happens too fast and too intensely has side effects.[5]

옛날의 관념이 마치 DNA처럼 잠복해 있다가 현대 한국 인재들에게서 발현된 것이라고 보는 것은 무리이다. 현대 한국경제의 발전이 조선시대 능력주의와 과거제도 때문이라고 말하는 것은 엄밀하게 증명된 주장은 아니다. 이런 식의 경제사 해석에 대해서는 많은 경고가 주어졌다. 포메란츠Kenneth Pomeranz는 자본주의가 유럽에서 탄생한 역사적 배경을 연구하던 학자 중 일부가 엉뚱하게도 과거 봉건제 시대의 유럽에서 그 원인을 찾는다고 비판한다.[6] 극단적으로 영국에서 자본주의가 가장 먼저 꽃핀 이유가, 중세 초기 아서왕이 원탁에서 기사들과 평등하게 계약을 맺었기 때문이라고 말할 수는 없을 것이다.

과거제도는 세계에 유례가 거의 없는 유교국가의 독특한 전통이지만 이것이 현대 한국의 성과주의와 산업 경쟁력의 근원이라고 보는 것은 무리다. 단, 하나의 계기가 될 수는 있을 것이다. 일제강점기 경성제국대학에 대한 열광적 반응은 조선 말기 과거제도에 대한 기억이 작용한 결과로 보인다. 그리고 그것이 이후의 대학 입시, 각종 고시 그리고 기업공채로 이어졌다. 하지만 이러한 계승은 필연적인 것이 아니다. 경제의 고도성장과 함께 때마침 대학과 기업을 수급의 두 축으로 하는 노동시장의 등장이 맞아떨어져 기업공채가 제도화되었다. 이러한 조건이 없었다면 조선시대의 전통이 바로 산업화의 기반이 되지는 못했을 것이다.

과거가 현재에 영향을 주는 것은 경직된 인과관계가 아니다. 즉 지나간 전통이나 제도가 앞날을 어떻게 바꿀지는 예측할 수 없다. 그러나 결과가 나오고 난 후에는 그것이 영향을 준 방식을 이해할 수 있다. 인도는 조선의 능력주의와는 상반되는 카스트의 나라다. 하지만 최근 IT산업에서 출신 카스트를 묻지 않는 풍토가 형성되면서 학생들이 명문 공대에 진학하려는 치열한 입시 경쟁을 벌이고 있다. 이것은 옛 제도가 정반대의 현상을 일으킨 사례다. 카스트의 전통이 체념과 포기로 이어지지 않고 경쟁과 노력으로 반전된 것은 산업이 기존 제도로부터 빠져나올 출구를 마련해 주었기 때문이다.

기업공채 역시 이런 출구 중의 하나다. 유명무실한 합격률로 공평한 기회라는 가상 속에서 점차 꿈으로 멀어져 가던 가능성이 갑자기 현실적인 도전 목표가 되었다. 인재들은 최고의 성취동기를 발휘했고 탁월한 엔지니어와 경영자로 성장했다. 과거제와 능력주의 때문에 성공한 것이 아니라, 전통이 충분히 발현시키지 못하고 있었던 에너지를 새로운 기회에 접목함으로써 성공한 것이다. 모든 시대는 자기만의 역량으로 자기만의 문제를 풀어야 한다. 새로운 시대의 창조는 상속으로부터 도움받을 수 없다. 전 시대의 해결책은 작동하지 않는다. 공채는 과거제의 치명적 문제점을 극복함으로써 진정한 계승자가 되었다. 과거에 급제한 조선시대의 유능한 관리들이 500년 동안 하지 못했던 일들을, 공채를 통과한 한국기업의 경영관리자들은 할 준비가 되어 있었다.

위대한 카피캣 대한민국

경제성장의 원천 — 제도인가 사람인가

교과서적인 성장이론에서는 생산성 향상의 원동력을 자본으로 본다. 그런데 물적자본은 늘어날수록 생산성이 증가하기는 하지만 증가세가 둔화된다. 따라서 자본이 풍족한 선진국은 천천히 성장하고 자본이 부족한 개발도상국은 빠르게 성장해서 모두 비슷해진다는 아름다운 결론이 나온다. 실제로는 이렇게 되지 않았다. 경제이론은 새로운 설명을 찾아야 했다. 그 결과 가장 유력한 후보로 등장한 두 요인이 제도와 사람이다.

제도란 한마디로 재산권의 보호라고 할 수 있다. 농부가 열심히 농사를 지어 수확하려는데 인근의 불량배들이 쳐들어와 곡식을 모두 빼앗아 갔다. 경찰에 신고했으나 불량배의 두목이 이미 경찰과 법원을 매수하여 벌을 줄 방법이 없다. 이런 일을 당한 농부가 다음 해의 농사를 열심히 짓고자 하는 의욕을 잃을 것은 당연하다. 그 결과, 토질이 좋은 땅이 경작되지 않고 버려질 것이다.

페루의 경제학자 에르난도 데 소토는 전 세계의 빈곤 국가들이 소유한 실물 자산의 총가치는 9조 3천억 달러에 달한다고 말한다.[7] 이것은 미국에서 유통되는 통화의 두 배에 달하며 20개 선진국의 모든 기업들의 시가총액을 합친 액수와 비슷하다. 그러나 이러한 막대한 가치는 오직 이 자산, 농토, 수자원, 삼림, 기타 크고 작은 토착 비즈니스들이 선진국의 자본시장에 편입되어 제대로 된 가치평가를 받을 때의 값이다. 실제로 이 가치는 인정받지 못하고 있다. 도난과 강탈에 노출된 재산은 그것이 아무리 값진 것이라 해도 더 이상 재산이 아니다.

재산권이론은 경제적 가치의 근본에 재산권의 보호가 있다고 주장한다. 산업혁명은 왜 18세기가 될 때까지 일어나지 않았을까. 혁명의 출발점으로 지목되는 사건이 있다. 당시 항해를 할 때 가장 문제가 되는 것은 경도의 측정이었다. 위도는 별과 태양의 위치로 알 수 있었지만 경도를 측정하려면 시간을 알아야 했다. 항해를 하다 보면 당시의 시계는 자꾸 틀렸다. 온도와 습도의 변화로 금속 부품이 변형되었던 것이다. 영국 의회는 바다 위에서 장기간 정확성을 유지하는 시계의 발명을 공모했으며 현상금으로 1만에서 2만 파운드를 제시했다. 지적 재산권 보호의 출발이다. 산업혁명을 계기로 영국의 특허법은 기계 발명에 관한 다양한 아이디어들을 법으로 보호했다. 데 소토가 지적한 대로 지금 21세기에도 세계의 광범위한 지역에서 물적 재산의 권리조차 잘 지켜지지 않고 있는 상황에서, 18세기 영국은 지적 재산의 보호를 제도화했다.

자유시장이라고 하면 아무런 규제도, 제도도 존재하지 않는, 개인들이 자유롭게 거래하는 곳이라고 생각하기 쉽지만, 시장은 무법천지가 아니다. 아무런 규칙이 없다면 효율적인 시장이 만들어지는 것이 아니라 혼란과 무질서만 있을 뿐이다. 시장은 다양한 규칙으로 만들어진 정교한 제도다. 규칙이 없고 거의 모든 형태의 공격이 허용되는 종합격투기 UFC에서조차도 눈 찌르기는 금지된다. 어떤 규칙도 존재하지 않는다는 것이 나름대로 공정할 수는 있으나, 격투기는 스포츠로서의 풍부한 내용과 게임으로서의 재미를 잃고 말 것이다.

시장 거래 역시 물건을 강탈하든, 외상 대금을 갚지 않든 모두 힘으로 해결하는 무법 상황에서도 그 나름대로의 운영 질서가 생길 수 있다. 상점들은 도난 방지를 위해 전기 담장을 설치하고 감시 요원을 고용할 것이다. 외상 대금을 받아 내려고 험상궂고 난폭한 해결사를 고용할 수도 있다. 문제는 이런 식의 해결책은 거래비용을 높이고 모두에게 손해가된다는 사실이다. 경찰이 시장을 순찰하고 채무 불이행자에게 벌칙을 가하는 법원이 있다면 훨씬 적은 비용으로 모두에게 이로운 시장을 만들수 있다. 경찰과 법원과 같은 제도의 존재는 시장을 효율적으로 만들고, 더 나아가 시장 자체를 가능하게 하는 요소다. 시장 원리를 세상에 전파한 원조 경제학자 애덤 스미스도, 국가의 역할에서 '야경국가', 즉 치안만은 필수 불가결이라고 했다. '야경국가'가 간섭과 개입을 하지 않는 자유방임 정책의 아이콘처럼 받아들여지고 있지만 치안과 사회질서 유지는 포기할 수 없는 기능이다.

한국의 경제성장을 설명할 때 교육열, 인적자원의 질, 기술 학습 역량, 혁신에 대한 의지 등 다양한 요소들이 거론되지만 치안과 생활의 안전함을 빠뜨릴 수 없다. 이것 또한 중국은 물론 대만, 싱가포르 등 유교경제권 국가들과의 공통점이다. 유교문화는 상하 위계를 중시하고 사회의 안정과 질서 유지를 개인의 자유로운 선택보다 중시한다고 알려져 있다. 공권력은 간과할 수 없는 요소다. 민주주의라는 관점에서 부정적인 통제사회의 이미지로 인식되기도 하지만 강력한 공권력이 거래비용을 크게 낮추었다는 점만은 분명하다.

재산권을 보호하려면 각종 제도가 정비되고, 제도에 대한 위협을 제재할 수 있는 물리적 강제력이 필요하다. 제3세계 저개발국의 대부분이 이러한 제도를 구성하는 데 어려움을 겪고 있다. 재산권의 미보호는 좋지 않은 일이지만, 특정 집단—특히 물리력과 조직력을 갖춘 집단에게 는 좋은 기회가 된다. 공권력이 전면적으로 작동하지 않으므로 국지적 으로 사적인 권력이 등장한다. 이들 권력은 선거, 여론 등 민의에 의해 견제받는 민주적 권력과는 거리가 멀다. 가끔씩 선의를 지닌 착한 리더 가 등장할 수도 있으나 한 번 국지적으로 고착된 권력은 견제와 제한이 없는 까닭에 타락하기 쉽다. 대표적인 것이 조직폭력배, 반군, 인신매매 나 마약거래를 주도하는 지역 카르텔 등이다. 이러한 권력은 자원 배분 이나 심지어 생산, 교환 등에서 일정 부분 공적 기능을 수행하지만 독점 적 착취, 부도덕한 거래에 손을 대면서 심각한 사회악의 온상이 되기 마 련이다. 독버섯처럼 뿌리내린 이런 토착 권력들은 국가나 중앙정부가 통제하려고 해도 좀처럼 성공하기 힘들다.

좋은 제도의 수립이란 열심히 일해서 생산성을 높이는 것과는 성격이 다른 과제다. 제도란 모든 사람이 동시에 따르면 단번에 작동되는 사회 적 약속이다. 우측통행이 좋은 사례다. 모두가 우측통행을 하면 모두가 이익을 볼 수 있다. 그런데 우측통행하는 사람과 좌측통행하는 사람이 섞여 있다고 하자. 둘 중 한 그룹이 이제까지의 관행을 바꿔 주면 문제는 해결된다. 꼭 우측으로 통일할 필요가 없고 우측이든 좌측이든 모두가 따르는 것이 중요하다. 하지만 어느 한 편으로 통합할 경우 선택된 기준 을 이미 따르고 있던 사람들은 변화가 필요 없지만 다른 기준을 따르던 사람들은 불편을 감수해야 한다. 이것이 어려운 점이다.

재산권이란 경제적 효율의 문제가 아니라 정치적 타협의 문제에 가깝 다. 이것은 쉬운 일이 아니다. 공정하고 다수의 신뢰를 얻는 중재자가 최선을 다해 현실적인 타협안을 내놓는다면 문제는 해결될 수 있다. 하지만 편파적인 중재자가 분란과 갈등을 만들면 돌이킬 수 없는 지경에 이르기도 한다. 이러한 정치적 과정은 경제 논리, 즉 투자와 노력을 기울이면 좋아지는 일관된 발전 경로를 따르지 않는다.

한국은 500년 동안 지속된 조선시대부터 다른 봉건 국가와 비교하여 고도로 효율적인 관료제 국가를 유지해 왔다. 《경국대전》이라고 하는 완비된 법전을 가지고 있었으며, 제도의 운영에서도 신중하고 사려 깊은 조치들이 돋보인다. 흥미로운 사례는 범죄자의 심판과 처벌에서 보여준 신중함이다. 조선은 '계복啟覆'이라고 하는 삼심제와 유사한 시스템을 가지고 있었고 사형의 집행은 최종적으로 왕이 승인하는 것이 원칙이었다. 특히 중국의 원전에 주석을 붙인 《신주무원록》이라는 검시 매뉴얼이 있었는데 이것은 조선시대에 상당한 수준의 과학 수사가 이루어졌음을 보여준다. 내용 중의 한 대목을 보면, 대들보에 목을 매어 자살한 것으로 보이는 사건에서 타살 여부를 판단하는 기준이 나온다. 목을 맨 줄이 걸린 대들보의 윗부분에 어지럽게 흔적이 남아 있으면 자살이지만, 흔적이 없으면 누군가 이미 죽은 사람을 매단 것이다.

이것은 경찰-사법제도를 운영하고자 하는 당시 사회의 의지를 잘 보여준다. 물론 조선시대의 전통이 그대로 오늘날 대한민국에 이어져 왔다고 단정할 수는 없다. 하지만 현대 한국인 역시 조상 못지않은 제도 운영 역량을 보여주고 있다. 한국은 기본적으로 크지 않은 영토 안에서 비교적 동질적인 사회를 구성하며 살아왔다. 지역이나 민족의 구별이 뚜렷하지 않아 소통이 안 될 정도의 방언도 없고 자치 생활을 하는 소수민족이나 지방도 없다. 일제강점기에서 해방된 뒤로는 자본주의-공산주의 이념 갈등이 심했지만, 휴전 이후로는 이념 문제까지 정리되어 동질성은 더욱 강해졌다. 쿠데타로 정권을 잡은 군사 정부는 시민들의 민주적 동의는 얻지 못했어도, 토착적 권력, 한국의 경우 올망졸망한 조직폭력집단 정도는 분쇄해 버릴 충분한 힘을 가졌다. 그 결과 한국은 현대의 민주주의 제도를 뒤늦게 받아들인 제3세계 후발국 중에서는 빠르게 치안을 안정시켰으며 재산권이 보장되는 제도적 기반을 구축했다. 화폐개혁이나 사채동결과 같은 극단적인 조치가 없었던 것은 아니었지만 사회적 신뢰의 근본은 무너지지 않았다.

제도 발전이 경제성장의 열쇠라는 주장이 등장했을 때, 제도 개선은 경제발전의 유력한 대안으로 간주되었다. 제도 개선은 신기술을 도입하고 숙련 노동자를 양성하고 생산성을 높이는, 힘들고 시간이 많이 소요되는 경제적 활동에 비해 법조문을 바꾸기만 하면 되는 쉬운 일로 여겨졌다. 어린이 교통사고가 많이 나면 보호구역을 설정하고 속도를 제한하고 위반 시 벌금 규정을 제정하는 것이다. 규칙을 바꿀 뿐 물리적 변화는 거의 없다. 그러나 이러한 변화는 생산성 향상 못지않게, 때로는 더욱 어려운 일이다. 속도 제한으로 불편을 겪는 운전자들이 반발한다. 이들의 반발을 의식한 국회의원들이 법안 통과를 가로막고 입법이 저지된다. 법안이 통과되었다고 해도 사람들이 규칙을 무시하고 경찰들도 이를 막을 능력이 없거나 때로는 눈감아 줌으로써 제도가 무력화되기도 한다. 성장의 문을 여는 또 하나의 열쇠로 환영받았던 제도 개혁은 실망스러운 성과를 거두는 데 그쳤다. 제도 개선은 공짜 점심이 아니다.

위대한 카피캣 대한민국

앞서 살펴본 농부와 트랙터의 우화를 다시 생각해 보자. 트랙터 면허를 지닌 농부만 있다면 자본 공급만으로도 효과가 크겠지만 그렇지 않은 경우가 문제다. 이때에도 면허제도를 시행하면 되지 않을까. 이미 언급한 것과 같이 면허제도란 결코 공짜 점심이 아니다. 트랙터 운전을 가르칠 자격을 갖춘 훈련사를 어디서 조달할 것이며 내실 있는 교육이 진행되도록 어떻게 지원하고 감독할 것인지, 면허 시험을 어떻게 공정하게 운영할 것인지가 모두 문제가 된다. 훈련 프로세스와 테스트 방법을 잘 규정한다고 끝나는 일이 아니다. 이것들이 모두 규정대로 실행되고 있는지 모니터링해야 하며, 그러면 누가 모니터링을 할 것인지, 모니터링이 적절하게 이루어지는 것은 또 어떻게 확인할 것인지 문제가 끝없이 이어진다. 트레이너를 제대로 확보하지 못하거나 능력 있고 공정한 시험관을 구하지 못할 경우 아무리 훌륭한 제도 설계라 해도 아무런 의미가 없다. 저명한 사회학자 립셋은 "법원이 제대로 기능하도록 하려면, 그리고 시민들이 정부의 제도에 능동적으로 참여하도록 하려면 교육이 필수적"이라고 말했다.[8]

조선은 근세 이전 사회로서는 제도를 잘 운영한 나라에 속한다고 평가된다. 그 배경에는 역시 조선의 헌신적이고 유능한 관료들이 있다. 앞에서 언급한 《신주무원록》은 제도 운영에 열성적인 사람들의 존재를 증명한다. 아마존 amazon.com 도 없던 시대에 중국 책을 구입하여 실무자의 이용을 돕도록 주석을 붙이고 우리 사정에 맞는 내용을 추가하여 발간, 배포한 것 자체가 대단한 정성과 열의다. 조선 수사관들의 태도 또한 중요하다. 아무리 좋은 책이 있어도 이를 잘 이용하지 않는다면 소용이 없다.

제도란 행동을 규율하지만 열의와 창의성 발휘가 없다면 설계의 취지를 제대로 구현할 수 없다.

조선 수사관들의 노력을 잘 보여주는 사례가 있다. 한 양반 집안의 며느리가 자살했는데 타살 정황이 있었다. 검시관은 시신을 조사하고자 했지만 사망자의 시가가 완고하게 이를 반대했다. 시신을 조사하려면 옷을 벗겨야 했는데 이미 죽은 뒤라고 해도 양반집 규수의 나신裸身을 드러낼 수 없다는 것이었다. 당시의 기준으로는 그렇게 불합리한 억지는 아니었다. 그러나 검시관은 사건의 실체를 파악하기 위해 이 절차가 꼭 필요하다고 설득하여 검시를 관철했다. 이 과정은 제도가 실행되는 과정이 얼마나 어려운가를 잘 보여준다. 여기에는 검시관의 임무에 대한 자각과 장애물을 극복하는 추진력이 결정적이었다. 이것은 결코 제도만으로 이루어지지 않는다. 관련된 사람들 하나하나가 예기치 못한 장애물에 부딪히면서 제도의 원 취지를 고민하고 현실적으로 가장 올바른 선택을 하기 위해 애쓴 결과다.

일반적으로 개인은 제도에 순응하는 존재다. 하지만 제도가 발전하려면, 그리고 발전된 제도가 취지대로 지속되려면 개인의 능동적 역할이 필수적이다. 한마디로 제도를 결정하는 것은 사람이다.

독립 직후 대다수 후발 국가들의 문맹률은 매우 높았다. 이 나라들이 서구식 민주주의를 채택하려고 했을 때 당장 부딪힌 문제가 투표용지의 정당과 후보자 이름을 읽을 수 있는 유권자가 많지 않다는 것이었다. 우선 문해력을 높일 필요가 있었다. 글을 읽을 줄 알고 더 나아가 정당의 정책을 이해하고 후배자의 역량과 인품을 판별하는 정치적 의식을 갖춘 유권자가 필요하다. 경찰도 판사도 마찬가지다. 경찰제도와 사법제도가 전부가 아니라 이 제도를 운영하고 이끌고 가는 사람의 역량이 결정적이다.

제도의 영향력에 눈 뜬 경제학자들은 그 배후에 있는 또 하나의 결정적 존재, 사람을 발견하였다. 경제학적으로는 '인적자원' 또는 '인적자본'이라고 부르는 이 요소는 오늘날 경제성장을 좌우하는 가장 근본적인 요인으로 간주되고 있다. 경제를 담당하는 기업은 물론 기업을 둘러싼 정부, 고객, 연구기관 등을 구성하는 사람들이 얼마나 뛰어난 역량을 가지고 자신의 일에 충실하는가가 경제성과를 좌우한다는 교과서와 같은 이야기다.

그렇다면 역량도 부족하고 열의도 성실성도 없는 사람들을 어떻게 바꿔 놓을 수 있을까. 그 핵심은 교육이다. 사람들이 어렸을 때부터 산업과 제도의 발전을 주도할 역량을 갖춰 주는 것이다. 무엇을 가르쳐야 할 것인가에 대해서는 그동안 어느 정도 알려져 있었다. 만약 전통 산업시대였다면 대장장이나 도자기 제조공 또는 비단 직조공의 노하우와 손 감각은 학교에서 표준적인 수업을 통해 가르치기 어려웠을 것이다. 그러나 산업혁명과 과학혁명을 통해 이루어진 현대적 생산 시스템은 장인의 손기술을 표준화된 시스템으로 대체했다. 그리고 이러한 시스템의 운영을 위해서 문장으로 된 규칙을 이해하는 능력과 함께 논리적이고 추상적인 사고를 강조했다. 이러한 것들은 교실에서 전문화된 교재와 선생님의 강의, 즉 수업을 통해서 배울 수 있는 것이었다.

교육이 인적자원의 질을 높일 수 있다면, 그리고 경제학자들의 논의처럼 경제성장의 가장 근본적인 동력이 인적자원에서 나온다면, 교육이

〈그림 2-3〉 영화 〈와와의 학교 가는 길〉에서 등교하는 장면

야말로 경제성장의 '절대 반지'―궁극적인 해결책이라고 생각할 수도 있을 것이다. 유교경제권의 성공은 이런 생각을 강력하게 대변한다. 교육의 효과는 이제 전 세계에 알려졌으며 경제적으로 큰 어려움에 처한 나라와 지역에서도 아이들의 교육은 관심사가 되고 있다.

　세계 각지에서는 엄청난 거리를 걸어서 때로는 외나무다리를 건너거나 깎아지른 절벽을 기어오르거나 아찔한 집라인 zip line 을 타고 계곡을 횡단해서 학교에 가는 아이들을 어렵지 않게 찾아볼 수 있다. 이들이 이렇게까지 해서 학교를 가려 하는 것은 교육이 아이들의 삶은 물론 아이들이 살아갈 미래사회의 운명을 바꿔 놓을 것이라고 믿기 때문이다. 현대 경제의 발전과정을 통해 세계인은 교육의 중요성을 의문의 여지없이 목격했다. 물론 "교육이 경제성장을 촉진한다"라는 명제가 마치 "물은 섭씨 100도에서 끓는다"와 같은 과학법칙은 아니다. 한국은 이 명제의 강력한 증거이지만, 이 명제를 문장 그대로 단순하게 받아들일 수는 없다. 어떤 교육을 어떻게, 그리고 교육과 이를 둘러싼 다른 사회제도와 정책들이 어떻게 연계되어야 하는가는 더욱 많은 연구가 필요하다.

기술을 글로 배울 수 있나? — 문해력과 산업 경쟁력

유교 경전 읽기에 500년간 몰두해 온 조선의 역사가 과연 현대 한국의 산업 발전에 어떤 기여를 했을까. 의미 있는 연관성이 쉽게 찾아지지 않는다. 놀라운 일이 아니다. 조선은 긴 역사 속에서 이렇다 할 산업 발전을 이루지 못한 채로 근대를 맞았고 식민지로 전락하는 수모를 겪었다. 전통사회에서는 산업 발전과 무관하던 역량이 근대사회에 들어와서는 갑자기 중요한 역량으로 변화하는 것이 가능할까?

역량이란 언제나 그 힘과 효능을 유지할 것 같지만, 실제로는 주변 상황과 맥락에 크게 의존한다. 헤라클레스 같은 근력도 법정에서는 소용이 없다. 셜록 홈즈의 추리력은 칼을 들고 공격하는 강도들에게는 무력하다.(물론 홈즈는 권투를 배웠고 위급 시에는 추리력이 아니라 펀치력으로 대응했다.) 하나의 능력 또는 노하우가 상황에 따라 그 의미가 드라마틱하게 변하는 사례는 많다. 1820년대 마이클 패러데이의 전자기유도 현상을 이용하여 발명된 모터는 전기를 보여주는 미미한 실험장치에 불과했다. 오랜 시간이 흐른 후에야 모터는 현대 산업의 핵심적 동력장치로 변신하게 된다.

조선시대 경전을 읽고 해석하는 능력을 패러데이의 모터처럼 미미한 존재라고 말할 수는 없다. 오히려 경전 독해력은 당시 대단히 존중받는 역량이었다. 유교적 교양은 완전한 인격을 위해 필요할 뿐더러 현실적으로 관직을 획득하기 위한 유일한 수단이었다.

그러나 산업의 관점에서 책 읽기 능력은 무의미한 것이었다. 사서삼경에 산업의 발전에 관한 내용은 거의 찾아보기 힘들다. 세종 때 편찬된 《농사직설》은 농업기술을 다룬 책인데 연륜 있는 농부들의 지혜를 취합하여 만들어졌다. 학문이 깊은 선비들에게 물어서는 그리 좋은 내용이 되지 못했을 것이다. 조선시대의 엘리트들은 사회 계급 구성에서 산업과는 거리를 두었다. 조선시대 직업군을 '사농공상'으로 구분하는데 여기서 농, 공, 상은 농업, 공업, 상업으로 오늘날의 1, 2, 3차 산업에 해당한다. 사회의 리더 계급인 선비라는 직업군은 어느 산업에도 속하지 않는다. 선비란 벼슬을 하지 못하면 고향으로 돌아와 생업에 종사해야 하지만, 그것은 선비로서 뜻을 펼칠 수 없을 때 택하는 방편일 뿐이다.

한국, 더 나아가 유교경제권의 인재들이 산업화에 결정적인 역할을 했다는 것은 널리 인정받고 있다. 문제는 조선시대에 힘을 발휘하지 못했던 엘리트들이 어떻게 갑자기 산업화 국면에서 탁월한 리더가 되었는가이다. 부국강병을 끝내 이루지 못한 조선의 선비들과 달리 한국의 정치가, 정책 엘리트, 기업인들은 물을 만난 물고기처럼 산업화 시대의 다크호스로 떠올랐다. 조선의 선비와 현대 한국의 엘리트들은 무엇이 달랐던 것일까.

우선 떠오르는 설명은 공부 내용이 달라졌다는 것이다. 현대 한국의 엘리트들은 유교 경전과 중국의 문자 언어, 한문 대신 새로운 강대국 미국의 영어, 그리고 서양의 인문학, 자연과학, 사회과학을 공부한다. 지식의 내용이 달라졌으니 당연히 역량도 달라진 것 아닐까? 하지만 지식의 내용이 달라진 것만으로는 설명이 충분치 못하다.

한국뿐 아니라 제2차 세계 대전 후 독립한 대부분의 나라가 서양식 교육체제를 받아들였으며 교육 내용도 대부분 서양 학문으로 바뀌었다. 또한 공산권을 제외한 거의 모든 나라가 영어를 제1외국어로 채택했으며 심지어 영어가 공용어인 나라도 인도, 파키스탄, 필리핀 등 수십 개국에 달한다. 공부의 내용이 바뀌어서 경제가 성공했다면 한국과 유교권 국가만이 성공한 것을 설명할 수 없다.

공부의 내용보다는 공부 태도 그리고 공부 방법론이 더욱 중요한 것이 아닐까. 퇴계와 율곡이 공부에 대해 이야기한 내용을 돌이켜 보면 오늘날 대학 입시나 각종 시험을 준비하는 데에도 역시 도움이 되는 명언들이 많다. '공부'라는 단어는 성리학자들이 즐겨 쓰던 말이며 "어떻게 공부할 것인가"는 선비들의 관심 주제였다. 그 내용은 주로 난해한 한문 서적을 읽고 이해하는 방법에 대한 것이었다.

서당과 서원에서 공부하던 것과 서양식 학교에서 공부하는 것이 달라진 듯하나 본질은 달라지지 않았다. 핵심은 논리적이고 체계적인 텍스트를 읽고 단편적인 개별 명제가 아닌 전체 텍스트의 구조를 뇌에 입력하는 것이다. 이것은 인간의 행위 중 동물과 가장 구별되는 것 가운데 하나다. 그 어떤 생물도 읽지 않는다. 터프츠 대학에서 인지신경과학과 아동발달을 연구하는 울프는 다음과 같이 말한다. "인류는 책을 읽도록 태어나지 않았다. 독서는 뇌가 새로운 것을 배워 스스로를 재편성하는 과정에서 탄생한 인류의 기적적인 발명이다."[9]

이 기적적인 발명을 가장 열심히 그리고 폭넓게 실천한 나라가 조선이다. 물론 유교의 원조 국가는 중국이지만 몇 가지 면에서 조선은 조금 더 특별하다. 작은 나라에서 과거 시험이 더욱 공정하고 철저하게 운영되었다. 또한 근본적으로 외국어이자 고어古語가 된 한문을 읽기 위해 요구되는 문해력은 난해한 도전이었다. 굳이 비교하면 서양의 아동이 라틴어나 희랍어를 배우는 것과 같은 어려움인데, 한문은 표의문자라는 점에서 그보다 더 어렵다.

문자를 깨치고 문자를 통해서 의미소인 단어를 깨치고 단어들이 모여서 문장을 이루는 문법을 깨치고 문장들이 모여서 이뤄진 문단, 그리고 복잡하고 난해한 책, 더 나아가 그런 책들이 수백, 수천 권 모여서 이뤄진 하나의 학문 분야에 통달한다는 것은 기적의 연속에 가깝다. 이 모든 과정은 단계, 단계가 어려울 뿐더러 그 원리가 모두 다르다. 즉 문자에서 단어를 읽는 방법과 문장들을 엮어서 문단이나 책이라는 더욱 큰 메시지로 융합하는 방법은 전혀 다른 기술이다. 개별 사례에서 일반 원리를 읽어 내는 것은 두뇌의 놀라운 능력 중 하나다.

독서는 여러 단계의 두뇌 활동이 중첩될 때에만 가능하다. 종이 위에 쓰인 글자의 시각 정보를 처리해 문자를 읽고 이 문자들을 연결해서 단어를 확인하고 단어들을 다시 엮어서 문장을 해독하는 것은 벌써 세 단계 서로 다른 활동의 협동이다. 글 읽기에 도전하는 어린이의 뇌는 거의 대부분의 영역이 활성화된다. 글자를 보기 위해 시각을 담당하는 후두엽이, 발음을 상상하므로 청각을 담당하는 측두엽이, 의미를 파악하기 위해 두정엽과 전두엽이 모두 번쩍거린다. 이들 간의 공동 보조도 이루어져야 하므로 뇌 전체가 마치 노르망디 상륙작전을 준비하는 연합군과 같이 움직인다. 모든 부대에 임무가 하달되고 임무들은 치밀하게 서로 보조를 맞춰야 한다. 글 읽기가 서툴수록 뇌는 더욱 바쁘다.

군대가 이런 작전 상황을 장기간 지속할 수 없듯이 두뇌도 초긴장 상태를 오래 버틸 수 없다. 읽기에 익숙해지면서 두뇌는 가능한 한 많은 단계를 자동화한다. 즉 시각 정보를 통해 문자를 확인하는 과정에서 의식은 더 이상 관여하지 않는다. 글자를 읽어 내는 단계는 자동화되어 무의식으로 처리된다. 이렇게 되면 의식은 이제 글자 인식에 연연하지 않고 단어에 집중하게 되며, 단어 해독이 다시 무의식으로 넘어가면 의식은 이번에는 문장 해석에 집중한다. 이런 식으로 숙달된 기능이 자율적으로 처리되면서 우리 의식은 더욱 고차원적인 작업에 에너지를 집중할 수 있게 된다. 이것은 뇌 안에서 이러한 여러 기능들을 처리하는 회로가 형성되기 때문이다. 이것을 뇌과학자 데이비드 이글먼은 '생후 배선 livewired'이라고 불렀다.[10]

이글먼은 갓 태어난 아기의 뇌는 신경세포 더미로, 마치 전선과 스위치의 뭉치가 가득한 배선되어 있지 않은 부품상자와 같다고 한다. 인간은 살아가면서 많은 경험과 연습을 통해 전선들을 이어 가며 자신만의 회로를 배선해 간다. 복잡하고 방대한 책들을 어렵지 않게 읽어 내는 뇌는 회로와 회로들이 연결되어 만들어진 고도의 복잡성과 규모를 가진 회로를 가지고 있는 셈이다.

책 읽기의 어려움 속에서 조선 선비들은 이러한 두뇌의 배선을 평생

가다듬어 왔다. 주자가 했던 말로 알려진 "책을 백 번 읽으면 그 뜻이 저절로 드러난다"는 말은 선비들의 가슴에 깊이 새겨진 좌우명이었다. 아흔아홉 번을 읽어도 알 수 없는 그 의미에 도달하기 위해 선비들은 고통스러운 시간을 보냈다. 뇌 내부에 믿을 수 없을 정도로 정교한 회로를 배선하는 과정이 그토록 힘들었던 것이다.

그러나 이렇게 어렵게 달성한 문해력은 조선시대에 산업 발전과 생산성 혁신으로 이어지지 않았다. 그 이유는 무엇이었을까. 우리는 여기서 산업혁명의 본질, 즉 척도의 혁명과 과학혁명을 생각해야 한다. 산업혁명은 산업의 속성을 근본적으로 바꿔 놓았다. 그 변화의 핵심은 생산과정에서 사람의 주관적 감각과 직관의 역할이 객관적 측정에 의해 대체되는 것이다. 산업혁명과 동시에 진행된 프랑스 혁명에서 혁명 지도자들이 행한 가장 중요한 작업은 미터 원기를 확정한 것이었다. 인치, 피트, 야드, 마일 등등 표준화되지 않은 제각각의 척도가 난립하던 중세시대를 벗어나 지구 자오선 길이의 1백만분의 1이라는 미터의 표준이 설정되었다. 척도의 형성은 더 이상 생산과정이 사람의 느낌에 의존하지 않게 되었음을 뜻한다. 비슷한 시기에 무게, 온도, 밀도, 에너지 등 온갖 수량의 척도와 단위가 확립되었다.

그리스 철학자 프로타고라스가 "사람이 만물의 척도"라고 말한 이래 2천 년이 지나서야 비로소 척도가 사물의 객관적 성질로 되돌아온 것이다. 쉽게 말해서 음식의 간을 더 이상 숙련된 셰프의 미각이 아니라 계량컵과 저울에 의존하는 것과 같다. 사람의 느낌이 아니라, 이제 어떤 사람이 재든 똑같은 분량을 확정할 수 있게 된다. 이러한 변화를 통해 산업은 더 이상 암묵지의 영역이 아니라 명시지의 영역으로 넘어온다. 사물의 척도가 확정되지 않음에 따라 장인들의 숙련된 느낌 외에는 정확한 계량이 불가능했던 곳에서는 논리적이고 체계적인 기술의 묘사 자체가 불가능했다. 이 점에 대해서는 중국 철학의 고전 《장자》에 흥미로운 얘기가 나온다.

제나라 환공이 옛 성인의 말들을 기록한 책을 읽고 있는데 마당에서 수레바퀴를 수리하고 있던 윤편이라는 장인이 "공께서 읽고 있는 그 책은 찌꺼기에 불과하다"고 말한다. 왕이 불쾌해 하며 이유를 묻자 윤편은 이렇게 대답한다. "수레바퀴 축을 조금만 더 깎으면 헐거워지고 덜 깎으면 뻑뻑해서 끼워지지 않는다. 하지만 적당하게 깎는 법을 내 아들에게도 말로 가르쳐 줄 수 없다. 스스로 오랜 경험을 통해 깨닫는 수밖에 없는 것이다. 바퀴 축을 만드는 지혜조차 이러한데, 성인이 전하려 하는 것 또한 그렇지 않겠는가."

이것은 윤편의 항의이자 도가 철학자 장자의 항의이기도 하다. 하지만 이후 유교사회의 지배 논리는 이러한 주장을 물리쳤다. 바퀴 축을 정확하게 깎는 기술은 텍스트로 만들 수 없다. 윤편은 이런 하찮은 기술도 안 되는데 윤리나 정치에 대한 심오한 진리는 하물며 안 될 것이라고 생각했지만, 유교 철학자들은 그렇게 생각하지 않았다. 오히려 하찮은 기술은 말로 할 수 없지만 심오한 진리는 말로 표현할 수 있는 것이었다. 이것은 유교만의 가르침은 아니다. 그리스 철학자들은 이 점에서 더욱 적극적이었다.

소크라테스는 자연현상에 대해 합리적인 연구를 할 수 없다고 생각했고, 플라톤은 인간의 감각에 의존하는 연구는 모두 억측에 불과하다고 배격했다. 이것은 이들이 정신만 존중하고 물질을 깔봤기 때문만은 아니다. 미터 원기가 18세기에서나 만들어진 것을 생각하면, 이 당시로는 자연을 객관적으로 측정하는 것 자체가 불가능했던 것이다. 길고 짧은 것과 따뜻하고 차가운 것에 대한 측정이 가능하지 않았던 상황에서 객관적 실험과, 이를 통한 지식의 축적은 불가능했던 것이다. 그렇다면 윤리와 정치는? 인간의 심리와 사회현상은 객관적 측정이 가능할까?

인간사회현상은 물질 세계보다 더욱더 측정이 어렵지만, 가치가 개입하며, 가치란 주관적 판단과 선택의 영역이다. 옳고 그름, 선과 악의 문제에 대해서는 오히려 개념과 논리가 관철될 수 있었다. 그 결과 윤리학과 정치학이 만들어졌으며 인간에 대한 명령문 형태의 규범이 논리적 구성물로 나타났다. 이것은 과학이 아니었기 때문에 팩트 체크에 의해 반증되지 않았다. 그 결과 사상이나 종교의 논리적이고 체계적인 도그마가 언어에 의해 집대성될 수 있었고 이것이 바로 경전이다.

즉 전근대사회에서 언어로 된 매뉴얼은, 상감청자를 빚거나 핫토리 한조服部半藏의 명검을 벼리는 방법은 결코 텍스트화하지 못했지만 세계 주요 문명과 고등종교는 자신들의 교리를 기록한 방대한 경전을 제작했다. 장광설이라고 불리는 부처의 엄청난 설법은 오늘날 팔만대장경으로 위용을 자랑한다. 기독교의《성서》는 핵심 텍스트의 분량은 그렇게 거대하지 않지만 이에 대한 해설과 주석은 상상을 넘어서며, 중세 스콜라 철학의 최고 권위 토마스 아퀴나스는 혼자서 약 400권 분량의《신학대전》을 썼다. 유교에서도 사서오경 자체로도 만만치 않은 텍스트지만, 이에 대한 시대별 주석은 상상을 초월한다. 청나라 때 분야별로 책들을 모아 만든《사고전서》는―오늘날의 권수 개념과는 일치하지 않지만―당시 기준으로 8만 권 가까운 책을 보유했다.(팔만대장경과 수가 비슷한 것이 공교롭다.)

이런 텍스트들 중에는 앞에서 살펴본 바와 같이《농사직설》,《동의보감》과 같은 실용서도 상당수 있었으나 대부분, 그리고 특히 중요시되었던 것들은 윤리, 정치, 역사를 다룬 인문사회적인 책들이었다. 가치를 중심으로 다루는 규범에 대한 연구만이 텍스트를 통해 기록되고 독해되어 하나의 왕조나 사회를 정당화하고 유지시킬 수 있었던 것이다. 텍스트는 생산성을 높이지는 못했으나 사람들을 규율하고 안정적인 정치 질서를 만들어 내는 데는 도움을 주었다. 이것이 공자가 "적은 것은 걱정하지 않고 고르지 못한 것을 걱정한다"고 말한 뜻이다. 생산의 총량은 관심사가 아니었다.

그러나 산업혁명이 일어나고 기계화가 시작되면서 상황은 달라졌다. 자본주의적 생산양식의 사활은 숙련을 해체하는 것이었다. 그동안 숙련은 텍스트화가 불가능한, 오직 장인의 체화된 능력으로만 현존했다. 작업이 기계화되면서 노동자의 작업은 단순해졌고 작업방식에 대한 매뉴얼이 만들어질 수 있었다. 스승과 제자는 이제 불립문자不立文字의 영적 교감을 할 필요가 없었고 매뉴얼에 적힌 대로 지시하면 되었다. 바퀴의 축을 어떻게 깎으면 되는지, 그 방법이 나온 것이다.

정확한 측정이 가능해지면 게이지라고 하는 도구를 사용해서 물건의 크기를 일정하게 맞출 수 있다. 게이지란 대포에 들어갈 포탄을 만들 때 쓰이기 시작했다. 포탄은 포신의 구경, 즉 대포 내부 구멍 크기에 꼭 들어맞아야 하므로 정확한 측정이 이루어지지 않으면 무용지물이다. 포탄을 장인의 감각에 의존해서 만들어야 한다면 전쟁 중 얼마나 많은 포탄 장인이 필요할 것인가.

이렇게 객관적인 작업방법이 나오고 이에 대한 매뉴얼이 만들어지면서 숙련의 영역이었던 산업의 핵심에도 텍스트화가 빠르게 진행됐다. 일반 노동자가 하는 단순 작업만의 얘기가 아니었다. 기계와 생산설비를 만드는 작업 역시 텍스트화되었다. 이것은 산업과 과학의 결합을 통해 가능했다. 기계의 설계와 개량이 더 이상 장인의 손끝이 아니라 과학과 공학이라는 학문적 연구에 의해 이루어졌다. 노동자의 작업만이 아니라 과학자들의 연구과정과 그 결과의 활용 또한 텍스트화되었다. 과학법칙은 최초의 실험과정을 공개함으로써 다른 연구자에 의해 실험 결과가 재현될 때에 비로소 공개적으로 검증된다. 자신의 비결을 공개하지 않는 비밀스런 마법과는 전혀 다른 세계가 열린 것이다. 과학에 사용되는 모든 용어와 실험절차는 전혀 혼동스럽지 않도록 명확하게 기록되어야 했다.

글을 읽을 필요도 없던 장인들의 세계가 마감되고 모든 것이 문장과 수식으로 표현되는 텍스트에 능통한 지식인들의 세계가 시작되었다. 여기에 하나의 사정이 더 첨가된다. 체계적인 생산 설비를 운용하기 위해 과거 장인들의 소규모 조직과는 전혀 다른 거대한 회사들이 등장했고,

이 회사를 운영하기 위해 정교한 명령체계와 규범이 형성되었다. 이것은 과거 국가를 통치하던 정부 기구의 이념과 체제에 어딘가 닮은 점이 있었다. 경영학자 피터 드러커는 현대의 대기업 조직이 피라미드를 건설하던 이집트 정부의 정교한 조직에 근접했다고 말하기도 했다. 지금은 관료제 red tape 라는 말이 '조직의 비효율화'의 동의어가 되었지만, 큰 조직을 운영하기 위해서는 불가피한 요소라고 보는 것이 온당하다. 정부 조직에서만 쓰이던 관료가 기업이라는 민간부문에도 쓰이면서 평생 기회를 잡을 수 없던 관료 후보군, 지식인들에게 화이트칼라라는 직무가 주어졌다.

이들은 제조 현장의 작업자와 기계설비를 기획하고 개선하는 엔지니어, 연구개발자의 최전선 작업을 뒤에서 지원하는 임무를 담당했다. 회사의 비전과 미션을 사회와 공감할 수 있도록 발신하고 조직 내에 좋은 리더를 키우고 공정한 인사를 실행하는 모든 일들은 과거 유교 정부에서도 노력하던 것이었다. 이 기능이 성장과 효율 향상에도 여전히 도움이 된다는 것은 유교경제권의 오늘날이 증명하고 있다.

산업이 과학적 원리에 의해 재편되고 숙련공의 암묵지가 명시지화되면서 과거의 문해력, 즉 오늘날의 논리-수리 지능은 그 역할이 훨씬 더 강화되었다. 마치 한때는 별 볼 일 없던 모터가 산업의 동력장치가 된 것처럼, 과거 농사나 상업에는 별 소용이 없던 문해력이 산업의 핵심 역량이 된 것이다.

현대를 디지털 시대라고 한다. 직관이나 감이 아니라 계량과 분석에 의존하는 접근이 점점 더 고도화되고 있다. 산업혁명 이래 줄곧 추진되고 있는 흐름이다. 논리와 수리라는 인지 지능이 계속해서 힘을 발휘할 전망이다. 우리가 상식적으로 생각하는 공부, 영어, 수학이다. 논리-수리 지능의 중요성이 강화되고 있다. 오늘날 교육에서 영어, 수학이라는 두 과목으로 대표되고 있는 영역이다. 과학의 발달과 산업혁명에 의한 산업의 체계화라는 변화가 경전 해독에 열중하던 나라들에게 한 줄기 빛이 되었다. 오래전에 쓰던 낡은 열쇠가 새로운 문의 자물쇠와 맞아떨어졌던 것이다.

유학자가 과학자가 될 때 — 이이의 천도책

학문을 중시하던 조선의 전통이 현대로 이어져 한국 산업의 경쟁력이 되었다는 가설은 검증하기 쉽지 않다. 여기서 조선시대의 에피소드를 하나 소개한다. 주인공은 조선의 유학자 율곡 이이로 그는 조선 500년 역사 중 관직 등용문이었던 과거 시험의 최다 합격자로 알려져 있다. 율곡은 여러 번의 과거를 치렀는데 그중 한 시험의 문제가 매우 특이했다. 즉 유교 경전이 다루는 윤리나 정치 이슈가 아니라 자연현상, 즉 해와 달, 바람과 구름, 비와 번개 등의 원인을 묻는 시험이었던 것이다. 예상을 뒤엎는 기습적 질문이었던 셈인데 율곡은 조금도 당황하지 않고 앉은 자리에서 붓을 휘둘러 답안을 적어 냈다.

율곡의 대답은 물론 500년 전이라는 시대적 한계에 갇혀 있고 현대 과학의 관점에서 정확하지 않다. 그러나 오히려 이러한 한계 때문에, 오로지 고대의 경전 해석을 훈련한 사람이 자연현상을 설명할 때 자신의 지능을 어떻게 활용하는가를 엿볼 수 있다. 율곡의 답안은 꽤 길지만 여기서는 딱 한 구절만을 검토하기로 한다. 그것은 바로 "번개와 우레는 누가 주관하는 것인가?"라는 질문에 대한 것으로 그 답은 다음과 같다. 율곡은 우선 온 세상이 양기와 음기로 이뤄져 있다고 전제한 후, "양의 기운이 퍼져 나가려고 하는데 음의 기운이 이를 감싸서 벗어날 수 없게 되면 한꺼번에 우레와 번개로 터져 나간다.至若陽氣發散之後。或有陰氣包陽。而陽不得出。則爲雷電。"고 썼다.[11]

이 주제는 당시 유학자들이 즐겨 논의하던 테마가 전혀 아니었다. 자연과학이 발달하기 전, 제대로 된 측정 자체가 불가능했던 시대에 거의 대부분의 자연현상은 수수께끼였다. 사람들은 물론 자연현상을 설명하려고 시도했지만 방법을 찾지 못하고 헤매다 인간과 신을 끌어들였다. 재난이 오면 하느님이 노했거나 사람들이 죄를 지었다는 식이다. 한국, 중국 등 유교 국가들은 자연재해를 신의 분노보다는 위정자의 도덕성과 결부시켰다. 재해가 있을 때 국가사회의 리더가 스스로를 먼저 반성하는 것은 바람직한 태도이긴 하지만 비과학적인 것이었다.

유교는 신을 숭배하지 않고 내세에 관심을 두지 않는 현세적인 종교다. 기적이나 신비를 쫓기보다는 현실적이고 합리적인 길을 추구한다. 유교의 창시자라 할 수 있는 공자는 "삶을 모르는데 죽음을 어찌 알겠는가"라고 말했고 "기괴하고 특이하고 혼란스럽고 신비스러운 것怪力亂神"에 대해서는 언급을 피했다. 물론 이런 태도가 바로 과학적 사고로 이어지는 것은 아니다. 유교 국가의 왕들이 자연재해에 대해 정치적으로 또는 심리적으로 압박을 받았을지는 모르지만 그것 때문에 기상학이나 방재기술이 근대 과학 수준으로 발전하지는 않았다. 하지만 성리학을 공부한 관료나 지식인이 신비롭거나 영적인 태도를 벗어나, 현실의 문제를 현실적인 방법으로 해결하려는 태도를 취했다는 것은 인정할 수 있다.

번개라는 현상을 설명해 보라는 당시로는 이례적인 질문을 받았을 때 신비주의적인 또는 자연을 의인화하는 방식의 대답이 당시로서는 자연스러웠을 것이다. 율곡은 번개를 본격적으로 연구하지 않았다. 그러나 성리학은 음양론이라고 하는, 나름의 우주이론을 가지고 있었다. 그리스 철학자 데모크리토스가 제시한 원자론은 서양 과학의 원조로 인정되지만, 음양론은 어쩐지 비과학적인 접근처럼 느껴진다. 하지만 음양론은 원자론과는 전혀 다른 상호작용과 운동에 주목한 우주론이다. 다소 견강부회하자면 음양론은 전자電子를 예견하고 있다고도 할 수 있다. 전자는 전기적으로 마이너스의 성질을 띠며 따라서 전자를 얻은 원자는 마이너스, 잃은 원자는 플러스가 된다. 우주를 움직이는 가장 근본적인 힘인 전자기력이 여기서 생긴다. "우주 만물이 음양의 조화"라는 생각을 이렇게 해석할 수도 있다.

다시 번개에 대한 율곡의 설명으로 돌아가자. 율곡은 양이 음에 의해 둘러싸여 벗어날 수 없게 되면 힘이 점점 더 축적되다가 결국 폭발적으로 터진다고 했다. 현대 과학에서도 번개는 음전하와 양전하의 분포로 설명된다.

습기 찬 공기가 위로 상승하면서 차가운 고공으로 올라가면 얼음 덩어리가 된다. 얼음이 점점 커지면 무거운 것이 아래로 내려오는데 이때 구름 속의 전기 분포가 묘하게 변한다. 그림처럼 음전하가 위아래의 양전하 사이에 갇히는 모양이 나온다.* 무거운 얼음 덩어리는 음전하를 띠

---

* 한 가지 아쉬운 점은 율곡은 양이 음에 둘러싸인다고 했는데 전하의 경우는 반대이다. 음양론

위대한 카피캣 대한민국

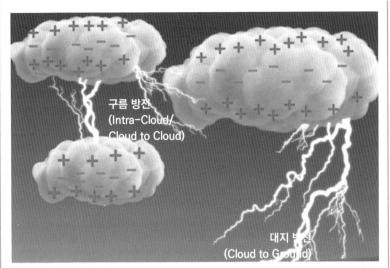

〈그림 2-4〉 번개의 원리(www-goalmoneyhappydiffusion-com.tistory.com)

기 때문에 점점 더 아래로 내려오고 맨 아래 양전하를 뚫고 나왔을 때 지상의 양전하를 만나면 급격하게 방전이 일어난다. 그것이 바로 벼락이다.

같은 음전하끼리는 밀어내고 음과 양은 서로 당긴다는 원리를 율곡이 알았다는 증거는 희박하다. 하지만 적어도 음과 양이 골고루 섞이지 못하고 각각 뭉쳐 있는 것이 불안정하다는 점을 알고 있었다. 활동적인 양이 멈추려는 음에 포박되어 발버둥 치다가 조그마한 틈이라도 생기면 일시에 분출된다는 것인데 시대를 감안하면 비교적 정확한 묘사다. 특별한 준비 없이 마주친 문제를 시험장에서 즉흥적으로 생각해 낸 답이라고

에서 활동적이고 적극적인 것이 양이지만, 현대 물리학은 활동적인 전자에 마이너스 부호를 붙였다. 그런데 마이너스 부호에 어떤 의미가 있는 것은 아니고 편의상 붙인 기호에 불과하기 때문에 율곡이 다시 살아나면 "내가 말한 양이 바로 전자"라고 주장할 것이다. 만약 동양에서 전자를 발견했다면 전자에 플러스 부호를 붙였을 가능성이 높다.

하기에는 놀랍다.

율곡은 음과 양으로 구성된 입자들을 생각하고 머릿속에서 시뮬레이션을 진행한다. 골고루 흩어져 있을 때는 아무 일도 없던 음양의 입자가 무슨 이유에서인지 서로 뭉치기 시작하고 양이 음에 갇히면 어떤 일이 벌어질까를 그려 본 것이다. 음의 포위망에 균열이 생겼을 때 출구를 찾지 못해 쌓여 가던 에너지가 폭발한다는 결과가 그려진다. 이것은 실제로 수행된 실험은 아니지만 생각 속에서 이뤄진 실험이다. 아직은 초보적이지만 과학적 사고의 원리가 살아 있다. 과학적인 사고의 핵심은 처음에 상정한 것으로부터 중간에 엉뚱한 요소를 추가하지 않고 논리적으로 결과를 끌어내는 것이다. 음과 양을 상정했으면 오직 그것으로부터만 번개라는 결과가 도출되어야 한다. 여기서 갑자기 번개의 신 제우스Zeus가 등장할 필요도 없고 음과 양이 서로 싸운다는 의인화도 필요 없다.

인간의 심리 또는 선과 악을 다루는 윤리적 문제도 논리에 맞아야 한다는 점에서 다를 것은 없다. 하지만 인간적 현상은 복잡한 요소들이 얽히고설켜 생각을 일관되게 진행하기가 대단히 어렵다. 물질은 움직이고 정지하고 밀고 당기는 정도의 동작과 상호작용만으로 표현되지만 인간에게는 희비애락의 감정이 있고, 그 관계 또한 '밀고 당긴다'는 이분법으로 묘사하기에는 훨씬 더 복잡하다. 만유인력은 사과가 나무에서 떨어지는 것만 보아도 확인할 수 있지만 성선설 또는 성악설은 모든 사람이 인정할 객관적 검증 절차를 만들기가 대단히 어렵다. 그러므로 지금까지도 논쟁의 대상이 되는 것이다.

율곡의 답안지를 보면 조선의 또 다른 지식인 정도전이 떠오른다. 조선 건국공신인 정도전은 고려시대에 지배적 종교였던 불교를 논리적으로 무너뜨리고자 했다. 그의 반박은 다음과 같이 진행된다. "모든 중생, 즉 모든 동식물이 윤회한다면 맨 처음 세상이 시작할 때 있었던 중생의 수가 늘 똑같아야 할 것이다. 혹 악한 사람이 많아 축생으로 윤회되는 자가 많아지면 사람의 수는 줄고 축생의 수는 늘어날지언정, 모든 중생의 수는 똑같아야 한다. 그러나 세상이 번성하면 사람과 축생이 같이 늘어나고 세상이 쇠퇴하면 같이 줄어드는 것은 너무나 분명하다. 따라서 윤회설은 앞뒤가 맞지 않는다."[12] 교리적이거나 철학적 반론이 아니라, 초보적이기는 하지만 수학적 논리를 전개하고 있다.

수학을 따로 배우지 않고 유교 경전만을 지속적으로 공부해도 논리적 사고는 성장한다. 모든 것을 학교에서 책으로 배운 한국의 학생들은 선진 기술을 만났을 때 길을 잃지 않았다. 새로운 기술과 시스템을 배우는 것은 학교 공부와 크게 다르지 않았다.

그러나 이미 조선시대부터 선비들이 이런 소양을 갖추고 있었다면 어째서 조선의 산업과 경제가 융성하지 않았던 것일까. 그것은 율곡의 과거 시험 에피소드에서 바로 드러난다. 자연현상에 대한 질문 자체가 수험생의 의표를 찌르는 출제자의 파격으로써 매우 드문 일이었다. 조선 사회에도 기술을 다루는 장인이 있었고 날씨나 천문 등 자연현상을 관찰하고 기록하는 사람들이 있었다. 하지만 정통 관료를 지망하는 엘리트들은 이러한 분야에 관심이 없었고 이런 질문을 받지도 않았다.

아무리 현실적 태도와 합리적 사고의 소양을 갖추고 있다고 해도 자연현상에 초점을 맞추고 그에 적합한 방법으로 생각하는 법을 훈련하지 않으면 자연과학이라는 지식이 형성될 수 없다. 율곡이 보인 번득이는 기지는 한때의 에피소드로써 가능성만을 보인 채로 사라진 불꽃이 되었다. 그러나 이러한 잠재력은 사라지지 않고 있다가 산업화 시대를 맞아 다시 살아났다.

과거제도는 사라지고 그 자리에 대신 대학 입학 시험과 공무원 시험, 기타 고시들이 들어섰다. 한국인들은 조선의 선비처럼, 어쩌면 그 이상으로 시험공부에 매진했다. 4당5락, 고진감래 같은 금언들을 가슴에 새기면서 말이다. 하지만 과거제도의 진정한 계승자는 따로 있었다. 그것이 바로 기업공채다.

본격적 성장기에 들어선 한국의 대기업은 많은 수의 인력을 필요로 했으며 한때 매년 수만 명 규모의 채용을 지속했다. 과거 시험의 합격률은 너무 낮았다. 제대로 된 관직의 수는 500개 정도였으며 3년에 한 번 시행되는 시험에서 관직을 얻을 자격이 주어지는 상위 급제자는 33명뿐이었다. 기업공채는 이에 비하면 훨씬 더 가능성이 높아진 현대판 과거였다. 더구나 공채 시험에는 공대 졸업생, 즉 조선시대에 사농공상 중에서 농업보다 나쁜 대우를 받던 분야의 종사자들도 포함되었다. 이제 현실적이고 실용적인 문제를 해결하는 사람들을 우대하는 방향으로 사회의 우선순위가 바뀐 것이다. 율곡의 후예들은 더 이상 인간의 본성이나 선악의 기준을 고민하지 않고 산업기술과 생산에 관한 문제에 집중하게 되었다.

선진국에 비해 뒤처지긴 했지만 한국사회와 기업이 늦게라도 인재들에게 산업기술의 발전, 생산 시스템의 설계에 관한 질문을 던짐으로써 이 분야에 정통한 인재군이 점차 형성되었다. 한국 대기업의 창업자들은 선진 기업이 사용하던 구식 기계를 들여와 이의 작동법은 물론 심지어 제작법까지 알아내도록 주문했다. 처음 보는 기계의 원리를 깨닫는다는 것은 보통 어려운 일이 아니지만, 번개의 원리를 질문받은 율곡처럼 한국의 인재들은 포기하지 않고 기계를 해체하고 다시 조립하며 기어코 원리를 알아냈다.

어떤 사회라도 정신적이거나 신비로운 것에만 전념하고 실용적인 문제를 완전히 도외시할 수는 없다. 한국은 경전의 문해력을 테스트하는 시험제도를 통해 합리적 정신의 전통을 지켜 왔다. 하지만 그 정도로는 과학혁명이나 산업혁명을 위한 지식기반을 만들 수 없었다. 사회 전체의 관심과 우선순위가 바뀐 뒤에야 잠재적 역량이 구현되기 시작했다.

뛰어난 인재들이 어떤 문제에 관심을 갖고 열정을 쏟느냐가 중요하다. 비록 과학적 사고의 전통이 약한 사회라고 해도 과학기술에 우선순위를 두고 탁월한 인재들이 이 분야에 관심을 갖도록 유도한다면 변화의 계기를 만들어 갈 수 있다. 한국 역시 경제발전을 시도하면서 정부가 '기술입국'이라는 표어 아래 과학기술이 가장 중요하다는 것을 강조하고 공대 교육을 강화했으며 국가가 나서서 과학기술원이라는 연구교육기관을 설립했다. 공과대학 학생에게는 군복무 혜택 등 많은 인센티브가 주어졌으며 그중에서 가장 중요한 것은 기업에 채용될 수 있다는 것이었다. 기업과 공학 전공 학생은 이렇게 함께 성장했다. 산업에서 일할 인재의 수요와 공급이 서로서로 밀어주고 끌어당기는 이상적인 상태가 형성되었다.

율곡과 같은 천재도 그가 속한 사회의 우선순위와 인센티브 구조의 영향에서 벗어날 수는 없었다. 반면 평범한 학생이라도 산업과 기술을 지향하도록 설계된 프레임 안에서는 유능한 기업 인재가 될 수 있다. 구한말 조선은 서구 열강의 신식 무기의 위력과 다양한 기술을 보면서도 이를 깎아내리고 유교 문화가 훨씬 더 우월하다고 고집한 적이 있다. 이처럼 현실적인 문제를 회피하거나 초현실적인 해결책, 즉 현실 부정과 정신 승리에 의존하는 분위기가 퍼지지 않도록 해야 한다. 반면 비슷한 시기 일본은 서양의 문명을 인정하고 이를 배워서 적용하려고 노력했으며 그것이 20세기 전반, 두 나라의 운명을 갈랐다. 이러한 태도의 차이는 현실을 보는 눈, 즉 현실이 두려워 외면하는가 아니면 한 번 겨뤄 보겠다는 용기를 내는가에 달려 있다. 이러한 용기가 있어야 변화를 이해하고 더 나아가 적응할 수 있다. 사회가 정체할 때보다 사회가 변할 때 자신에게 더욱 유리하다고 느끼는 사람이 늘어날 때 경제성장은 추진력을 얻을 수 있다.

제3장

기업혁신으로 중진국을 뛰어넘다

끓는 물 속의 개구리 — 중진국 함정의 극복

한국경제의 경이적인 성장을 '한강의 기적'이라고 한다. 그러나 이 기적은 일회적 사건이 아니다. 한국은 두 번의 기적을 이뤘다.

이를 이해하려면 '중진국 함정'이라는 개념을 살펴봐야 한다. 한국경제가 출발 시점에서 만난 첫 번째 난관은 '빈곤의 함정'이었다. 너무 가난해서 미래를 위한 투자가 아예 불가능했다. 한국은 원조와 교육 투자를 통해 이 단계를 효과적으로 극복했다. 이후로는 1970~80년대의 탄탄한 성장이 뒤이었으며 일본의 뒤를 이어 한국은 신흥 산업국의 선두로서 중진국 리그에 순조롭게 진입했다. 이때 대만, 싱가포르, 홍콩과 함께 한국은 네 마리의 용으로 불리웠다. 순탄한 성장 가도에 다시 한번 장애물이 등장한 것은 90년대였다. 이것이 바로 '중진국 함정'이다.

중진국 함정이란 생산성의 정체와 비용의 상승으로 발생하며, 제품의 단위당 비용의 상승, 즉 산업 전반의 경쟁력 저하를 초래한다. 한국처럼

위대한 카피캣 대한민국

수출을 동력으로 삼은 경제에서 비용 상승은 치명적이다. 중진국 함정은 왜 발생하는 것일까? 생산성 측면에서는 양적 투입 효과가 한계에 도달하기 때문이다. 농부에게 농기구를 공급하는 방식을 생각해 보면 이해가 쉽다. 자본이 투입되는 초기에는 맨손에 도구가 쥐어지면서 커다란 효과가 발생한다. 그러나 이런 식으로 자본이 계속 공급되면 그 효과는 저하될 수밖에 없다. 한 사람의 농부에게 농기구를 점점 더 많이 공급한들 그만큼 생산성이 늘어날 리 없다. 생산성의 지속적인 증가는 농부의 역량과 일하는 방식의 혁신이 뒷받침되어야만 가능하다.

노벨 경제학상을 수상한 경제학자 폴 크루그먼은 아시아 경제에 대한 논문에서 동아시아 경제의 성장은 대부분 양적 투입에 의한 것으로 진정한 혁신이 결여되어 있어 한계에 봉착할 것이라고 주장했다. 90년대 초반 작성된 논문 〈아시아 경제 기적의 신화〉는 높은 저축률과 인구 증가율이 떠받친 한국 등 동아시아의 성장은 지속가능하지 않다고 결론 내린다. 1997년 동아시아를 휩쓴 외환위기로 예언은 적중한 듯이 보였다.[1]

당시 한국경제의 성장이 어느 정도 한계에 이르렀고 변화가 필요한 상황이었던 것은 부인할 수 없다. 그러나 한국인이 단순히 생산요소를 더 많이 투입하는 것만으로 성장해 왔던 것은 아니다. 한국인은 선진 기술을 누구보다도 빠르고 철저하게 배웠고 이러한 학습은 모방에 불과하다고 우습게 볼 수 없다. 서구 기술을 배우는 것은 산업의 경험이 거의 없는 한국에게 쉬운 일이 아니었다. 기계를 뜯어보고 조작법과 수리법을 깨달아 가는 소위 '리버스 엔지니어링 역공학'은 그 자체가 창의성과 상상력의 산물이었다.

그러나 힘든 과정을 거쳐 학습에 성공하고 나면, 기존 성과에 안주하며 새로운 기술을 배울 의욕이 저하되는 것도 인지상정이다. 경이로운 학습력과 적응력을 보인 한국도 헝그리 정신이 약화되고 도전의 의지가 무뎌진 것이다. 이것은 중진국 함정의 근본 원인이다. 빈곤을 벗어나기 위해 사람들은 무엇이든 할 태세가 되어 있었다. 그러나 생활 수준이 향상되면서 욕구는 늘어나고 인내심은 줄어든다. "말 타면 경마 잡히고 싶다"는 속담 그대로다. 분배 욕구는 증폭되는 반면 힘든 노동은 기피하게 되면서 결국 고도성장을 뒷받침해 온 헝그리 정신은 와해될 것처럼 보였다.

이 현상을 경제학의 열등재와 정상재로 설명할 수 있다. 예를 들어 소득이 적을 때는 값싼 계란을 선호하지만 소득이 늘어나면 비싼 소고기의 수요가 늘어난다. 더 비싼 재화에 대한 수요가 커짐에 따라 그만큼 더 높은 소득이 요구된다. 동시에 노동의 공급은 줄어든다. 여가가 정상재라면 노동으로 벌어들인 임금은 일종의 열등재이기 때문이다. 임금보다 여가를 선호하면서 노동 공급이 준다는 것은 배가 부르면 힘든 일을 기피한다는 현상을 설명해 준다. 사치품 수요가 늘어나고 노동 공급이 줄면 전체적으로 생계비가 늘어나고 임금 상승 압박이 커진다. 이것이 비용 상승을 설명한다. 바로 이때가 혁신 의지가 감퇴되고 생산성 향상이 주춤하는 시기다. 생산성이 정체하고 비용이 빠르게 상승하면 제품 단위당 비용이 증가하고 이것은 바로 경쟁력 저하로 귀착된다.

이것은 외국 경제학자의 진단만이 아니었다. 국내에서도 경종의 소리가 흘러나왔다. 대표적인 것이 삼성그룹 故 이건희 회장의 '미지근한 물속의 개구리'이다. 국제경쟁력이 빠르게 잠식되는 와중에도 제법 성장했다는 안도감에 긴장을 풀고 있는 모습이 물이 점점 덥혀지고 있는 데도 아무 생각 없이 물속에 머무는 개구리와 같다는 것이다.

　빈곤하던 시절을 극복하고 한국경제는 20여 년의 성장 끝에 한강의 기적을 이뤘다. 생활 수준도 좋아졌고 기업도 이제 번듯한 모습을 갖췄다. 그러나 앞에서 살펴본 대로 단위당 생산비용이 높아지기 시작했으며 이 추세는 가속화하고 있었다. 만족할 것인가 다시 한번 뛸 것인가의 갈림길이었다. 이 상황에서 이건희 회장은 다시 한번 뛸 것을 선택하고 이 선택을 삼성의 구성원에게 주문했다.

　중진국 함정은 매우 어려운 문제임이 분명하다. 어떤 분야에서든 하위권에서 중위권으로 오르는 것보다는, 중위권에서 상위권으로 오르는 것이 더 어렵다. 생존이 위협받는 상황에서 저절로 젖 먹던 힘까지 끌어내던 헝그리 정신은 약화되었다. 더 배고프지 않기 때문이다. 반면 "먹어 본 자가 맛을 안다"고 좋은 상품과 즐거운 여가에 눈뜬 사람들의 욕구 수준은 점점 더 올라간다. 생산성을 낮추고 비용을 끌어올리는 이 두 가지 힘은 인간 본성에 깊이 뿌리내리고 있어서 억제하거나 방향을 역전시키기 어렵다.

　한국은 유교적 교양을 산업의 학습 역량으로 전환하고 이를 통해 수출 제조업을 육성함으로써 빈곤의 함정을 멋지게 탈출했다. 그러나 소득이 향상되면서 중진국 병은 여지없이 한국을 휘감았다. 하지만 한국은 중진국 함정 또한 더욱 멋지게 탈출하고 선진 산업국가에 도달했다. 즉 한국경제의 기적은 일회성 게임이 아니라 두 개의 연작이다. 그리고 속편의 기적은 전편의 기적보다도 더욱 극적이고 의미심장하다. 한국은 환경과 주변 상황 그리고 보유 역량들을 정교하게 결합하여 솔루션을 짜 맞추었다. 이 과정을 이해하는 것은 생각보다 복잡하고 까다롭다. 과거 성공을 되풀이하거나 약간 변형한 것과는 차원이 다른 접근이 이루어졌다. 이 장에서는 정교하고 입체적인 해법의 구조를 따져 본다.

기회의 창 — 디지털 전환

한국이 중진국 함정을 극복한 과정은 많은 요소들이 거미줄같이 얽혀 있어서 설명하기 까다롭다. 그것은 우연과 필연, 전략과 행운, 의도와 반전 등이 뒤엉킨 드라마다. 우선은 외부 환경 요인, 특히 산업과 기술의 변화를 먼저 이야기해야겠다. 한국이 중진국 함정을 벗어날 수 있었던 요인 중 산업의 변화를 거론하지 않을 수 없기 때문이다.

외부 요인을 먼저 이야기한다는 것은 한국이 환경의 호전 덕분에 성공했다는, 즉 운이 좋았다는 뉘앙스를 풍긴다. 결론적으로 그렇다고 볼 수 있다. 1980년대 후반부터 본격화된 개인용 컴퓨터PC의 확산, 여기서 촉발된 산업의 디지털 전환은 한국 산업에 결정적인 기회가 되었다. 만약 아날로그 방식이 계속 산업을 지배했다면 우리나라 산업이 돌파구를 찾기는 쉽지 않았을 것이다. 게임의 규칙이 바뀌어서 더 유리해지는 일은 스포츠에서도 종종 찾아볼 수 있다. 개인기에 의존한 섬세한 축구를 하던 브라질은 유럽의 거친 수비 축구에 공격이 차단되고 부상에 시달리는

위대한 카피캣 대한민국

등 어려움을 겪었다. 그런데 과도한 수비 행동, 특히 태클에 대해 경고나 퇴장 등 벌칙을 강화하면서 공격 축구는 다시 힘을 얻게 됐다.

아날로그에서 디지털로의 전환이라는 산업 규칙의 변화가 어떻게 한국에 유리하게 작용했을까. 오늘날 디지털화라는 말은 첨단 정보기술과 거의 동의어처럼 여겨지고 있으나 본래 의미는 컴퓨터나 전자와는 무관하다. 디지털이란 손가락이라는 어원에서 비롯되었듯이 연속량이 아니라 이산량, 즉 하나, 둘, 셋… 으로 셀 수 있는 양의 개념이다. 쉽게 말해서 소수점이 없이 딱 떨어지는 자연수로 모든 것을 표시하는 것이다. 자연수로 표시할 수 있으면 결국은 0과 1이라는 두 개의 숫자, 즉 비트로 모든 것을 표현할 수 있고, 0과 1만을 입출력할 수 있는 컴퓨터가 디지털을 대표하는 기기가 되었다. 하지만 어떤 길이를 측정할 때 8.1034…cm라는 값을 반올림으로 8cm라고 대체한다면 이것 역시 디지털화다. 수작업으로 하던 것을 컴퓨터로 하는 전산화와 디지털화를 혼동해서는 안 된다. 컴퓨터 역사의 초기에는 아날로그로 작동하는 컴퓨터도 있었다.

디지털화는 원래의 값으로부터는 어느 정도 오차가 발생하더라도 저장하고 표현하고 소통의 편의성을 높인다. 수레 제조의 장인 윤편은 바퀴 중심의 홈을 어느 정도로 깎아야 하는지를 가르쳐 줄 수 없어서 제자가 스스로 깨우칠 때까지 기다려야 했다. 이것이 '불립문자', 즉 말로는 가르쳐 줄 수 없는 아날로그의 세계. 규격을 확정하고 이를 확인할 수만 있다면 명인이 아니라 그 누구라도 관계가 없다. 프랑스 혁명위원회가 미터m와 킬로그램kg 원기를 확립한 날부터 디지털 전환의 시대는 열렸다. 이후 부품 표준화와 생산 자동화가 뒤따른다. 바로 이러한 디지털화가 언어와 논리 지능을 갈고 닦아 온 한국 인재의 DNA와 부합되었다는 것은 이미 설명한 바 있다.

문해력 전통으로 선진 기술을 빨리 배우고 추격하던 한국은 왜 중진국 함정에 빠졌을까. 그것은 디지털화의 한계와도 관련이 있다. 산업은 표준화와 기계화로 많은 영역을 디지털화했지만 완전하지는 못했다. 바퀴 홈에 축을 끼우는 정도는 멋지게 성공했지만, 아직도 많은 영역들이 아날로그 영역에 머물러 있었다. 기계의 등장으로 숙련공들이 일자리를 잃었지만 기계를 만들고 수리하는 기계공들이 새로운 숙련공으로 등장했다. 초기 산업의 기계공들은 줄을 들고 다니며 부품을 갈아서 수리했는데 이들은 높은 임금을 받고 특정 회사에 매이지 않은 채 고급 프리랜서의 삶을 살았다.[2] 기계 부품이 표준화되면서 이들 역시 방직공, 방적공처럼 다시 미숙련공에게 대체되는 운명을 겪었지만 또 다른 부문에서 숙련공이 등장했다.

두 가지 영역이 두드러진다. 첫째는 여전히 중요한 디자인 영역이었다. 한때는 예술가적 영역에까지 이르렀던 방직공, 방적공이 기계에 대체되고, 방직기, 방적기를 관리하는 기계공 역시 부품 표준화로 대체되어도 옷의 디자인은 여전히 사람의 영역이었다. 패션 디자인이라는 영역은 아직도 디자이너의 감각과 명품이 주도권을 갖는 세계다. 여기에는 표준화도 기계화도 진입할 수 없다. 여전히 디자이너의 역량과 감각이 높은 가치를 누린다.

필자가 2000년경 한국의 한 조선회사 경영진과의 인터뷰에서 들은 이야기다. 한국의 조선업은 호황을 누리고 있었으나 동시에 중국의 추격에 어려움을 겪고 있었다. 일반적인 선박의 생산만으로는 중국의 원가 경쟁력에 밀릴 수밖에 없는 상황에서 한국은 부가가치가 높은 고기능 선박이나 해양 플랜트 등을 모색했다. 이때 일부에서 바다 위의 호텔, 고급 크루즈선을 제조하자는 아이디어가 제시되었다. 필자도 경영진에게 그 진출 가능성을 물었다. 그러나 대답은 간단했다. "절대로 안 된다." 여행객의 감성을 충족시킬 만한 온갖 고급 설비와 인테리어를 배에 장착시키는 노하우는 표준화될 수도, 구입할 수도 없다는 것이다. 당시 조선사의 경영진은 크루즈선 중앙 홀의 계단 난간 하나도 만들 수 없다고 단언했다.

또 하나의 영역이 과학기술 기반의 연구개발 영역이다. 1880년대 영국에서 화학공학 학위를 받은 산업 인력이 배출되면서 공학과 엔지니어가 등장했다. 과학이 발전하고 과학과 산업이 결합되면서 기술은 더 이상 오래전에 만들어진 숙련의 축적물이 아니었다. 기술은 과학 원리를 적용해 관련 소재들을 재구성하며 혁신적인 것, 새로운 것을 고안해 내는 것이다. 바로 모든 산업에서 가장 중요한 기능이 된 연구개발R&D이다. 연구를 통해 생산 현장에서 사용될 수 있는 기술, 설비 또는 신제품을 개발하는 것이다.

연구개발 프로세스는 과거 숙련공이 장기간의 훈련으로 기술을 체득하는 것과는 매우 다른 과정이지만, 표준화되거나 기계화될 수 없는 창의성의 세계였다. 실험 결과를 입력하면 바로 과학법칙이 튀어나오는 알고리즘이나 기계는 없다. 과학과 공학을 장기간 공부하고 실험을 수행하고 그 결과를 해석하는 훈련을 쌓지 않으면 해낼 수 없는 과업이다.

훈련의 과정을 거친다는 점은 같지만 이미 완성된 기술을 습득하려는 장인과 달리, 연구실의 엔지니어들은 새로운 것을 만들어 내는 것을 목적으로 한다.

디자인과 연구개발 기능에서 표준화, 기계화는 한계에 부딪혔고 이에 따라 한국을 비롯한 후발 산업국들은 추격 성장에서 한계에 직면한다. 성능이 우수한 배를 만들 수 있었지만 디자인이 중요한 크루즈선은 만들지 못했고 기성복은 만들 수 있지만 패션 트렌드는 주도하지 못했다. 선진 기업의 범용 기술을 배워서 비슷하게까지 만들 수는 있었지만 이를 바탕으로 혁신적인 신기술을 만들어 낼 연구개발 역량은 없었다. 그 결과 기존의 기술 한계 내에서 일반적인 품질을 지닌 제품까지는 만들 수 있었지만 브랜드 파워를 보유한 고부가 제품이나 기술 혁신에 의해 새로운 제품을 창출하는 것은 불가능했다.

만약 산업의 판도가 크게 변하지 않았다면 한국은 중진국 함정에 빠져 선진 기업과의 격차를 좁히지 못하고 중국, 동남아 등 후발국에 덜미를 잡히는 샌드위치 신세가 되었을 것이다. 그러나 이때 PC가 빠르게 확산되면서 디지털 전환이라는 또 한 번의 패러다임 전환기가 찾아온다. 패러다임의 이동은 신기술과 신 산업을 태동시키는데 여기서 새로운 기회의 창이 열린다. 기존 산업에서는 전통의 강호들이 버티고 있어 진입장벽이 높다. 하지만 새로 생긴 종목에서는 모두가 도전자다. 오히려 기존 종목에서 우위를 점하고 있는 선두 주자들은 새로운 종목이 요구하는 '신참자'의 겸손함이나 학습 의지가 약할 수도 있다. 바로 이런 기회가 한국 산업에 찾아왔다.

아날로그 방식이 디지털 방식으로 바뀌면서 산업의 승부처가 바뀌거나 아예 새로운 산업이 등장했다. PC 외에도 대표적인 예 중 하나가 자동차 엔진이 기화식 제어에서 전자 제어로 바뀐 것이다. 기화식 제어는 정확하고 세밀한 조작이 어려웠지만 전자 제어는 이 부분에서 상당한 발전을 보여주었다. 여기서 게임이 극적으로 변한다. 조작이 어려운 기화식 제어 엔진에서는 명품 자동차를 만들기 위해 많은 암묵적 노하우가 요구되었고 전통적인 자동차 강자들은 이 점에서 독보적인 경쟁력을 가지고 있었다. 그러나 전자 제어가 들어서면서 신구 회사들은 동일한 출발점에 서게 되었다.[3] 베테랑이나 신참이나 새로운 게임을 하게 된 것이다. (이 내용은 이 장 후반부 사례 연구에서 자세히 다룬다.)

새로운 싸움터에서 추격자는 기존의 강자를 따라잡을 새로운 경로, 즉 지름길을 찾아낸다. 이 지름길은 기존 산업에서는 존재하지 않았던 것이다. 신기술 때문에 새로운 경로를 만들어 낼 수 있는 가능성이 생겼다. 벤츠, 아우디, 도요타 등 전통의 강자들은 기화식 제어 시대에 형성된 다양한 암묵지를 보유하고 있었고, 따라서 새로운 경로에 관심을 두지 않았다. 이들이 전자식 제어를 도입한다고 해도 여전히 그들은 과거 패러다임에 익숙한 방식으로 생각하고 적응한다. 그러나 이러한 선입견이 없는 한국의 자동차회사들은 새로운 기술에 맞는 새로운 방식을 창안해 낸다. 그 결과 새로운 게임이 나오고 여기서 승리할 수 있었다.

서울대 이근 교수는 이를 '경로창출형 혁신'이라고 명명했다.[4] 그러나 문해력과 논리적 지능이 높기만 하면 누구나 이러한 기회를 포착할 수 있을까. 여기에는 모방에서 혁신으로의 도약이라는 쉽지 않은 과정이

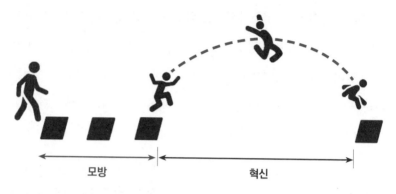

모방   혁신

〈그림 3-1〉 모방에서 혁신으로

필요하다. 선진 기술을 단순 모방하면서 이 모방을 통해 학습이 이뤄지고 학습이 축적되면 혁신이라는 도약이 이루어진다. 즉 모방이 반복되면서 새로운 것을 거부하는 관성이 생기는 것이 아니라, 모방과정 속에서 대상을 더욱 잘 알게 되면서 기존 방식을 과감하게 변형시키는 혁신에 나서게 된다는 것이다. 마치 멀리뛰기에서 도움닫기를 하다가 도약 지점에서 뛰듯이 모방은 혁신을 위한 도움닫기였던 셈이다.

　이것은 과학법칙이 아니다. "모방을 많이 하면 저절로 혁신하게 된다"는 것은 결코 사실이 아니다. 많은 경우 모방은 타성이나 집착을 낳고 혁신에 대한 거부 성향으로 이어진다. 실제로 한국과 일본의 산업에 대해 모방은 잘하지만 혁신은 하지 못한다는 부정적 이미지가 존재한다. 그러나 자동차산업은 물론 반도체, 디지털 통신, 디스플레이, 우주산업 등에서 한국은 단순 모방 단계에서 혁신으로 도약하는 모습을 보여주었다. 모방에서 혁신으로 가는 것은 '좁은 문'임이 틀림없다. "서당 개 삼년이면 풍월을 읊는다"는 속담대로 한국은 누적된 학습으로부터 질적

위대한 카피캣 대한민국

변화를 일으키는 역량이 있는 것 같다. 이것은 과연 문해력 존중의 전통에서 자연스럽게 형성된 것일까? 디지털 전환이 문해력에 유리한 환경을 만들어 준 것은 분명해 보인다. 그러나 과연 그것만으로 중진국 함정을 극복하고 글로벌 수준의 산업 경쟁력을 갖출 수 있었는가에 대해서는 의구심을 지울 수 없다. 이제부터 모방을 혁신으로 전환시킨 결정적 요인을 탐색해 본다.

하나를 가르치면 열을 깨친다 — 브리콜라주 역량

한국의 인재들은 선진 기업의 기술을 들여와 설치하고 운전하고 수리하면서 배웠다. 전통사회에서 장인들이 사용하던 기술은 현대 산업에서는 거의 쓰일 수 없었고 백지에서 다시 시작해야 했다. 다행스러운 것은 가까운 일본에서 기계를 들여올 수 있었다는 점이다. 전쟁이 끝난 직후 1953년 설탕 제조회사인 제일제당은 일본에서 들여온 제당 기계를 시운전했다. 하지만 원심분리기가 균형을 잃고 요동을 치며 어렵사리 만들어 낸 설탕은 시장에 내놓을 수 없는 수준이었다.

상세한 매뉴얼도 바로바로 물어볼 전문가도 없는 상황에서 조작방법을 재점검하고 기계를 해체했다가 재조립하는 과정을 반복하면서 해결책을 찾았다. 용접기술자가 원당 투입량을 조절해 보자는 엉뚱해 보이는 아이디어로 드디어 고순도의 설탕을 생산해 냈다. 시운전 이후 8일만이었다. 제일제당은 이날 11월 5일을 창립기념일로 지정했다.

외국으로부터 도입한 기계를 해체하고 조립하며 그 원리를 알아내어 마침내 의도한 결과를 만들어 내는 것은 이후 한국 산업에서는 자주 재현되는 장면이다. 과학적 원리를 깊이 이해하고 이를 응용하는 과학자의 접근이나 또는 특정 기술을 평생 연마하여 일반인은 감지할 수 없는 것을 감지하고 조절할 수 없는 것을 조절하는 능력을 키우는 장인적 접근과 모두 구별되는 방식이다. 꼭 필요한 원리만 간단하게, 어떤 의미에서 피상적으로 익히고 임의로 조작하고 재구성하면서 의도하는 효과를 거두고자 노력한다. 이런 시도에서 놀라운 변화가 일어난다.

브리콜라주Bricolage라는 말은 한정된 재료를 가지고 임기응변으로 무엇인가를 만들어 내는 기술이다. 저명한 프랑스의 인류학자 레비스트로스는 브리콜라주의 핵심을, 의도와는 어긋나는 의외성, 생각지도 못한 반전으로 보았다.[5] 대단치 않은 익숙한 것들을 남다르게 재구성하여 예상치 못한 효과를 끌어내는 것이 브리콜라주다. 사물을 깊이 연구하여 속성을 낱낱이 파악하고 이를 통해 충분히 계획된 성과를 끌어내는 것과는 결이 다르다. 브리콜라주는 "무에서 유를 창조하는 것"이 아니라 "잡동사니에서 보물을 발굴하는 재주"라고 할 수 있다. 이것은 마술도 아니고 눈속임도 아니다. 평범한 요소를 전혀 다른 맥락에 놓는 무모함 또는 과감함으로 우연히 맞아떨어진 파격적인 효과다. 이것은 한국 인재의 특성과 관계가 있을까. 문해력이나 논리·수리 지능이 특별히 연관되었다고 보기도 어렵다. 브리콜라주란 지능의 특성이 아니라 지능을 어떻게 쓰느냐의 문제다.

한국기업들이 초기 선진 기술을 배우고 익히는 과정에서는 낯설은 기계를 장착하고 가동하는 과정은 순조롭지 않았다. 간단한 개인용 가전제품조차도 매뉴얼을 잘못 읽어서 오작동하는 경우가 많은 것을 생각해 보면, 학습이 간단하지 않을 것임은 짐작할 수 있다. 기계를 제대로 작동시키는 과정에서 해체와 조립의 과정이 수없이 되풀이되었으며 여기서 임기응변과 파격적인 시도들이 일어났을 것이다. 또한 이 과정 중에 기계에 대한 학습도 이루어졌을 것이다. 이것을 역공학 RE: reverse engineering 이라고 한다. 제품의 상세 설계와 제작 의도를 이해하지 못한 채 오직 제품만을 보고 역으로 작동 원리를 이해하는 것은 수수께끼를 푸는 것과 비슷하다.

수수께끼를 푸는 것은 일반적인 문제해결과는 조금 다르다. 공식을 적용하거나 가능한 경우를 모두 대입해 보는 것과 달리, 수수께끼는 번뜩이는 생각의 도약이 있어야 한다. 스핑크스의 수수께끼, 즉 어려서는 네 다리, 커서는 두 다리, 늙어서는 세 다리로 걷는 동물을 알아맞히려면 팔과 지팡이가 다리 역할을 한다는 다리 개념의 확장이 필요하다. 다리를 생물학적 다리로만 보고 있는 한 결코 인간이라는 답에 근접하기 어렵다.

리버스 엔지니어링을 통해 근대적 산업을 배우던 한국기업들은 학습과정에서 무수한 수수께끼를 해결해 나가야 했다. 하지만 이 과정은 중세시대 도자기나 비단기술을 배우는 것과는 달랐다. 최종적인 답을 얻기까지 오로지 반복되는 숙련과 정밀한 감각의 체득을 기다려야만 했던 장인의 기술과 달리, 이것은 일종의 수수께끼였다. 그리고 이러한 과정 속에 어느 정도는 브리콜라주의 요소가 내재해 있다고 볼 수 있다.

브리콜라주의 본질은 학습이나 문제해결이 아니라 새로운 것을 발상해 내는 데 있다. 이제까지 기술적 능력으로는 불가능하던 것을 근본적 혁신에 의해 가능으로 바꾸는 것이 아니라, 지금까지도 모두 가능했던 것인데 조합과 재구성을 통해 엉뚱한 방향으로 도약하는 것이다. 이것은 가능성의 경계 자체를 밀어 올리는 것이 아니라 이미 가능했는데 보지 못하고 지나쳤던, 방치된 가능성을 발견하는 것이다. 기술 선진국, 또는 기술 종주국이라고 하는 나라의 능력을 갖지 못한 후발 추격 국가로서는 가장 유력한 영역이라고 할 수 있다.

이것은 곧 앞서 이근 교수가 언급한 '경로창출형 혁신'에서 한국기업들이 발휘한 역량이라고 볼 수 있다. 기존의 생각을 틀어서 방향을 바꾸고 이것이 달라진 맥락에서 강렬한 충격impact을 갖도록 만드는 것이다. 여기서 중요한 것은 기존에 유지되어 오던 익숙한 맥락의 힘, 오랫동안 지켜오던 규칙, 터부 등으로부터 자유로워야 한다는 것이다. 기존의 강자들, 기존의 대가들은 틀에 구애받기 쉽다. 오히려 신흥 추격자들이 자유로운 영혼을 소유한다.

경로창출이란 선진 기업들이 해 오던 방식, 검증되고 정교하게 발전된 방식을 떠나 자기들만의 엉뚱한 시도를 감행하는 것을 말한다. 이것은 기존의 방식을 완벽하게 이해하고 그보다 더 나은 방식으로 발전하는 것이라고 보기 어렵다. 삼성전자의 적층형 디램은 일본기업들의 디램에 비해 상당한 품질 저하를 감수하고 집적도를 높이기 위한 다소 무리한 시도였다고 보는 쪽이 더 정확하다. 어딘가 어설프고 정제되지 못한 시도였고 그 때문에 앞서가는 기업들은 시도하지 않을 일탈행동이었다.

그러나 이것이 새로운 산업 패러다임에서 해법으로 등장했다.

기존 요소들로부터 열심히 배우고 조작법을 익혔지만, 그 깊은 원리나 모든 세부사항에까지는 정통하지 않은 빠르고 효율적인 학습을 통해, 기존의 완벽한 기준에 얽매이지 않고 새로운 것을 시도할 수 있었던 것이다. 이것은 조선시대로부터 이어져 온 문해력이 역공학을 통한 기계 설비를 만나면서 생긴 수수께끼의 해결과정에서 강화되었다.

한문 경전을 백 번 읽어서 이해하는 과정과 낯선 외국 기계를 해체하고 조립하면서 작동법을 터득하는 과정은 거리가 멀어 보인다. 하지만 개념적이고 논리적이라는 점에서 근본적으로 다른 과정은 아니었다. 물론 사서삼경을 읽는 과정은 셰익스피어 원문을 읽고 이해하는 과정에 더 가까울 것이다. 그러나 한국의 인재들은 기업에서 기계와 생산 시스템을 다루면서 학교 졸업 이후 성인으로서의 지력을 이 문제에 쏟았다. 외국어로 된 매뉴얼을 읽을 수 있는 힘은 곧 새로운 문제를 통해 단련되었고, 이것은 체계적인 학문을 연마하는 것과는 조금 다른 과정이었다. 빠르게 성과를 내야 하고, 친절한 스승이 없는 상태에서 스스로 문제를 해결해야 했던 경험이 즉흥성과 과감성의 힘을 키워 주었다.

리버스 엔지니어링은 새로운 도전으로 이어진다. 낯선 기계의 수수께끼를 풀던 한국기업의 엔지니어들은 이제 정답이 없는 문제에도 도전한다. 중진국 함정의 극복은 이 단계가 있었기에 가능했다. 흔히 한국은 모방에 치중하고 창조의 단계로 넘어가지 못했다고 한다. 그러나 창조에도 여러 단계가 있다. 경제학자 김인수는 한국이 1960~70년대에는 단순모방 단계에 있었지만 80~90년대에는 '창조적 모방' 또는 혁신의 단계에 진입했다고 말한다.[6] 창조적 모방이라는 말은 그만큼 모방과 창조 사이에 다양한 단계가 있음을 가리킨다.

수수께끼에 감춰진 답을 맞추기 위해서는 문제와 결부된 프레임에서 벗어날 필요가 있다. 흥미롭고 입체적인 수수께끼일수록 기존 프레임과 멀리 떨어진 이질적 프레임으로 도약해야 한다. 이것은 이미 창의성의 영역으로 모방의 영역에서 벗어난 것이다. 수가 빤히 보이는 문제는 공식을 적용하면 그만으로, 프레임 전환은 요구되지 않는다. 많은 문제를 풀면서 사고의 전환을 경험하다 보면 차츰 창의적 사고가 습득된다. 그리고 어느 선에서는 이제 주어진 문제를 푸는 것이 아니라, 문제 자체를 변형하는 단계에 도달한다. 이것은 과거의 문제를 완전히 폐기하고 전혀 다른 문제를 내는 것은 아니다. 같은 원리를 조금 변형하여 다른 문제가 나온다.

우리는 지금까지 문제를 푸는 것과 출제하는 것은 매우 다른 역량이라고 여겼다. 그러나 김인수 교수의 말처럼 모방과 창조 사이에는 다양한 스펙트럼이 있다. 문제를 많이 풀면 새로운 문제를 출제할 수 있는 역량이 생긴다. 그 단계들은 거의 점진적이라고 해도 좋을 만큼 조밀하다.

메인프레임을 위한 반도체를 만들던 삼성전자는 PC라는 새로운 메모리 환경에 대응하기 위해 적층형이라는 새로운 개념을 만들었다. 품질을 높여 가던 경쟁에서 집적도를 높이는 소형화 경쟁으로 문제를 바꾸고, 바뀐 문제를 풀기 위해 기존에 학습한 반도체기술을 비튼 것이다. "품질을 최적화하라"는 문제를 "집적도를 최적화하라"는 문제로 바꾸면서 새로운 경로가 창출되었다.

　　　　　　　　　　　　　위대한 카피캣 대한민국

이와 같은 흐름은 대한민국 주요 산업에서 거의 예외 없이 발견된다. 조선업을 예로 들면 삼성중공업은 메가블록이라는 공법을 만들었다. 선진 조선기술을 철저하게 학습한 뒤, 혁신을 모색한 것이다. 기존에는 100여 개의 선체를 구성하는 블록을 만든 후, 이를 "물을 뺐다가 채워서 바로 바다에 진수시킬 수 있는 도크"라는 시설에서 조립했다. 까다로운 조건을 만족해야 했기 때문에 도크를 늘리기란 물리적·비용적으로 불가능했다. 도크란 선박 조립이라는 문제에서 파라미터, 즉 주어진 값이었다. 하지만 삼성중공업은 100여 개의 블록을 10 또는 그 이하로 줄이면서 새로운 도크를 만들기로 한다. 바다 위에 도크를 만들기로 한 것이다. 물 위의 도크는 파도로 인해 불안정해서 정밀한 작업, 특히 배선, 도장, 조립 등 모든 면에서 문제가 많았다. 그러나 메가블록 공법에서는 거대 블록을 몇 번만 조립하면 되고 미세한 공정은 모두 육상에서 블록을 만들면서 완료된다. 따라서 흔들리는 물 위에서도 작업이 가능하다.

플로팅 도크의 핵심은 바닥 구조물이었다. 이것은 물을 채웠다 뺐다 할 수 있는 여러 개의 튜브로 이루어졌는데, 조립 작업 중에는 물을 빼서 바다에 띄우고 작업이 끝나면 물을 채워 가라앉혀서 배를 진수시킨다. 원리는 간단했지만 여러 튜브에 물을 적정하게 주입하는 것이 중요한 관리 지점이었다. 특히 바다 위에서 안정적이고 수평적으로 바닥이 유지되려면 기상과 파도에 따라 그때마다 물의 양을 최적화시켜야 했다. 주어진 파라미터였던 도크가 이제 새로운 문제가 되었다.

선진 기업을 추종하던 한국기업은 브리콜라주의 방법론을 통해 선진 기업이 가지 않은 길을 시도할 용기와 역량을 발휘한다. 여기에는 행운이 뒤따랐다. 그러나 요행에 의존한 것은 아니었다. 눈 감고 돌을 던져 목표물에 맞기를 바란 것이 아니다. 기술 패러다임의 변화 속에서 기존 방식대로는 안 된다는 분명한 직관이 있었고, 불완전하고 의심스러워도 새로운 방식이 변화하는 기술과 시장에서 작동할 수 있다는 판단, 즉 노림수가 있었다. 이것은 글로벌 밸류체인 내에서 한국의 위상 변화와 함께 다음 이야기에서 설명하기로 한다.

글로벌 산업의 해결사가 되다 — 돌파형 혁신

한국기업이 모방에서 혁신으로 도약할 때, 그 변화과정 자체는 파격이나 단절보다는 연속적인 진화에 가까웠다. 주어진 문제를 해결하는 방식을 바꾸고 문제를 변형하는 것이다. 하지만 '새롭다'는 것은 항상 과거 전부를 버리고 원점에서 출발하는 것을 의미하지 않는다. 기존의 상황을 변형시키는 모든 활동이 혁신이다. 이러한 변형이 때로는 생각도 못한 신제품, 그리고 그것을 넘어 신 산업과 신세계를 창출하기도 한다. 삼성전자가 개발한 디램이나 낸드플래시는 선진 기업이 이미 제품화시킨 것을 개선한 것에 불과하지만, 이 개선 덕분에 PC와 모바일이라는 디지털 패러다임이 창조되었다.

기술 발전의 역사를 살펴보면 반전과 의외성, 즉 나비효과를 쉽게 찾아볼 수 있다. 근본적으로 새로운 아이디어가 그다지 커다란 효과를 가져오지 못하는 반면, 아주 작은 변형과 개선이 엄청난 효과를 일으키는 경우가 적지 않다. 혁신은 대부분의 경우 큰 아이디어에서 출발하지만 구현되는 과정에서 점점 더 현실적이고 구체적인 문제로 바뀐다. 이 문제들이 잘 해결되지 않으면 큰 아이디어도 좌초한다. 광범위하고 웅대한 아이디어도 후반부로 올수록 정교한 계산 문제로 바뀐다.

흔히 아이디어가 중요하고 실행은 부수적인 것으로 여기는 경향이 있다. 그러나 아이디어 창조의 아이콘으로 여겨지는 스티브 잡스는 혁신에 대해서 전혀 다른 생각을 가지고 있었다. 그는 생전에 한 인터뷰에서 다음과 같이 말한다.

제가 어린아이였을 때 이웃에 아내를 여읜 할아버지 한 분이 계셨는데요. 그분 연세가 … 80대였을거예요. 어느 날 그분이 제게 "보여줄 게 있으니 우리 차고에 와 봐라" 하시면서 먼지 덮인 낡은 돌텀블러를 꺼내시더군요. … 그리곤 "밖으로 나가자" 하셔서 나갔더니 돌멩이를 줍자는 겁니다. … 그리곤 그렇게 주은 돌멩이들을 깡통 안에다 넣었어요. … 그런 다음 뚜껑을 닫고 모터를 켜시더니 저 보러 다음 날 다시 오라고 하셨습니다. 깡통 안의 돌이 구르며 부딪히는 소리가 나고 있었죠. 다음 날 그분께 돌아가 같이 뚜껑을 열어 보니 안에는 놀라울 정도로 아름답고 매끄럽게 다듬어진 돌들이 들어 있었습니다. 그렇게 아름답고 매끄러운 돌들로 변할 수 있었던 거죠. 저는 늘 머릿속에 이 경험을 비유로 삼았어요. 자신들이 열정을 가지고 있는 일을 정말 열심히 하는 팀에 대해 말이예요. 그 팀, 즉 엄청나게 뛰어난 인재들로 이루어진 그룹의 구성원들이 서로 부딪히고 논쟁을 벌이고 가끔은 싸우기도 하고, 이렇게 시끌벅적하게 같이 일하는 과정에서 서로를 다듬고 아이디어도 다듬지요. 그렇게 정말 아름다운 돌들이 만들어지는 것입니다. 그래서 … 설명하기 쉽진 않지만 확실한 건 한 사람에 의해 나오는 결과물이 아니라는 것입니다.[7]

잡스는 한 사람의 아이디어는 대단치 않다고 말한다. 중요한 것은 아이디어가 구현되어 가는 과정이다. 설계도를 그리는 과정만 중요하고 실물로 그대로 재현하는 것은 저부가 작업이라는 생각은 결코 옳지 않다. 정말로 중요한 것은 아이디어가 현실에서 실제 작동하는 실체가 되는 것이다.

이것은 오늘날의 혁신 상황에서도 똑같이 적용된다. 우리는 간단하게 증기선이 범선을 대체했다고 배웠다. 자연풍을 이용한 범선이 증기선을 이길 수가 없지 않은가. 하지만 처음부터 그랬던 것은 아니다. 증기선의 초기 버전은 범선과 속도 대결을 벌일 처지가 되지 못했다. 무거운 증기기관 때문에 범선과는 전혀 다른 무게 분포로 선체는 크게 불안정했다. 초기의 증기선은 운하와 같이 안정적인 수면에서만 운행이 가능했다. 증기선이 완전히 범선을 대체한 것은 등장 이후 70여 년이 지나서였다.

현재 전기자동차와 가솔린차는 똑같은 과정을 보여준다. 양산형 전기차가 등장한 것은 1996년이었다. GM의 EV1이 출시된 이래 사반세기 이상이 지난 2024년 현재 전체 자동차 중 전기차의 비중은 여전히 20%를 넘지 못한다. 과연 70년 안에 전기차가 가솔린차를 완전 대체할 수 있을지 의심스러운 상황이다. 이처럼 새로운 아이디어가 현실을 지배하기란 쉬운 일이 아니다. 배터리의 안정, 충전의 효율성을 고려하면 아직도 갈

길이 멀다.

새로운 아이디어가 지배적인 현실과 싸우려면 압도적 성능을 입증해야 한다. 증기선과 전기차는 이를 위해 힘겹게 싸웠고, 싸우고 있다. 아이디어는 해답이 아니라 끝없이 이어지는 문제의 시작이었다. 잡스가 말한 아름다운 돌의 연마는 바로 연속된 문제해결과정의 은유다.

산업의 역사에서 아이디어의 창시자와 문제해결자는 일치하지 않는 경우가 더 일반적이었다. 축음기의 아이디어는 에디슨이 떠올렸지만 음반과 축음기의 상업화에 성공한 것은 다른 회사들이었다. 에디슨은 전구를 만들었지만 직류 방식을 고집하다가 이후 교류가 표준으로 채택되면서 전기산업의 창시자로서 만족해야 했다. 이것은 라이트 형제와 항공산업의 경우도 마찬가지다. 하나의 아이디어나 시제품이 하나의 산업으로 자리 잡기까지는 오랜 시간 동안 수많은 문제를 해결해야 하므로 한 사람의 생애로도 부족한 경우가 많으니 이는 당연한 일이다. 기술 변화의 속도가 엄청나게 빨라졌다고 하는 오늘날에도 마찬가지다. PC를 산업화한 스티브 잡스조차도 메모리반도체의 문제는 직접 해결할 수 없었다.

여기서 글로벌 밸류체인에 대한 새로운 해석이 가능하다. 대만의 컴퓨터회사 ACER의 창업자 Stan Shin은 스마일 커브라는 개념을 제시했다.[8] 연구개발 - 제조 - 마케팅과 서비스라는 밸류체인의 흐름에서 양 끝의 가치가 높고 가운데 제조는 가치가 낮다는 것이다.

과거에는 그렇지 않았다. 대량생산을 통해 규모의 경제를 달성하는 제조업은 연구개발이나 마케팅보다 높은 가치를 평가받았다. 그러나 브

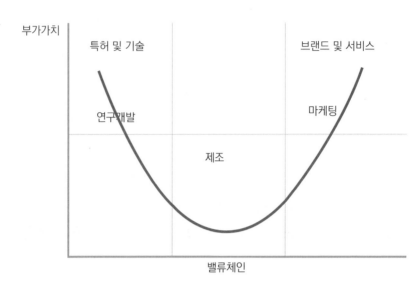

부가가치

특허 및 기술　　　　　　　　　　브랜드 및 서비스

연구개발　　　　　　　　　　　　마케팅

제조

밸류체인

〈그림 3-2〉 글로벌 밸류체인의 스마일커브

랜드 이미지, 품질 그리고 고객 선호에 따른 차별화가 중요해지면서 제품을 변화시킬 연구개발과 기술 혁신, 그리고 그 변화를 고객에게 알리는 마케팅의 가치가 상승한 것이다. 실행보다는 아이디어가 더 비싸진 셈이다. 그러나 이것은 밸류체인을 보는 하나의 관점이다. 조금 더 깊게 생각해 볼 필요가 있다.

　연구개발을 통한 제품 설계가 연극의 대본이라면 제조는 배우들의 연기라고 볼 수 있다. 과연 대본을 읽고 연기하는 배우들은 지시에 따르는 수동적 실행자에만 그치는 것일까. 표정, 말투, 동작을 비롯한 모든 연기는 또 하나의 창작이다. 제조업에서의 연구개발은 대본과 연기보다도 훨씬 더 긴밀하다. 실제 제조공정에서 원래의 설계는 변경되기도 한다.

　물론 그 때문에 아이디어와 실행이 같다고 말하는 것은 아니다. 중요한 장면에서 주요 배역의 연기는 대본 못지않은 창작이지만 엑스트라의 평범한 연기는 대본대로 충실하게 이행하면 충분하다. 그런 면에서 일상적 제품의 단순 제조는 연구개발에 비해 가치가 낮은 것은 분명하다. 중요한 것은 제조업이라고 해도, 마치 결정적 장면에서 이루어지는 주연 배우의 열연과 같은 가치를 창출하기도 한다는 것이다. 혁신적 아이디어가 현실로 구현되어 빛나는 순간이다. 이때 연구개발과 제조는 대등한 파트너로서 팀워크를 발휘한다. 아이디어를 창출하는 초기 단계에서 이를 현실화하는 후반 단계까지 혁신은 고도의 집중된 프로세스로서 어느 단계는 창조, 어느 단계는 모방이라는 식의 단순한 구분은 가능하지 않다. 잡스의 비유는 과정 전체를 강조하며, 최초 발상 단계를 과도하게 중시해서는 안 된다는 것을 말해 준다.

한국기업이 혁신의 불꽃을 되살린 것은 바로 이 혁신의 후반부, 즉 아이디어가 현실화되는 막바지 단계다. 한국기업은 공정 혁신이나 핵심부품의 개발 등 아이디어 현실화를 위한 해법을 창조했다. 여기서 말하는 해법이란 아이디어가 구현되는 막바지 단계에서 부딪힌 장애물의 극복이다. 이것은 최초의 혁신가가 던지는 큰 질문과는 다르다. "어떻게 컴퓨터를 개인용 장비로 만들 것인가?"라는 질문은 아니다. 하지만 이 질문은 이제 다음과 같이 구체화되었다. "어떻게 컴퓨터메모리를 가정에서 구입할 수 있을 정도로 싸게 그리고 가정에 설치할 수 있을 정도로 작게 만들 것인가?"

이러한 질문은 이제까지 모방학습을 해 오던 한국의 산업에게 완전히 이질적이고 감당하기 어려운 것은 아니었다. 오히려 학습의 연속선상에 있었다. 문제를 풀다가 해법에 익숙해진 후 더욱 새로운 해법을 고안하고, 이 해법으로 해결할 수 있는 더욱 심화된 문제에 도전하게 된 것이다.

글로벌 밸류체인상에서 제조영역으로부터 점차 연구개발과 마케팅 방향으로 격상되어야 한다는 것이(OEM → ODM → OBM) 통념이다. 하지만 이미 여러 번 언급한 것처럼 이것은 너무나 단순화된 논리다. 제조는 단순히 저부가의 단순한 실행과정이 아니다. 한국은 중진국에 도달한 후 무리한 밸류체인상의 격상을 꾀하지 않았다. 오히려 제조의 영역에 머물면서 효율의 획기적 향상을 위한 양적 혁신을 추구했다. 이것은 점진적 혁신을 추구한 것이 아니다. 이것은 패러다임의 전환과 연결되어 있다. 두 개의 패러다임, 즉 범선과 증기선, 수차와 증기기관, 그리고 메인프레임 컴퓨터와 개인용 컴퓨터 같은 두 진영이 경쟁하고 있을 때 새로운 패러다임이 결정적으로 승리할 수 있는 마지막 승부처가 나타난다. 여기가 바로 한국기업이 선호하는 싸움터다.

문제는 선진 기업들 역시 아이디어만이 아니라 후반 단계에서의 강점을 보유하고 있다는 것이다. 선진 기업은 당연하게도 몽상가가 아니며 막강한 실행력을 갖고 있다. 다만 까다롭지 않은 부분은 해외로 하청을 준다. 이렇게 선뜻 내어 준 하청 작업만 지속해서는 후발국의 도약은 불가능하다. 마치 프로스포츠의 유망주 신인이 전통의 강호 팀에 입단하면 벤치만 지키는 처지와 비슷하다. 덜 알려진, 그러나 잠재력이 있는 팀에서 출전 기회를 쌓고 존재감을 키우는 것이 더 유리할 수 있다. 한국기업이 택한 전략이 바로 이것이었다. 지배적인 기술이나 산업이 아니라 떠오르는 새로운 생태계를 택한 것이다.

혁신의 유형을 흔히 근본적 혁신과 점진적 혁신으로 나눈다. 백지부터 시작하는 혁신과 틀이 갖춰진 상황에서 세부적인 문제를 푸는 혁신이다. 이것이 혁신의 방법에 관한 분류이고, 여기에 다른 기준을 추가한다. 바로 혁신의 영역이다. 기존 패러다임이 지배하는 생태계와 새로운 패러다임을 시도하는 신생 생태계의 구분이다. 기업의 혁신전략은 근본적 혁신과 점진적 혁신 간의 선택, 그리고 이를 기존 산업에서 할 것인가 신산업에서 할 것인가의 선택으로 이뤄진다. 각각의 특성을 살펴보자.

① 기존 산업에서 근본적 혁신

가장 고전적이고 확실한 혁신이다. 누구나 문제를 알고 있지만 아직 답이 발견되지 않은 문제에 도전한다. 바람에 전적으로 의존하는 범선을 증기선으로 바꾸는 것, 물의 낙차를 이용하기 위해 산으로 올라간 공장을 시장 옆으로 끌어내리기 위해 수차를 증기기관으로 바꾸는 것, 클뿐더러 다루기 힘든 진공관을 반도체를 사용한 트랜지스터로 바꾸는 것 등이 그 예다. 현재 진행 중인 것으로는 전기의 저항을 극단적으로 줄인 상온 초전도체가 있다. 이것이 성공한다면 수만 시간 쓸 수 있는 스마트폰, 그리고 망망대해에 세워진 발전소에서 무손실 전력 공급이 가능해진다. 잘 알려진 문제인 만큼 해결도 어렵다. 수학의 난문難問처럼 천재 수학자들이 달려들어도 쉽지 않다. 기초과학의 비약적 발전이 필요하며 요행수가 안 통한다. 장기간의 투자와 노력 그리고 때로는 행운도 필요하다.

② 기존 산업에서 점진적 혁신

이것은 문제가 명확하고 해결도 비교적 쉬운 편이다. 엄청난 과학적 역량은 필요 없으며 현장의 제조 역량, 축적된 숙련도가 중요하다. 누구나 할 수 있기 때문에 속도와 효율이 중요하다. 한국 산업이 모방 단계에 있을 때 강점을 보인 혁신 유형이다.

③ 신 산업에서 근본적 혁신

하버드 대학의 크리스텐슨 교수가 제시한 와해형 혁신에 해당한다. 구글의 무료 검색을 통한 광고사업, 우버와 에어비앤비의 공유탑승·공유숙박사업, 아이폰의 앱마켓 등은 모두 신시장을 창조한 기발한 아이디어의 결과다. 이것은 과학자가 실험실에서 어려운 문제를 푸는 것과는 다르다. 오히려 콜럼버스의 달걀과 비슷하다. 익숙한 프레임을 벗어나 허를 찌르는 접근이다. 와해형 혁신가들은 주어진 문제를 열심히 풀기보다는 좀 더 재미있는 문제가 없을까 고민한다. 틀을 벗어나는 사고, 현재 익숙한 것들을 머릿속에서 지우고 백지에서 그림을 그리는 능력, 바로 한국기업에 부족하다고 지적되는 것들이다.

④ 신 산업에서 점진적 혁신

이것은 명확한 문제를 해결하는 비교적 평이한 혁신이다. 평이하다는 의미는 과학기술의 패러다임을 바꿀 엄청난 연구를 요구하지는 않는다는 것이다. 하지만 맥락이 완전히 바뀐다. 전체 맥락은 근본적 혁신이지만 실제 실행과 접근 방법은 점진적 혁신의 모습을 갖춘 혼합 유형이다.

위대한 카피캣 대한민국

혁신 전문가 그레그 사텔은 혁신의 유형 분류를 다음과 같이 개념화했다. 문제가 잘 정의되는가? 모호한가? (평이한 질문 대 킬러문항) 그리고 문제를 둘러싼 맥락 또는 영역이 잘 정의되는가? 모호한가? (기존 산업 대 신 산업) 사분면으로 표시하면 다음과 같다.

	잘 정의된 맥락/영역	모호한 맥락/영역
잘 정의된 문제	지속형 혁신	돌파형 혁신
모호한 문제	근본적 혁신	와해형 혁신

돌파란 말은 한계를 극복한다는 것으로 많은 곳에서 '근본적'의 의미로 쓰인다. 여기서는 아이디어가 현실에서 구현되는 마지막 단계의 완수를 의미한다. 꿈이 현실과 만나는 지점이다. 더 이상 공상이나 판타지가 아니고 손에 잡히는 현실이다. 다루는 문제는 구체적이고 해결책도 빠르게 검증된다. 어디에 쓰일지도 알 수 없는 막연하고 황당한 지적 유희가 아니다.

그럼에도 불구하고 이것은 점진적 개선에 집착하는 현실안주의 방어적 혁신은 결코 아니다. 비록 구체적이고 즉각적인 문제에 매달리고 있지만 이것은 큰 꿈을 이루려는 흐름의 한 부분이다. 마지막 난관이 극복되는 클라이맥스이기도 하다. 점진적 혁신이면서 리스크도 크다. 지배적 패러다임에 대항한 새로운 패러다임의 승리를 장담할 수 없는 것이다. PC, CDMA, 모바일, 전자식 제어 엔진은 모두 등장했을 당시 그렇게 유망한 후보자들이 아니었다. 리스크가 큰 만큼 기대 효과도 컸다. 후발자인 한국기업이 선진 기업을 추격하는 데 성공한 것은 돌파형 혁신 덕분이라고 해도 과언이 아니다.

문해력과 논리·수리 지능을 갖춘 한국의 인재는 선진 기업을 모방하면서 단순 모방이 아니라 기술 요소들의 부분적 변형과 재구성을 시도할 만한 경지에 올랐다. 여기에 새로운 목표가 주어졌다. 새롭게 등장하는 기술 패러다임에 참여하여 문제해결사로서 패러다임을 주도하는 선진 기업과 파트너가 되는 것이다.

한국은 문제는 잘 해결하지만 문제를 만들지는 못한다고 한다. 미국에 유학한 한국 학생들이 논문 자격 시험은 쉽게 통과하면서 논문 주제는 쉽게 정하지 못한다는 풍문도 들린다. 한국의 산업 리더는 이러한 인재의 특징을 받아들였다. 그래서 가치사슬상의 후반부, 하지만 새로운 기술 패러다임에 기반한 신생 밸류체인에 참여한 것이다. 이것은 위험 회피도 현실안주도 아니었다. 패러다임 전환이라는 거대한 프로젝트에 참여한 과감한 도전이었다. 한국은 주어진 문제를 잘 푸는 능력이 있다. 그러나 능력을 발휘하려면 문제가 필요하다. 특히 이미 알려진 문제보다는 새로운 문제가 좋다. 익숙한 문제는 해법이 이미 나와 있고 경쟁우위를 확보하기 어렵다. 그러나 새로운 문제는 더 좋은 해법을 찾아낼 여지가 넓다. 기회의 창이 열리는 것이다.

어디서 참신한 출제자를 찾을까. 그것이 바로 빌 게이츠, 스티브 잡스, 비탈릭 부테린, 새뮤얼 올트먼과 같은 혁신가들이다. 여기서 이런 해석이 가능하다. 한국기업은 문제해결에 집중하기 위해 출제를 아웃소싱했다. 비유적이지만 의미가 있다. 아이디어를 발상한 혁신가가 문제해결자를 아웃소싱했다는 것이 보통의 해석이지만 거꾸로의 해석도 가능하다. 근본적 혁신과 이의 실행 간에는 대칭성이 존재한다. 창조적 해결사로 자리 잡은 한국기업은 선도기업에 휘둘리는 하청기업이 아니었다. PC와 메모리, CDMA와 디지털 통신기기, 스마트폰과 낸드플래시는 혁신과 혁신을 완성시킨 핵심 부품의 커플들이다. 둘은 어느 한쪽이 더 중요하다고 할 수 없을 정도로 서로에게 중요하다. 그래서 해결자가 출제자를 아웃소싱했다고도 표현할 수 있다.

애플은 아이폰을 추격하는 삼성전자의 갤럭시에 괴롭힘을 당했고 잡스는 공개 석상에서 삼성전자를 "카피캣"이라고 지칭하기도 했다. 치열하게 경쟁을 벌이는 삼성전자는 동시에 애플의 핵심 공급업체이기도 하다. 모바일반도체, 특히 메모리 공급의 가장 큰 부분을 담당해 왔다. 만약 메모리가 대체가능한 평범한 부품이었다면 완제품시장에서 경쟁하는 회사와 공급계약을 지속했을 리 없다. 하지만 탁월한 성능의 모바일 메모리에 대해서는 삼성전자 외에 다른 공급자를 찾기 어려웠다.

한국기업은 패러다임 혁신의 첫 단추는 아니었을지 모르나 마지막 단추였고, 새롭고 기발한 문제의 출제자는 아니었어도 그런 문제를 푸는 새롭고 기발한 해법의 창안자였다. 이것은 결코 과소평가할 수 없는 역량이다. 바로 이 역량으로 한국은 중진국 함정을 탈출한다.

절대빈곤이라는 최악의 상황에서는 탈출을 위해 전력을 기울일 수밖에 없다. 그러나 중진국 궤도에 올라서면 여유도 생기고 꾀도 나기 마련이다. 더구나 새로운 기술 패러다임에 올인하는 것은, 이제 제법 잃을 것이 생긴 한국경제로서는 쉽지 않은 선택이었다. 막다른 골목을 벗어난 한국의 인재들을 다시 한번 불타오르게 하는 것은 쉬운 일이 아니었다. 중진국 단계에 들어선 한국의 인재경영의 비결을 이어서 확인해 보자.

2등은 아무도 기억하지 않는다

삼성의 광고 문구에 "2등을 한 자는 아무도 기억하지 않는다"라는 것이 있었다. 글로벌 초일류 기업을 지향하던 삼성에게 어울리는 말이었다고 생각할 수도 있지만, 사회적 반응은 호의적이지만은 않았다. 당시 일부 코미디 프로에서 등장한 표현을 빌어 "1등만 기억하는 더러운 세상"이라는 유행어가 퍼지기도 했다.

한국의 대표 기업이 세상에 전달하는 메시지로서 사려 깊은 것은 아니었다. 이것은 회사 바깥이 아니라 내부에서 공유할 내용이었다. 똑같은 말이라도 누구에게 얘기하는가에 따라 의미와 반응은 전혀 달라진다. 회사의 종업원에 대한 메시지로써 1위를 독려하는 것은 삼성의 추격전략, 더 정확하게는 돌파형 혁신과 깊은 연관이 있었다.

직원들에게 1등을 강요하는 것이 뭐 그리 심오한 뜻이 있을까. 그 맥락을 이해하기 위해 조직심리학에서 다루는 프레임 효과의 개념을 살펴보자. 5:5의 확률로 이기면 100만 원을 얻고 지면 100만 원을 잃는 게임이 있다. 내가 지금 100만 원을 가지고 있다면 이 게임을 할까? 확실하게 100만 원을 지키는 것과, 반반 확률로 200만 원이 되거나 무일푼이 되는 도박 중 무엇을 결정할 것인가이다. 이런 도박은 제법 위험해 보인다. 이번에는 내가 이미 100만 원을 빚지고 있다고 해 보자. 도박에서 지면 빚이 200만 원으로 늘어나지만 이기면 빚을 모두 갚을 수 있다. 100만 원이나 200만 원이나 빚진 것은 마찬가지라고 생각하면 도박의 매력이 확실히 커진다. 이것이 프레이밍 효과다.

이건희 회장이 취임한 1987년은 한국이 중진국 함정에 진입할 무렵이었다. 대규모 노사분규가 87년 '노동자 대투쟁'이란 이름으로 시작되었고 몇 년 후인 1994년 동아시아 경제성장의 엔진이 식어 간다는 진단이 나왔다. 그 1년 전인 93년 이 회장은 임직원에게 오늘날 프랑크푸르트 선언이라고 불리는 강경한 메시지를 통해 변화의 시작을 알린다. 갑작스럽게 계열사 사장들을 프랑크푸르트로 부른 이 회장은 삼성그룹 대부분의 회사들이 진행성 암에 걸렸다고 진단하고 중병에 걸린 환자가 병을 자각하지 못한다고 질타했다. 이때 이건희 회장이 강조한 키워드가 바로 '위기의식'이었다.

위기를 감지하는 것이 과연 좋은 일일까. 희망적이고 낙관적인 태도가 두려움이나 근심걱정보다 낫지 않을까. 위기의식을 조장하는 것이 과연 위험감수에 도움이 될 지는 의심스럽다. 오히려 겁을 주어 더욱 몸이 굳게 만들지 않을까. 위험회피를 넘어 무기력 또는 패닉에 빠지는 것은 아닐까.

반면 다른 해석도 가능하다. 프레임이론에 따르면 없는 것이 오히려 덤벼 보자는 마인드를 가져온다. "없는 게 메리트"인 것이다. 이것은 "부자 몸조심"과는 반대되는 심리상태다. -100만 원이나 -200만 원이나 어차피 빚진 것이라고 생각하면 한 번에 만회를 노리게 된다. 현재의 시점을 어떻게 바라보느냐가 중요하다. 그 태도를 결정짓는 것은 무엇인가. 여기서 한국기업의 경영자들이 중요한 역할을 한다.

조직이론의 대가 사이어트와 마치는 다음과 같은 주장을 한다. 기업은 하나의 유기체로서 환경 변화에 반응한다. 기업은 어떻게 환경 변화를 감지하고 이를 해석해서 실행에 옮기는 것일까. 기업 조직에 안테나 같은 것이 달려서 환경 변화가 즉각적으로 감지되는 것은 아니다. 그 메커니즘은 바로 성과 피드백 시스템이다. 어떤 종류의 성과를 어떻게 평가해서 어떻게 보상하는가에 따라 조직의 움직임이 달라진다. 성과 보상 규칙이 환경 변화를 조직의 반응으로 전환한다는 것이다.[9]

이 점을 명확히 꿰뚫은 경영자가 이건희 회장이었다. 위기의식은 물론 두려움을 일으키지만 이것은 이 회장의 의도와 거리가 멀었다. 다른 한편에서 이 회장은 "뛸 사람은 뛰고 걸을 사람은 걸으라"는 다독이는 메시지를 던지고 있었다. 그가 요구한 위기의식은 조직원 전원에 대한 것이 아니었고 뒤처지는 자들을 제거하겠다는 의도도 없었다. 그런 점에서 모든 업종에서 1, 2등을 달성 못한 사업을 제거하고, 하위 10% 인력을 정기적으로 솎아 내는 GE 잭 웰치의 경영과는 전혀 달랐다.

삼성의 메시지는 저성과자가 아니라 고성과자를 향한 것이었다. 이건희 회장은 늘 "천재 1명이 100만 명을 먹여 살린다"고 말했다. 그는 회사의 우수 인재들이 이런 역할을 하길 바랐다. 위기의식은 이들을 타깃으로 한 것이었다. 이들은 글로벌 수준의 고성과를 올릴 수 있음에도 불구하고 국내 1위의 성과에 안주했던 것이다. 이들이 현 상태에 만족하고 "부자 몸조심"하는 한 회사의 도약은 바랄 수 없다. 이들이 현 상태를 부

위대한 카피캣 대한민국

정적으로 바라보도록 프레임을 바꾸려는 것이 위기의식 조장의 노림수다. 위기의식의 강조는 절대권력자의 공포정치가 아니다. 오히려 고성과 직원들의 자존심을 건드려 자극하는 것이다. "지금 잘난 척하고 있지만 실은 너의 성과는 별것 아니다, 네가 가진 역량에 비해서는 보잘것없으며 그나마 시간이 갈수록 와해되고 말 것이다…" 이렇게 깎아내리는 것이다. 그렇게 해서 이들을 분발시킨다.

"2등은 아무도 기억하지 않는다"라는 것은 삼성의 성과 철학이다. 국내 1위는 글로벌 1위가 아닌 한 의미가 없었다. 2등은 3등과 차이가 없다. 앞의 예에서 -100만 원이 -200만 원과 차이가 없는 것과 같다. 삼성은 상당 기간 선진 기업의 추격자였다. 선진 기업과의 격차를 줄이는 것이 그동안의 목표였다. 격차가 좁혀지면 성공이었다. 이건희 회장은 이런 프레임을 바꾸려고 했다. 격차의 감소는 무의미하다. 그것에 일희일비하는 것은 안일한 자세다. 이건희 회장은 '글로벌 초일류'라는 다소 생경한 조어를 직접 만들고 기회가 있을 때마다 강조했다.

회사의 성과-보상 원칙이 바뀌면서 가장 앞장서 뛰던 고성과 인재들은 고민에 빠졌다. 현 상태에서 열심히 하는 것만으로는 글로벌 1위 기업을 따라잡을 방법이 없었다. 유일한 방법은 지름길, 즉 새로운 경로를 찾는 것이었다. 이를 위해서는 신생 패러다임과 이를 둘러싼 불확실성 속으로 뛰어들어야 했다. 현재의 지배적 패러다임에 머무는 것에 비해 성공을 보장할 수 없는 도전이었다. 물론 이러한 일이 가능했던 것은 여러 가지 조건이 충족되었기 때문이다. 무엇보다도 개념설계가 아니라 후반 실행 단계의 혁신에 집중한 것이 주효했다. 이것은 기존의 선진 기

술을 학습하던 과정에서 한 걸음 더 나아가는 것이었지만 "한 걸음"만
이었다. 새로운 것에 도전하되 그 변화의 폭을 가능한 한 좁게 잡은 것이
다.

하나의 아이디어가 구상되어 시장을 지배하기까지는 오랜 시간이 걸
린다. 그러나 한국기업은 아이디어가 현실화되는 단계에 뛰어들었기 때
문에 비교적 짧은 기간에 가시적 성과를 거둘 수 있었다. 삼성전자의 디
램은 첫걸음을 내디딘 1983년 이후 10년도 되지 않아 일본을 추월하고
양산에 성공하면서 막대한 이익을 올렸다. 앞날을 기약하기 어려운 혁
신의 세계에서 짧은 기간에 성과를 올린다는 것은 성과에 비례하는 보상
의 효과를 극대화했다. 근본적 아이디어로부터 시작하는 근본적 혁신의
경우 단기간의 성과에 보상하는 방식은 오히려 해가 될 수 있다. 밸류체
인의 후반부에 입지함으로써 한국기업은 기존 역량을 최대한 활용할 수
있었다.

성과주의는 과감한 혁신보다는 성공이 보장된 안전한 혁신, 즉 위험
회피 성향을 조장할 수 있다는 평가를 받아 왔다. 삼성이 성과주의를 통
해 파격적인 혁신을 달성할 수 있었던 것은 어떤 이유에서였을까. 바로
최고경영자가 제시한 높은 목표, 즉 열망의 잣대이다. 높은 기준을 설정
함으로써 위험에 맞설 수 있는 배짱이 생겨났다. 이건희 회장의 위기의
식이란 겁주기가 아니었다. 그보다는 오히려 지금 달성한 것 정도에 만
족해서는 안 된다, 이보다 훨씬 더 높은 성취를 달성해야 한다는 자극과
격려였다.

최고경영자가 현 상태를 불만족스러운 것으로 규정하고 '초일류'를

위대한 카피캣 대한민국

목표로 제시함으로써 기존의 성과는 평범한 것이 되고 말았다. 기존 패러다임 내에서 일상적인 제조 하청을 영위하는 것은 현상 유지에 불과했으며 영원히 지속될 수도 없는 것이었다. 근본적 혁신에 대한 경험도 역량도 부족한 상황에서 한국기업에 주어진 대안은 기존 패러다임에 도전하는 새로운 패러다임의 파트너로 참여하는 것이었다. 기존 챔피언이 아닌 도전자에게 가담하는 이러한 선택이 위험한 것은 두말할 것도 없다. 이러한 모험을 가능하게 한 것이 바로 리더가 제시한 높은 수준의 열망, 즉 초일류 지향이었다. 초일류가 되지 못한다면 2등이냐 3등이냐는 큰 의미가 없다. 현실에 안주하는 것은 조직 내에서 그 자체로 열등한 것으로 간주되었다.

이것을 "도전적 성과주의"라고 말할 수 있다. 단기적이고 가시적인 성과주의가 안전한 실리주의 행동을 야기하는 것과 달리, 새로운 도전을 촉진하게 된 것은 성과주의 틀에 높은 수준의 열망과 목표가 주어졌기 때문이다. 현실에 안주하려는 조직에 위기의식을 불어넣으며 더욱 높은 곳을 바라보도록 만든 것은 한국적 리더십의 성취였다.

내 자식이 최고 — 한국인의 긍정적 환상

흔히 아시아인은 집단주의, 서양인은 개인주의라고 한다. 인간관계만이 아니라 사물을 보는 방법, 세계를 해석하는 방법이 근본적으로 다르다. 대표적인 사례가 원숭이, 판다, 바나나의 세 가지 대상을 둘로 분류

하라고 하면 서양인은 동물과 식물이라는 기준으로 (원숭이, 판다), (바나나)로 나누는 반면 아시아인들은 원숭이는 바나나를 먹지만 판다는 먹지 않는다는 이유로 (원숭이, 바나나), (판다)로 나눈다고 한다. 대상을 하나하나 떨어뜨려서 먼저 파악하는 것과, 대상들이 서로 엮여 있는 관계를 먼저 본다는 차이가 흥미롭다. 이러한 큰 분류 때문에 서양인 사이에, 마찬가지로 동양인 사이에 존재하는 세부적 차이는 간과되기 일쑤다. 한국과 일본은 언어와 외모의 유사성 그리고 지리적 근접성으로 인해 가까운 존재다. 따라서 사회 문화와 개인 성격 등에 비슷한 면도 있다. 특히 서구의 개인주의와는 확연히 차이나는 관계주의, 집단주의 문화는 두드러진 공통점 중 하나다.

그러나 같은 집단주의 문화라도 확실히 드러나는 큰 차이점이 있다. 심리학에서는 이를 주체성과 대상성이라는 이분법으로 나눈다. 재한 일본인 심리학자 이누미야 요시유키는 이를 자신의 책 제목 《주연들의 나라 한국, 조연들의 나라 일본》이라고 표현했다. 간단하게 요약하면 한국인은 스스로를 주인공이라고 생각하고 일본인은 주인공보다는 조연쯤, 심지어는 그다지 중요하지 않은 엑스트라로 생각한다는 것이다. 주인공 의식은 개인주의와 다르다. 주인공은 조연과 엑스트라를 필요로 하며, 한국도 세계적으로는 엄연히 집단주의 문화에 속한다. 다만 자기 자신을 관계의 중심에 둔다는 점에서 일본과 다르다.

이러한 차이점은 긍정적 환상에 대한 흥미로운 실험 결과로부터 밝혀졌다. 긍정적 환상이란 나쁜 일이 자신에게 일어나지 않거나 또는 좋은 일이 일어날 거라고 생각하는 성향이다. 실제 좋은 일이 일어날 확률보다 더 높은 확률로, 나쁜 일이 일어날 확률보다 더 낮은 확률로 가능성을 평가한다면 긍정적 환상을 갖는 셈이다. 한국과 일본에 대한 다양한 비교 연구에서 거의 예외 없이 한국인이 훨씬 더 강한 긍정적 환상을 보였다.

영화나 드라마에서 주인공은 죽지 않는다. 스스로를 주인공이라고 생각하고 세상의 중심에 두는 태도는 세상을 낙관하게 만드는 경향이 있다. 주인공은 시시한 존재일 리 없으며 금방 사라질 리도 없다. 여기서 막연한 낙관론이 생겨난다. 주인공의식, 이를 바탕으로 남에게 영향을 주려 하고, 모험을 벌이면서도 잘될 거라고 믿는 태도는 여러 가지 문제를 내포한다. 자신만을 제일이라고 여기고 자기중심적으로 생각하며 상황을 객관적으로 파악하지 못하고 잘못된 판단을 내린다.

그러나 이런 문제점에도 불구하고 주인공의식은 집단주의와 위험 회피 성향을 가진 문화에서 긍정적으로 작용할 수 있다. 독이 되는 물질이 환자의 체질이나 병의 특징에 따라 때로는 약이 되는 것과 마찬가지다. 일본과 마찬가지로 한국의 집단 사고 역시 진취적이거나 파격적인 행보보다는 상호견제와 위험회피적 방향으로 쏠리는 일이 더 일반적이었다. 속담에서도 "모난 돌이 정 맞는다", "가만히 있으면 중간이라도 간다"와 같은 소극적, 안전지향적 태도가 드러난다. 이런 태도는 구한말 서구화, 근대화 움직임에 대해 완고한 쇄국 정책이나 기존 가치에 대한 집착 등으로 표출되기도 했다.

그렇지만 자신이 주인공이라는 의식, 자신을 중심으로 해서만 세상을 볼 수 있는 이런 의식이 위험을 감수하고, 불가능해 보이는 과업에 도전하는 의지와 집념의 원천이 될 수 있다. 집단적 사고가 개인의 자유분방한 시도를 억제하는 사회에서 새로운 산업을 일으키고 해외시장에 수출선을 개척하는 일은 어울려 보이지 않는다. 어떻게 이런 일이 가능했을까. 환경적인 요인과 함께 한국인들의 주인공의식이 이런 일을 가능하게 만들었다.

한국인의 문화적 특징인 집단주의, 위험회피 성향 그리고 수직적 상하질서는 하나하나 혁신과 변혁을 저해할 수 있는 요소들이다. 하지만 산업화 국면에 접어든 한국은 이러한 장애물을 극복할 수 있는 여건과 자세를 갖추고 있었다. 조선의 멸망과 일제강점기는 전통적 권위를 완전히 실추시켰으며 고착된 지배구조도 없애 버렸다. 더구나 서구의 산업기술에 문외한인 기성세대는 아무런 발언권도 가질 수 없었다. 이 상황에서 스스로를 주체라고 생각하는 새로운 세대가 "하면 될 것"이라는 근거 없는 낙관론으로 혁신을 저지를 수 있었다. 대부분의 산업 혁신이 철저한 검토와 확인보다는 일단 투자를 단행하고 닥치는 문제를 해결하는 방식으로 이뤄졌다. 철저한 사전조사나 타당성 분석과 같은 절차는 없었다고 해도 무방하다.

삼성의 창업주 故 이병철 회장은 "돌다리를 두들겨 본 뒤 다른 사람이 건너는 것을 보고 건넌다"라고 할 만큼 신중한 행보를 강조한 것으로 알려졌다. 그러나 그는 모든 사람들이 무모하다고 평가한 반도체산업에 전격 진출했다. 한국인들은 "하면 된다"라는 불굴의 의지, 무모해 보이는 도전 정신을 가지고 있다는 이미지가 있다. 그러나 이것은 권위를 존중하고 위험을 회피한다는 또 다른 이미지와는 크게 상충한다. 이것을 설명하는 요인은 권위를 지닌 원로세대의 부재로 당시 산업을 주도하던 세대에게 자율성이 주어졌다는 점, 그리고 이 세대의 주역들이 기존의 권위나 터부의 방해 없이 자신의 길을 개척해 갈 수 있었다는 것이다. 여기서 "내가 주인공"이라는 의식은 매우 중요하다. "하면 된다"는 자신감

위대한 카피캣 대한민국

은 바로 이러한 주체성에서 나온다.

한국인의 이러한 주체성은 어디에서 온 것일까. 사실상 내가 주인공이라는 의식은 노력에 의해 달성된 것이거나 또는 경험과 연륜을 통해 성숙된 자세라고 보기는 어렵다. 오히려 "천상천하 유아독존"이라는 유아적 욕망 원리에 뿌리를 내린 본능적이고 노골적인 태도에 가깝다. 아기는 태어났을 때 오직 자신의 욕망만을 아는 단계에서 차츰 현실의 제약을 이해하면서 성숙해 간다. 그런 면에서 주인공의식은 일종의 발달장애처럼 보이기도 한다. 한국인의 주인공의식은 한국 문화의 뿌리를 이루는 긍정적 정서, 즉 흥이나 신바람에서 발원한다는 해석이 있다. 인하대 김의철 교수는 한국 민속종교의 정서가 자기 조절을 강조하는 일본의 불교, 신도神道와, 논리와 위계질서를 강조한 중국의 유교와는 근본적으로 결이 다르다고 한다.[10] 특히 흥미로운 것은 한국의 주인공의식은 개인주의가 아닌 집단주의에 뿌리를 내리고 있다는 것이다. 즉 독립적인 개인으로서 주인공이 아니라 집단 속에서 많은 조연들과 함께하는 주인공인 것이다. 흥과 신바람은 집단적 교감과 상호작용에 얽힌 현상이다.

관계 속에서 발생한 주인공의식은 자립적이고 개인적인 영웅주의와는 결이 다르다. 이것은 집단이 인정하는 주체성으로써, 단순히 객관적인 역량이나 리더십의 우월성이 아니다. 이들은 집단에 의해 대표되며 구성원들이 존경하고 따를 뿐만 아니라 '동일시'하는 대상이다. 이것은 한국인의 주체성이 주로 가족의 응원과 지지에 기반하고 있기 때문이다. 과거에 급제할 소질이 보이는 자녀는 다른 구성원들의 희생 위에 글공부를 위한 지원을 받는다. 이것은 결코 타산적인 투자는 아니지만 가족의 유대라는 더욱 강력하고 정서적인 구속이기도 하다. 이 자녀는 스스로의 우월성에 대한 자신감과 함께 책임감을 가지고 가족을 포함한 혈연, 지연 네트워크를 챙긴다. 이것은 부담스런 채무 이행이 아니라 기꺼이 베풀게 되는 가장 빛나는 영예다.

여기서 가족은 출세한 자녀를 전적으로 인정하고 존경하지만 신분과 영광을 공유하며 정체성까지 공유한다. 자신이 성공한 것은 아니지만, 가족이나 친족 구성원의 성공은 자신의 영광이기도 하다. 이것이 주체성을 확산시킨다. 조선 전체를 통틀어 과거 급제자의 수는 극소수이지만, 이들은 조선인들이 공유하는 정체성이다. 희망사항이 일종의 가상현실이 되는 것이다.

실증 연구에 의하면 한국에서도 일탈 청소년, 즉 가정으로부터 정상적인 사랑과 후원을 받지 못한 청소년들이나 특히 기성세대 여성의 경우 자신감과 자기효능감이 평균적으로 낮게 나타났다. 오랜 옛날 남아선호와 양육과정에서의 차별적 대우는 주인공의식의 중요한 원천이다. 이것은 조선시대의 합리적인 관료제와 능력주의 철학을 만나 지속성 있는 문화가 되었다. 그리고 이 문화가 전통을 중시하고 위험을 회피하는 또 다른 문화를 극복할 동력이 된 것으로 보인다.

위험 감수와 혁신의 힘이 주체성, 주인공의식에서 나온다는 것은 결과론적으로 한국의 경제발전에 다행스러운 일이었지만 이것이 지속가능한가에 대해서는 앞으로 심각한 고민이 필요할 것이다.

오른손을 묶고 왼손을 써 보라 — 이건희 회장의 양손잡이전략

삼성의 이건희 회장은 변화를 독려하기 위해 임직원들에게 많은 이야기를 했다. 그중에는 위기의식이니 "매국노가 되어서는 안 된다"느니 '메기론'이니 하는 임직원 입장에서는 섬뜩한 것들도 많았다. 엄하고 카리스마가 넘치는 경영자의 모습이다. 메기론이란, 미꾸라지 양어장에 메기를 풀어놓으면 공포를 느낀 메기들이 사력을 다해 피해 다니느라 더 건강하고 살이 찐다는 속설이다. 양어장 주인에게는 좋을지 몰라도 메기들에게는 잔인한 이야기다. 이건희 회장의 평소의 강경한 스타일과 널리 알려진 대기업 문화 이미지가 합쳐져 이것은 흔히 "두려움에 의한 경영 Management by Fear"으로 알려졌다. 이것은 서양사에서 널리 알려진 '낙오자는 처단한다'는 스파르타식 상무尙武 문화와 일맥상통한다.

그러나 이러한 선입견과 달리 삼성의 문화는 공포경영과는 본질적으로 다르다. 이건희 회장은 변화를 지상과제로 강조하면서도 변화가 얼마나 어려운지를 잘 이해하고 있었다. 변화는 명령에 의해 손바닥 뒤집듯 이루어지는 일이 아니다. 이에 대한 에피소드가 바로 이건희 회장 스스로 오른손을 묶고 24시간 생활해 봤다는 이야기다. 아마도 그는 익숙한 것을 멈추고 낯선 것에 도전하는 느낌을 체험하려고 했던 것으로 보인다. 변화에 대한 열정과 진심을 증명해 주는 사례다. 그는 변화를 진정으로 갈망한 만큼 변화의 어려움을 진지하게 받아들였다. 오른손을 묶어 놓고 모든 것을 왼손으로 하면서, 아마도 그는 임직원들이 겪는 변화의 고통을 체감하고자 했던 것인지도 모른다.

이건희 회장이 공포경영과 거리가 멀다는 것은 몇 가지 사실로 증명된다. 이건희 회장은 '신상필상'이라는 어법에 맞지 않는 조어까지 사용하며 벌보다는 상을 강조했다. 그는 영화 〈벤허〉에서 멧살라는 말을 채찍으로 후려치면서 달리는 데 벤허는 채찍 없이 승리했다고도 말했다. 또한 직원들에게 이 세상에 없던 '월급쟁이 천국'을 만들어 보자고 꿈을 설파했다. 평가비율을 강제하는 상대평가 제도는 삼성에서 이전부터 내려오던 관행이었고, 구조조정이라는 사업 및 인력의 강제 조정은 그가 병 치료를 위해 잠시 지휘봉을 놓은 사이 외환위기 상황에서 일어난 일이었다. 직원을 채찍질하거나 해고하는 것은 이건희 경영철학의 본질이 아니다.

물론 이것은 이건희 회장이 온정적이고 따뜻한 성격의 소유자이기 때문이 아니다. 용인술, 다시 말해 세련된 전략적 인사관리의 일환이다. 여기서 이건희 회장의 "뒷다리론"을 살펴보자. 위기의식, 변화 그리고 초일류를 연일 강조하던 이 회장은 어느 날 다음과 같이 말했다. "강제 안 한다. 자율이다. 많이 바뀔 사람은 많이 바뀌어서 많이 기여하고 적게 바뀔 사람은 적게 기여해라. 대신 남의 뒷다리는 잡지 마라." 이것은 혁신에 뒤처진 인력에 대한 온정적 태도처럼 보인다. 그러나 더 중요한 의도가 숨어 있었다. 삼성은 다양한 사업을 전개하는 기업집단이다. 이건희 회장 부임 초기에도 사업들 간에 어느 정도 위상 차이는 있었지만 그 정도는 그리 크지 않았다. 앞서거니 뒷서거니 하면서 각 업종에서 국내 1위 또는 그에 버금가는 수준이었고, 채용이나 보상 등 인사 제도도 삼성 전체에 동일하게 운영되었다. 삼성이란 이름으로 한꺼번에 인력을 채용한 뒤 여러 계열사에 임의로 배치해도 큰 무리가 없었다. 물론 과거에도 선호되는 회사가 없었던 것은 아니지만, 적어도 삼성전자 반도체사업의 약진 이전에는 동질성이 더 강했다.

국내 1위 수준에 만족해서는 미래가 없다는 판단하에 이건희 회장은 글로벌 초일류를 목표로 제시하고 구성원에게 강하게 변화를 주문했다. 그러나 모든 회사, 모든 직원이 똑같이 초일류에 도달해야 하는 것은 아니었다. 변화는 그런 식으로 한꺼번에 일어나지 않는다. 오른손잡이가 하루아침에 왼손잡이가 되기 어려운 것과 같다. 오른손잡이가 갑자기 왼손을 쓰게 되었을 때의 불편에 대해서는 과학 저술가 마틴 가드너가 《양손잡이 자연 세계 the Ambidextrous Universe》에서 잘 설명하고 있다. 스프링노트, 연필 글씨, 식당 좌석, 가위 그리고 기타를 연주할 때에 이르기까지 모든 것이 불편하다. 세상의 모든 것이 오른손잡이를 전제로 구성되어 있기 때문이다. 왼손을 쓰는 순간 당연하게 생각하던 모든 곳에서 마찰이 발생하고 얼마 못 가 괜한 일을 시작했다는 후회와 원래로 돌아가려는 본능이 발동된다. 혁신이란 이렇게 첫걸음부터 저항에 부딪힌다.

이건희 회장은 오른손을 묶었다. 오른손, 즉 존재와 기능을 계속 고집하는 기존의 요소를 억제하기가 그토록 어려웠던 것이다. 그렇다고 오른손을 잘라 낼 수는 없다. 단지 아픔이나 미련 때문이 아니라 오른손잡이 시절에도 왼손이 필요했듯이 왼손잡이로 바꾸는 동안에도 오른손 역시 필요하다. 오른손을 철저하게 억제하고 무력화시키고 심지어 없애버리는 것은 폭력적 혁명일 뿐 혁신이 아니다. 달리는 말에 채찍질하지

〈그림 3-3〉 영화 〈벤허〉의 한 장면

않고 승리하는 것이 고수라고 믿었던 이 회장이다. 그는 "뛸 사람은 뛰고 걸을 사람은 걷고 쉴 사람은 쉬라"고 했다. 그리고 뒷다리를 잡지 말라고 함으로써 오른손을 묶는 효과를 얻고자 했다. 이것은 삼성을 포함한 당시 한국의 대기업들이 취한 양손잡이전략이다.

경로창출형 전략 또는 돌파형 혁신은 모든 산업, 모든 기업에서 선택할 수 있는 대안이 아니다. 재능이 있어도 시운時運이 따라야 하듯이 역량이 갖춰져도 그에 적합한 경영환경이 무르익어야 한다. 가장 좋은 상황은 기존 산업에서 모방을 통해 충분한 학습을 달성한 후, 새로운 패러다임이 본격화될 때, 이 새로운 진영의 핵심적 해법을 개발하는 것이다. 글로벌 산업의 정상으로 가는 길은 항상 열려 있지 않으며, 드물게 위태로운 지름길의 입구가 열린다. 따라서 삼성으로서는 모든 산업이 똑같이 보조를 맞춰 초일류를 향해 매진할 수는 없었다.

위대한 카피캣 대한민국

벤허의 전차를 끄는 네 마리의 말은 서로 속도가 달랐다. 벤허는 네 마리 말의 특징을 살려 말의 위치와 전략을 조정했다. 경주에서는 코너를 도는 것이 매우 중요한데, 느리지만 힘이 좋은 말이 안쪽을 달려서 회전축 역할을 하고 바깥쪽 말은 최대의 속도를 내야 한다. 당시 삼성그룹 계열사는 이러한 역할 분담을 하고 있었다. 삼성전자의 반도체, 디스플레이, 스마트폰 사업은 모두 매우 위험한 초고속 경주를 하는 반면, 이들의 리스크를 감당해 줄 기존 계열사들은 안정적 수익 기반을 지켰다.

당시에는 계열사 간의 인적 교류나 자금 이동이 어느 정도 허용되었다. 삼성그룹은 물론 한국의 대기업집단은 '재벌'이라는 이름 아래 선단식 경영을 실행했다. 이러한 집단경영체제는 삼성전자와 기타 삼성그룹 계열사 간의 양손잡이전략을 가능하게 했다. 국내 1위 수준의 소비재, 서비스산업 및 금융업은 기업집단 전체의 캐시카우 역할을 하면서 자원을 선순환시키되 '기회의 창'을 만난 일부 사업은 돌파형 혁신을 추진하는 방식이다. 모두가 왼손으로 바뀌는 것이 아니라, 왼손으로 바뀌어야 하는 부분만 왼손에 집중하고 오른손은 본연의 무게 중심 기능을 담당하는 것이다.

여기서 '뒷다리론'의 숨은 메시지가 드러난다. 걸을 사람은 걷고 쉴 사람은 쉬라는 말은 놀고먹어도 고용을 보장하겠다는 무한 자비의 선언이 아니다. 맨 바깥쪽 말이 전력질주하는 것에 비해서는 천천히 걷는 것처럼 보이겠지만 중심축이 되는 안타레스는 바위같이 무겁게 회전축 역할을 해야 한다. 첨단 메모리산업에서 글로벌 차원의 치열한 경쟁을 벌이는 삼성전자는 다른 계열사들의 수익 기반이라는 안전망 위에서 모험을 벌였다. 만약 모두가 동시에 글로벌 1위를 지향해 무리한 도전을 벌이거나, 또는 삼성전자의 독주를 시기하여 견제하거나 본업을 소홀히 했다면 디램 사업부의 맹렬한 추격은 불가능했을 것이다.

앞서 한국경제가 빈곤의 함정을 돌파할 때도 역시 양손잡이 딜레마를 겪었음을 살펴보았다. 당시 한국경제는 농업, 광업 등 1차 산업과 저기술 경공업이 주력으로 수출 제조업이라는 새로운 분야와 마찰을 일으켰다. 자원을 분배하는 과정에서도 문제가 있었지만, 특히 환율이 문제였다. 수출 경쟁력을 위한 고환율 정책은 수입물가를 상승시켜, 원자재와 식량을 수입하던 산업 및 가계부문에 큰 짐을 지웠다.

삼성이라는 하나의 브랜드 아래 기존 사업을 영위하는 부문과 혁신부문이 나뉘면 당장 여러 가지 문제가 발생한다. 안정적으로 수익을 내는 부문이 성과도 내지 못하는 신규 사업에 대규모의 지원을 기약 없이 지속해야 한다. 혁신 사업은 성과가 없다는 이유로 눈총을 받고, 어찌어찌 성공의 가능성이 보이기 시작하면 견제의 대상이 된다. 본격적으로 성과가 오르고 스타로 부상하면 주변의 질시와 부정적 반응이 조직 전체에 갈등을 초래한다. 인간이 모인 집단에서 갑작스런 서열의 변화는 항상 불화를 초래하며 자중지란이 발생하는 법이다. 성과주의에 입각한 보상은 성과가 안정적일 때 힘을 발휘하지만 급격한 성과의 변화는 혼선을 초래한다.

삼성그룹도 전자사업의 약진으로 비슷한 문제를 겪었다. 하지만 혁신부문과 현상유지부문은 서로 연결되어 있었다. 혁신부문의 리스크를 다양한 사업군이 안전망으로서 지지해 주었던 것이다. 반도체, 디스플레이, 이동통신 등 혁신 사업이 비교적 빠른 시기에 성과를 창출함으로써 빠르게 자립 기반을 찾아 나갔다. 즉 삼성그룹의 양손잡이전략에서 신규 사업의 성장통은 견딜 만했던 셈이다.

어떤 집단에서도 기존의 2등 부문이 1등 부문을 역전하면 평화적인 주도권 교체가 이뤄지기 어렵다. 반목과 갈등이 생기며 이에 대한 해결책은 대부분 분리다. 한 가문에서 하나의 지파가 과도하게 앞서가면 그 파가 분리독립하여 새로운 본관을 창시한다. 이스라엘 열두 지파 중에서 가장 강력했던 유다 지파가 독립 왕국을 이룬 것도 그 예다. 그러나 삼성은 분열되지 않았으며 한 방향으로 통합된 행보를 이어 나갔다. "걷거나 멈출 사람은 뜻대로 하라"는 다독이는 메시지와 "뒷다리를 잡지 말라"는 경고 메시지의 통합은 당시 삼성의 조직관리에서 그대로 구현된다. 삼성은 이건희 회장이 본격적으로 혁신을 주문하던 시대부터 보상제도를 변화시키기 시작했다. 당시 이 회장의 다양한 메시지들은 '신경영'이라는 슬로건으로 지칭되었는데 그와 동시에 성과연동 보상체계 등 인사 제도의 전면적인 수술이 '신인사'라는 이름으로 이루어졌다. 이를 통해 성과평가와 보상이 본격적으로 연동되기 시작했다.

이를 바탕으로 1993년에 연봉제가 실시되고 2000년에는 삼성전자 등 대부분의 회사에서 이익배분제가 실시되었다. 연봉제가 개인의 성과에 대한 보상이라면 이익배분제는 회사 성과에 대한 집단적 보상이다. 이익배분제는 최대 연봉의 50%까지 보너스를 지급할 수 있는 파격적인 내용으로 당시로서는 상상하기 힘든 강력한 제도였다. 이 때문에 이건희 회장이 집단주의적이고 온정적이었던 삼성 문화를 경쟁 위주의 성과주의 문화로 바꾸었다고 보는 시각이 존재한다. 그러나 이미 성과주의였던 삼성의 문화가 방향을 역전한 것이라고는 보는 것은 무리한 해석이다.

오히려 성과주의 보상은 초일류로 도약하는 혁신부문과 현상유지부문 간의 통합과 내부 공정성 유지를 위한 고육책이라고 보는 것이 더욱 타당하다. 성과급에서는 동기부여를 위한 변동급이 주목받지만 잊지 말아야 할 것은 공통적으로 주어지는 고정급이다. 이 고정급은 성과와 사업부, 회사와 무관하게 똑같이 지급되었다. 삼성은 상당 기간 모든 회사에 똑같이 적용되는 임금체계를 유지했고 하나의 삼성이라는 동질감을 지키려 했다. 이 공통성의 기반이 고정급이었다. 빛날 것 없고 극적이지 않은 고정급은 바위처럼 단단한 중심축으로 원심력이 강화되는 그룹 임직원의 구심점 역할을 했다.

이건희 회장은 스스로 오른손을 묶는 상징적 행동으로 변화의 편에 섰다. 그러나 그는 이 어려운 도전이 삼성 전체의 축적된 힘 위에서만 가능함을 알고 있었고 이 기반을 단단히 유지했다. 초일류라는 열망으로 혁신부문을 밀어붙이면서 동시에 기존사업부문을 다독였다. 그 결과 선단식 경영의 안정적 기반 위에서 선발대가 새로운 경로를 탐색할 수 있었다.

삼성은 급여뿐만 아니라 채용, 교육, 평가, 승진 등 주요 인사 제도의 골격을 동일하게 유지했다. 업종과 위상의 차이가 커지면서 차별화의 요구도 강해졌지만 큰 프레임은 장기간 그대로 유지되었다. 모든 것을 바꾸라는 강한 주문을 하면서도 그런 변화의 추진력을 위해서는 단단한 기반이 있어야 함을 이 회장은 잘 알고 있었다.

한국의 경제와 기업은 몇 세대에 걸쳐 일어나는 변화를 한 세대도 안 되는 기간에 해치웠다. 어쩔 수 없이 옛 것과 새 것이 불편한 동거를 하게 된다. 이 시기를 지혜롭게 견디지 않으면 변화는 성공할 수 없다. 이것은 매뉴얼도 이론적 모형도 나오기 어려운 복잡하고 모호한 과업이다. 박정희 정부의 수출주도전략은 수출부문의 성과와 역량이 순조롭게 성장하면서 상대적으로 희생된 내수, 노동, 가계부문으로 성과를 환원함으로써 지속가능했다. 삼성의 돌파형 혁신도 기존 사업의 안정적 운영 속에 새로운 패러다임을 추구하는 신사업에 성공하면서 글로벌 선진 기업을 따라잡을 수 있었다. 압축성장의 대표 선수 한국은 이렇게 두 번의 양손잡이전략을 성공시켰다.

그 저변에는 균형 감각이 있었다. 지상과제인 혁신을 달성해야 했지만 그것은 오랫동안 형성되고 축적되어 온 현실에 바탕을 두어야 했다. 역사는 극복해야 할 한계인 동시에 변화를 추진할 에너지이기도 하다. 이것을 단순한 명제로 진술하면 모순이 된다. 모순되는 요소들이 상쇄되지 않고 상생하려면 수많은 시행착오를 통해 이상적인 조합을 찾아내야 했다. 이 과정은 정반합을 찾는 변증법적 발전과 일맥상통한다. 중국 고대의 전략가 한비자는 물과 불이 그냥 만나면 물이 불을 꺼 버리지만 그 사이에 솥을 설치하면 불이 물을 끓인다고 했다.

고위험 고수익의 혁신 사업은 실패할 경우 그룹 전체를 위태롭게 만드는 사고뭉치가 될 수 있다. 반면 안정적인 기존 사업은 현상 유지에 집착하여 새로운 시도를 억제할 수 있다. 그러나 선순환 메커니즘을 형성할 경우 기존 사업은 캐시카우로서 리스크를 분산하고 신사업은 성숙기에

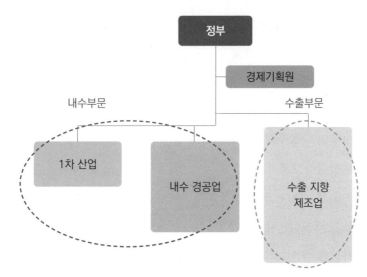

〈그림 3-4〉첫 번째 양손잡이체제 — 내수부문과 수출부문

접어든 기존 사업을 대신해 새로운 동력으로 장기 성장을 견인한다. 신구 사업 사이에서 솥의 역할을 한 것이 돌파형 혁신전략과 성과주의 제도다. 기존 역량에 바탕을 둔 도전적 목표는 단기 성과에 연동하는 강력한 인센티브 제도를 가능하게 했다.

국가 단위로 이루어진 양손잡이전략이 이번에는 기업 레벨에서 추진되었고 이로써 한국경제의 두 번째 기적, 중진국 함정의 극복이 가능해졌다. 여기서는 대표적으로 삼성의 사례만을 다뤘지만 자동차산업의 현대, 화학산업의 LG, 디지털 이동통신 생태계 등 다양한 산업에서 비슷한 일이 벌어졌다. 이것이 한국 산업의 새로운 시대를 열었다.

현재가 미래의 뒷다리를 잡지 않았다는 것, 이것이 함정 탈출의 비결이다. 변화의 속도가 워낙 빨라 상쇄와 견제가 염증을 일으킬 틈을 주지

위대한 카피캣 대한민국

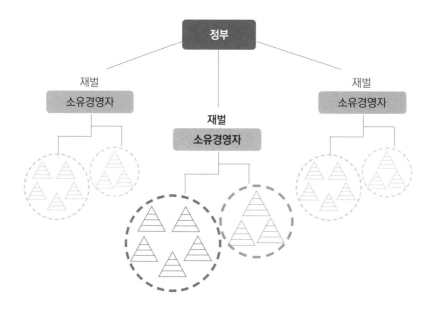

정부

재벌
소유경영자

재벌
소유경영자

재벌
소유경영자

〈그림 3-5〉 두 번째 양손잡이체제－기존 사업과 첨단 신사업

않은 것, 그리고 현재와 미래의 주체가 연결되어 있거나 심지어 동일인
이었다는 것이 그 배경이다. 박정희 대통령, 이건희 회장 등 당시의 리더
들은 문제를 정확히 파악하고 있었다. 최우선해야 할 고려사항은 "시간
이 많지 않다"는 것이다. 개혁은 우공이산의 자세로는 백년하청百年河淸
이다. 속도가 뒷받침되지 않으면 혁신은 좌절된다. 박 대통령은 그토록
적대시했던 공산 진영의 5개년 계획의 방법을 들여와 산업 변화의 스케
줄을 관리했다. 스포츠카를 직접 운전할 정도였던 이건희 회장은, 비행
기가 이륙하려면 양력을 얻기 위해 일정 속도 이상을 올려야 한다는 것
을 자주 강조했다. 속도와 시한을 중시하는 것은 압축성장을 지속한 한
국경제 리더들에게는 천부적인 감각이었는지도 모른다.

제4장

한국기업은 세계시장을
어떻게 뒤흔들었나

디램의 혁신

1983년 삼성그룹 창업주 이병철 회장은 반도체산업 진출을 선언한다. 역사상 가장 위대한 발명 중 하나라고 인정되는 트랜지스터가 발명된 것이 1956년이다. 진공관이 열을 내뿜던 거대한 초기 컴퓨터는 트랜지스터 덕분에 급속도로 빠르고 편리해지기 시작했다. 반도체산업에 진입하는 것은 다가오는 정보혁명에 참여할 수 있는 입장권을 얻는다는 것을 뜻했다. 그러나 이 입장권은 쉽게 구할 수는 없었다.

반도체산업은 예나 지금이나 첨단 과학기술을 요구하는 최첨단 산업이다. 기술 수준이 전반적으로 낮은 한국이 과연 이 산업을 감당할 수 있을까? 회의적인 시각이 많았던 것은 당연한 일이었다. 하지만 이러한 시각은 한국인의 학습능력, 그리고 반도체기술이 갖는 디지털로서의 속성을 간과하고 있었다. 한국인은 언어와 수리 논리를 강조하는 경쟁적 교육 환경에서 자랐고 서양의 기술을 적극적으로 배우려는 자세를 지니고 있었다. 반도체기술은 어려운 기술이었지만 그 핵심적 노하우가 과거 장인들의 암묵지보다는 현대적 공학에 기반한 명시지에 가까웠다. 한국의 인재에게는 해 볼 만한 게임이었다.

컴퓨터란 결국 전기가 흐르는 회로다. 전원과 전선 그리고 스위치로 이루어진 회로를 통해 모든 논리 연산을 표현할 수 있다. 문제는 오늘날 컴퓨터의 CPU를 만들려면 스위치가 몇십억 개나 달린 회로가 있어야 한다는 것이다. 눈에 보이는 버튼형 스위치로는 어림도 없다. 스위치의 크기를 엄청나게 줄여야 한다. 이렇게 작아진 스위치가 바로 트랜지스터이며 트랜지스터를 구성하는 핵심 부품이 반도체다. 트랜지스터는 반도체 세 개를 이어 붙여서 만든다. 트랜지스터라는 극미의 스위치로 만들어진 전기 회로가 곧 프로그램, 소프트웨어, CPU다. 컴퓨터의 기능은 결국 계산인데 계산을 위해서는 데이터가 필요하다. 프로그램과 메모리는 데이터를 주고받으며 계산을 해 나간다.

계산을 담당하는 것이 시스템반도체이고 데이터를 저장하는 것이 메모리반도체다. 시스템반도체는 복잡한 연산의 설계능력을 요구했으며 후발자인 한국으로서는 감당하기 어려운 영역이었다. 그래서 선택된 것이 메모리다. 메모리는 데이터를 저장하는 단순한 구조로 복잡한 회로를 요구하지 않는다. 복잡한 기계장치에 원료를 제공하는 저장 컨테이너에 비유할 수 있다. 복잡한 회로가 없다고는 하지만 그럼에도 불구하고 메모리는 최첨단 제품이었다. 메모리반도체에는 커패시터라는 일종의 저장고가 있어서 여기에 전자를 가두면 1, 방출하면 0을 표시한다. 전자를 정확하고 빠르게 통제하는 것은 쉬운 일이 아니다. 삼성전자는 극미의 세계에서 전자를 길들이는 과제에 도전했다.

삼성전자가 반도체 도전 의사를 밝힌 후 일본의 관련 회사들은 모두 경계 태세에 들어갔다. 삼성전자의 지원 요청에 히다치, 도시바, NEC는 모두 냉정하게 거절했다. 아기호랑이를 키울 수 있다는 우려였다. 유일하게 샤프가 견학을 허락했다. 1983년 2월 말 당시 김광호 반도체사업본부장, 이윤우 반도체개발실장은 기술 훈련생을 인솔하고 샤프의 사업장을 방문했지만 메모는커녕 필기도구조차 없이 곁눈질로 기술을 배워야 했다. 하지만 한국인의 눈썰미는 숨겨진 무기였다. 이미 오래전부터 한국의 지식인들은 선진 기술이나 문화를 적극적으로 탈취하는 과감한 첩보력을 보여주었다. 유몽인의 《어우야담》에는 임진왜란 때 명나라 사령부를 방문한 조선의 외교관 이덕형이 명의 사령관 이여송의 측근이 슬쩍 보여준 장문의 비밀 서류를 통째로 암기하여 선조에게 보고했다는 이야기가 전한다. 그 후예인 현대 한국인도 이 전통을 이어 간다.

한 번도 다뤄 본 적 없는 반도체 제조기술을 단지 눈썰미만으로 배울 수 있을 리 없다. 불굴의 학습이 뒤따라야 한다. 반도체기술이 명시적인 지식에 기반을 두고 있다는 점이 또 하나의 유리한 조건이다. 스위치와 도선으로 구성된 회로란 논리적 구성물이며, 이를 이해하고 활용하는 데는 영감이나 직관, 장인의 손기술보다는 논리-수리 지능이 더 적합하다. 반도체기술은 인지능력으로 학습할 수 있는 대상이며 이것이야말로 한국 인재의 강점 분야였다. 이렇게 삼성전자는 최선을 다했지만 당연하게도 앞서간 선진 기업의 품질은 상당 기간 넘볼 수 없었다. 열심히 하는 것 이상의 무언가가 필요했다.

제품 경쟁에서 품질은 당연히 중요한 요소의 하나지만 유일한 요소는 아니다. 반도체 전문가 정인성은 이를 다음과 같이 비유한다.[1] 다섯 가지 메뉴로 구성된 코스요리 셰프가 최고의 코스를 만들기 위해 각 요리당 전용 도구 다섯 세트를 구입했다. 하지만 이와 경쟁하는 또 다른 셰프는 똑같은 저가의 범용 도구를 열 개 구입해서 모든 요리에 사용한다. 범용 도구는 전용 도구의 반값 이하다. 따라서 도구 전체의 가격은 범용이 오히려 더 싸다. 만약 손님 두 명이 와서 같은 요리를 주문하면 첫 번째 셰프의 경우 한 도구 사용이 끝날 때까지 기다리거나 또는 다섯 개로 된 한 세트를 더 구입해야 한다. 그러나 두 번째 셰프는 이미 있는 도구를 사용해서 동시에 요리할 수 있으므로 대기 시간도 늘지 않고 추가적으로 도구를 구입할 필요도 없다.

아마 첫 번째 셰프가 구입한 전용 도구는 가격이 비싼 만큼 품질도 좋을 것이다. 두 번째 셰프의 범용 도구는 그렇게 고급스럽지 않을 것임이 분명하다. 그러나 중요한 것은 고객의 니즈다. 중요한 기념일을 축하하거나 VIP를 대접하려는 고객과, 간단하게 한 끼 식사를 때우려는 고객은 니즈가 다르다. 간단한 식사를 원하는 고객에게 전용 도구까지 동원할 필요는 없으며 상황에 따라 적절한 도구를 선택할 필요가 있다. 만약 고급 코스 요리에서 승부를 벌인다면 두 번째 셰프는 첫 번째 셰프의 적수가 될 수 없다. 그러나 패스트푸드라는 성격이 다른 시장을 개척한다면 이야기가 다르다. 이 시장은 기존의 정통 레스토랑과는 다른 카테고리로 여기서는 첫 번째 셰프와 경쟁할 필요가 없다. 이 저가시장에서 형성된 가격으로는 정통 레스토랑에서 비용을 감당할 수 없기 때문이다.

두 번째 셰프가 바로 삼성전자가 택한 전략이다. 70년대 후반까지만해도 컴퓨터란 정부나 연구기관 또는 대기업에서 사용하는 고가의 중장비였다. 외식시장에 오직 고급 만찬 손님밖에 존재하지 않는 시대였다. 차츰 컴퓨터가 개인용으로 전환되는 조짐이 나타난 것은 외식시장에 패스트푸드 수요가 등장한 것과 같다. 스티브 잡스가 애플 2라는 최초의 퍼스널컴퓨터PC를 출시했던 1977년, 당시 굴지의 미국 컴퓨터회사 DEC의 CEO 켄 올슨은 "어떤 사람도 자기 집에 컴퓨터를 가지고 있을 이유가 없다"고 단언했다. 그러나 우리 모두가 목격했듯이 PC는 앨빈토플러가 '제3의 물결'로 명명한 정보혁명의 기폭제이자, 디지털 시대의문을 여는 열쇠였다.

삼성전자가 이러한 패러다임 변화를 정확하게 예견했다고는 말할 수없다. 그 당시에는 스티브 잡스도 빌 게이츠도 미래를 단정할 수 없었을것이다. 삼성전자는 다만 이 변화의 전조를 감지했던 것으로 보인다. 이것은 반도체산업에 엄청난 지각변동을 예고하는 동시에 추격자에게 기회의 창이 열리고 있음을 의미했다. 메모리가 고급 요리를 위한 전용 도구가 아니라 값싼 범용 도구가 되는 시장이 열린 것이다. 그러나 장인정신에 투철한 일본기업은 최고의 품질이라는 기존 목적에서 쉽게 벗어나지 못했다. 하지만 반도체 제조를 학습한 지 얼마 안 된 삼성전자는 품질에 몰입하기 보다는 새로운 기회를 탐색할 동기를 가지고 있었다. 이들은 그동안의 학습을 바탕으로 문제를 변형시켰다. 최고의 성능과 수율그리고 제품 수명이라는 목표는 이제 적정한 수준의 유지라는 제약조건으로 바뀌었다. 그 대신 추구해야 할 목적은 최소의 비용을 들여 반도체

위대한 카피캣 대한민국

의 집적도를 극대화하는 것으로 바뀌었다.

메모리는 고부가 제품의 위상을 유지해 왔으며 저가전략과는 어울리지 않아 보였다. 그러나 PC의 시대가 다가오면서 상황이 바뀌기 시작했다. 컴퓨터가 가전제품이 되면서 더 싸고 부담스럽지 않은 범용 메모리가 필요해졌다. 개인용 컴퓨터는 그렇게 대단한 연산능력이 필요하지 않았으며 교체주기를 생각할 때 장기간 유지될 필요도 없었다. 값싼 메모리시장이 형성되고 있었고 바로 이 시장은 신흥 메모리기업에게 "기회의 창"으로 다가왔다.[2]

이제 겨우 반도체기술을 학습한 초심자로서 삼성전자는 과감하게 문제를 변형한다. 자기 분수도 모르는 무모한 시도일까. 꼭 그렇지만은 않다. 또한 새로운 문제가 반드시 더 어려운 것도 아니다. 자신이 더 잘 알고 더 많이 준비한 영역에 적합하도록 문제를 변형할 수 있다면 더 좋은 성적을 기대할 수 있다. 삼성전자는 바로 이것을 시도했다. 기존의 문제로는 일본의 반도체기업을 따라잡기가 거의 불가능했지만 새롭게 출제된 문제에서는 이것이 가능했다.

그때까지의 디램은 웨이퍼 위에 회로를 평면으로 설치하고 있었다. 메모리를 담당하는 디램은 전자의 유무에 따라 0과 1을 구분하고 있었는데 이 전자를 보관하는 커패시터가 웨이퍼 위에 넓게 자리를 차지하고 있었다. 집적도를 높이기 위해 삼성전자는 커패시터를 위로 길쭉한 형태로 바꾸려고 시도한다. 건물의 층고가 높아지는 것과 같다.

그러나 위아래로 길쭉해진 커패시터를 설치하는 데는 웨이퍼를 밑으로 파는 참호 방식도 가능했다. 이 두 방식 모두 동일 웨이퍼 면적에 더

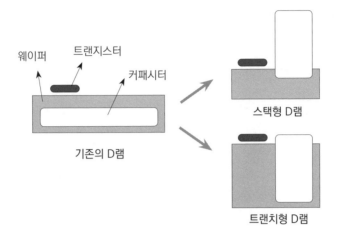

웨이퍼　　트랜지스터

커패시터

스택형 D램

기존의 D램

트랜치형 D램

〈그림 4-1〉 디램의 혁신

많은 메모리를 탑재할 수 있다. 어느 방식을 택하든 이는 그때까지 시도된 바 없는 "가지 않은 길"이었다. 집적도는 높아지겠지만 어떤 문제가 발생할지 예측하기 어려운 상황이었다. 이것이 결국은 스택 방식과 참호 방식 결정에 영향을 미쳤다. 스택 방식은 위에 설치하는 만큼 제조가 쉬웠고, 문제가 생겼을 때 조치도 쉬웠다. 전선을 설치할 때 전봇대를 이용하는 것과 지중 매설하는 것에 비유할 수 있다. 지중 매설이 외부 영향으로부터 안전하고 신뢰성이 더 높을 수는 있으나 땅을 파고 다시 묻는 과정이 쉽지 않고 특히 문제가 생겼을 때 다시 땅을 파내야 한다.

집적도를 적정하게 유지하면서 품질을 높이는 문제에서, 품질을 적정하게 유지하면서 집적도를 높이는 문제로 바뀌었을 때 강점과 약점도 역전된다. 일본기업들은 품질에 집착했고 그래서 제조와 수리가 어려운 참호 방식을 택했지만, 삼성전자는 제조와 수리가 용이한 스택 방식을

위대한 카피캣 대한민국

택했다. 이 선택은 결국, 이후 30년 이상 삼성전자를 메모리시장의 지배자로 군림하게 만들었다.

여기서 짚고 넘어가야 할 이슈가 있다. 스티브 잡스가 PC를 내놓은 바로 그 시점에서 업계의 유력자들은 개인용 컴퓨터의 가능성을 부인하고 있었다. 삼성전자가 메모리사업에 본격적으로 진입한 것은 6년 후인 1983년이다. 80년대 미국시장에서 PC는 빠르게 확산하고 있었지만 국내시장에서는 90년이 지나서야 그 존재가 감지되기 시작된다. 현재의 시점에서 돌아보면 PC로의 변화는 너무나 당연해 보이지만 당시로는 예측이 불가능한 일이었다. 경영의 역사는 이렇게 실패한 예측 사례가 헤아릴 수 없이 많다. PC에 집중하다가 모바일과 인터넷의 도래를 놓친 마이크로소프트와 인텔, 피처폰에만 집중하다가 스마트폰의 도래를 놓친 노키아, 오프라인 유통에만 몰입하다가 전자상거래 여파를 간과한 수많은 유통 대기업 등 일일이 거론하기도 힘들다. 이들에게 정보가 없었던 것은 아니다. 그러나 기존의 프레임은 이들을 눈멀게 만들었다.

선진 기업을 어떻게든 추격하려는 언더독 정신의 삼성전자에게는 방어적 현상 유지보다는 과잉 대응의 위험이 컸다. 진행 중인 변화가 과연 '기회의 창'일까 아니면 '함정'일까. 가능성을 믿고 새로운 길에 도전하는 것은 늘 선발자 리스크를 유발한다. 에디슨의 전기자동차는 너무 앞서간 시도였다. 1990년대 영화, 음악, 게임과 게임기, CD플레이어, 휴대전화 등 콘텐츠와 디바이스를 통합한 종합 엔터테인먼트를 시도한 소니 역시 마찬가지다. 에디슨과 소니의 시도는 훨씬 뒤에 테슬라와 애플에 의해 각각 실현된다. 아이디어 자체가 잘못된 것이 아니라 혁신이 너무

일렀던 것이다.

패러다임 전환의 정확한 타임 스케줄을 모르는 상태에서 삼성전자는 뒤처지는 위험 대신 서두르는 위험을 택했다. 변화에 운을 맡긴 것이다. 이것은 도박처럼 보였으며 당시 국내 대기업의 문화, 특히 "돌 다리도 두드려 보고 건넌다"는 태도에 정면으로 위배되는 것이었다. 이런 기업 문화 속에서 위험한 선택에 적극 참여하는 것은 "첫 번째 펭귄"이 되는 것만큼 부담스런 일이다.

이건희 회장은 조직 구성원으로부터 도전 의욕을 끌어내는 묘책을 찾아낸다. 그는 현상 유지를 추구하는 경영은 "천천히 죽는 것"이라는 확고한 믿음을 가지고 있었다. 위험에 대한 태도란 선호이며 옳고 그른 것은 없다. 그러나 환경적으로 더욱 적합한 것은 있다. 미시간 대학 경영학 교수인 로버트 퀸은 변화는 선호의 대상이 아니라 불가피한 선택이라고 주장한다.[3] 현대는 격동의 시대이기 때문이다. 〈거울 나라의 앨리스〉에 등장하는 붉은 여왕 패러독스와 같이 멈춰서 있는 것은 바로 퇴보를 의미한다. '근본적 변화'와 '점진적 죽음' 사이에서 양자택일이 있을 뿐 절충은 없다. 세계경제는 이미 20세기 후반 정보혁명 이후로 변화가 가속화되는 시대로 들어섰다. 이제 변화는 더 이상 변수가 아니라 상수, 즉 기정사실이다. 선진국의 산업화를 훨씬 더 빠른 속도로 따라잡아야 하는 한국에서는 말할 나위도 없다. 여기서 이건희 회장은 빠른 변화가 아니면 느린 죽음 밖에 없다는 로버트 퀸의 명제를 현장에서 실천했다.*

---

* 이건희 회장이 변화를 선언한 해는 1993년으로 로버트 퀸의 책 《근본적 변화》가 출간되기 3년 전이었다. 현실이 이론보다 빨랐던 셈이다.

그러나 퀸이 설명한 대로 소수는 근본적 변화를 주장해도 다수는 느린 죽음에 끌리는 것이 더욱 일반적이다. 근본적 변화로 혁신을 성취하는 것보다, 갑작스런 죽음을 당할지도 모른다는 두려움이 앞서기 때문이다. 삼성전자는 이러한 두려움을 극복해야만 했다. 앞서 "초일류"라는 높은 열망의 수준을 제시하고 현재의 상태를 "미지근한 물속의 개구리"로 규정하면서 과감한 도전을 고취했음은 살펴보았다. 그러나 이것만으로는 부족하다. 변화의 당위성이 명명백백한 상황에서도 많은 기업들, 때로는 민족과 국가들이 현상 유지에 머물면서 천천히 사멸해 갔다. 과연 삼성전자를 움직이게 한 마지막 열쇠는 무엇이었을까.

　　삼성전자의 혁신은 디램의 입체화로써 이미 스택형과 트렌치형이라는 대안까지 주어진 객관식 문제의 선택이었다. 이것은 단순히 효율이나 생산성을 높이는 점진적 혁신이라고 폄하할 수는 없지만, 그렇다고 백지에서 프레임을 뒤바꾸는 근본적 혁신도 아니었다. 근본적 혁신과 점진적 혁신 중 한쪽으로 택하라고 한다면 후자에 가까웠다. 그러나 이 점진적 혁신은 정보혁명이라는 거대한 혁신과 깊이 연결되어 있었다. 암스트롱이 달에 디딘 한 걸음은 말 그대로 한 걸음에 불과했지만 인류에게는 커다란 도약이었던 것처럼, 삼성전자가 시도한 스택형 디램은 작은 개선에 불과했지만, 정보혁명의 시대를 여는 트리거가 되었다. PC는 새로운 패러다임을 구현할 잠재력을 지니고 있었지만 이를 위해서는 크기, 가격, 무게의 문턱을 넘어야 했다. 소형화, 경량화, 저가화를 해결하는 마지막 열쇠는 스택형 디램이었다. 이것이 없었다면 정보혁명 자체가 좌초되거나 아니면 훨씬 더 먼 우회로를 걸었을 수도 있다.

한국은 혁신의 발상지나 리더 국가는 아니었으나 결정적 장애물을 넘어서는 문제해결의 창조자가 되었다. PC의 잠재력을 주목한 스티브 잡스 등 근본적 혁신가들은 이를 새로운 시대의 도구로 디자인했다. 정보혁명은 20세기 초 러시아에서 일어난 볼셰비키 혁명보다 비폭력적이고 비정치적인 것처럼 보였지만 더욱 과격하고 지속가능한 변화를 불러왔다. 앨빈 토플러는 이 움직임을 "제3의 물결"이라고 명명했다. 삼성전자는 이를 몸으로 감지했고 게임이 변화하고 있음을 알았다. 시장은 더 이상 품질과 수명이 문제가 아니라, 가격과 집적도에 초점을 맞추라는 신호를 보내고 있었다. 이것은 추격자인 한국기업에게 절호의 기회였다.

선진 기업이 백지에서 개념을 설계하면 개발도상국이 후반 제조공정을 담당한다는 국제분업의 이론은 개발도상국에게 일시적 소득을 가져다주지만 결국 선진 산업의 하청기지로 전락한다고 예측했다. 얼핏 보면 삼성전자는 글로벌 선도기업의 하청업체처럼 보이기도 한다. 그러나 삼성은 '설국열차'의 꼬리칸 신세가 결코 아니며, 오히려 비전에 지나지 않던 새로운 패러다임을 현실화시키는, 릴레이 경주의 최종 주자와도 같았다. 실제로 삼성전자는 메모리 수출을 통해 상상을 초월한 막대한 수익을 올렸다.

PC의 미래에 운을 걸었다는 점에서 삼성전자의 선택 방향은 근본적이고 파괴적이었지만, 그 실행은 구체적이고 점진적이었다. 점진적 혁신이었지만 근본적 혁신의 해법이 됨으로써 모방이 아닌 엄연한 창조였다. 이건희 회장은 새로운 패러다임에 참여한다는 도박에 가까운 베팅을 자신이 전담하면서 임직원들은 그 전제 위에서 구체적이고 양적인 문제를 해결하도록 독려했다. 위험한 항로를 택했지만, 그것은 최고경영자의 몫이었으며, 임직원들에게 주어진 과업은 기존의 강점을 발휘할 수 있는 익숙한 것이었다. 이렇게 리더와 팔로어의 역할이 황금분할되었다. 그리고 이것은 돌파형 혁신의 기념비적인 첫 번째 사례였다.

낸드플래시와 모바일 시대

평행이론이라는 말이 있다. 삼성전자 메모리사업의 성공은 그 자체로서도 기념비적인 사건이지만 이후 한국 산업에서 평행이론처럼 되풀이되는 혁신과 추월의 원점이기도 하다. 삼성전자가 해낸 일들이 다른 산업에서도 유사하게 되풀이된 것이다. 그런데 다른 기업이 아니라 바로 삼성전자라는 같은 회사 내에서, 그것도 같은 메모리사업 내에서 또 한 번의 평행이론적 사건이 벌어진다. 바로 낸드플래시이다.

낸드플래시는 디램과 함께 메모리반도체의 한 종류다. 메모리에는 주기억장치와 보조기억장치의 구분이 있다. 이것은 흔히 '조리대'와 '냉장고'로 비유된다. 식재료는 냉장고에 저장되어 있지만 요리할 때 필요한 것들은 조리대로 올라온다. 만약 요리과정에서 필요할 때마다 냉장고로 가서 문을 열었다 닫았다 한다면 여러 가지로 불편할 것이다. 대강 요리 중에 필요할 것으로 예상되는 재료들을 미리 꺼내 놓으면 왔다 갔다 하는 시간을 줄일 수 있다. 앞에서 살펴본 디램은 전형적인 주기억장치다. 디램이 전자를 저장하는 방식은 전원이 연결될 때뿐이며 전원이 꺼지면 모든 정보가 사라진다. 이것을 휘발성 기억장치라고 한다. 즉 컴퓨터의 전원을 켠 후 작업할 동안 필요한 정보를 디램에 올려놓는다. 작업이 끝난 후 그 결과를 보조기억장치에 옮겨 놓고 나면 전원을 꺼도 된다. 요리가 끝난 후에 조리대를 깨끗이 치우는 것과 같다.

디램은 커패시터라는 극미의 방에 전자를 가둬서 정보를 기록하는데 쉽게 비유하면 허술한 작은 텐트와 같다. 전원을 끄면 모든 정보가 사라지는 것은 물론 전원을 켜 둔 상태에서도 전자가 누설된다. 하지만 그렇기 때문에 정보를 지우고 쓰는 것이 매우 빠르다. 요리할 때만 채웠다가 요리가 끝나면 깨끗이 치워야 하는 조리대에 적합한 성질이다. 그러나 냉장고로서는 부적절하다. 음식재료가 새어 나오는 냉장고가 되는 셈이다.

1980년 일본의 반도체기업 도시바의 마츠오카 후지오가 플래시메모리를 개발했다. 이것은 디램과 달리 커패시터를 없애고 트랜지스터 내에 플로팅게이트라는 공간을 만든다. 커패시터가 허술한 텐트라면 플로팅게이트는 콘크리트 감옥이다. 전자가 자유롭게 들락거리는 커패시터와 달리 플로팅게이트는 부도체로 주변과 차단되어 있는 고립계다. 전기가 통하지 않는 절연체 벽면에 둘러싸인 공간에 전자를 가둘 수만 있다면 훌륭한 저장장치가 될 것이다. 그런데 문제가 있다. 이 벽 안으로 어떻게 전자를 집어넣었다 빼낼 것인가. 플래시메모리는 정보의 입출력이 불편한 장치였다.

별도의 외부 창고인 커패시터에서 빠르고 편리하게 정보를 지웠다 썼다 할 것인가, 아니면 절연체로 엄중하게 차단된 내부 창고를 만들 것인가의 문제였다. 절연된 벽으로 에워싸여 있다면 불편한 정도가 아니라

〈그림 4-2〉 테이프 저장방식의 이해. 붉은 박스에 있는 데이터를 읽으려면 오렌지색 리더가 있는 지점까지 테이프를 옮겨올 수 밖에 없다. 테이프가 길어질수록 많은 시간이 걸린다.

아예 전자는 드나들 수 없는 것 아닐까. 하지만 전자는 일반 물체와는 다른 기묘한 특성을 갖는다. 양자 터널링이란 전자가 마치 영화 〈엑스맨〉에 등장하는 쉐도우 캣처럼 단단한 벽과 바닥을 통과하는 현상이다. 입자처럼 움직이던 전자가 플로팅게이트의 벽면에서 쉐도우 캣처럼 자신을 파동의 형태로 바꾸어 벽을 통과한다. 최첨단 과학인 양자역학을 이용한 저장 방식이었지만 디램에 비해 느리고 불편했다. 도시바의 경영진은 이런 단점 때문에 마츠오카의 작품을 못마땅해 했고 기대를 걸지 않았다. 주기억장치로 쓰기에는 디램보다 훨씬 더 불편했으며 보조기억장치로 쓰기에는 하드디스크라는 장치가 이미 널리 쓰이고 있었다.

하드디스크는 반도체가 아니다. 이것은 전자석을 이용해서 전기와 자기를 변동시키면서 정보를 기록한다. 이것은 최초에 카세트테이프와 같은 테이프 필름에 정보를 기록하던 방식을 따른 것이다. 카세트테이프나 비디오테이프는 긴 테이프에 정보를 기록하고 이를 롤에 감아서 보관했는데, 필요 부위의 정보에 접근하기 위해서 테이프를 감았다 풀었다 해야 한다. 이것은 너무나 불편하기 때문에 하드디스크가 등장했다. 음악방송에서 음악을 틀어주는 DJ가 카세트테이프만을 가지고 있다면 1

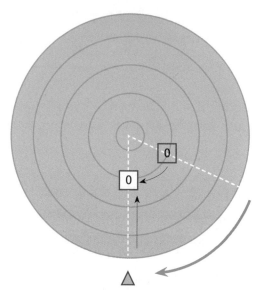

〈그림 4-3〉 하드디스크의 작동 방식. 하드디스크에서는 동심원을 그리는 트랙 및 트랙상의 특정 위치에 정보가 기록된다. 목표로 하는 붉은 박스의 데이터를 읽으려면 일단 외부 헤더의 위치와 수직선을 이루도록 디스크를 회전시킨 후, 트랙을 안쪽으로 이동시켜서 데이터를 찾는다. 일렬로 늘어선 데이터를 이동시키는 것보다 훨씬 더 시간이 절약된다.

번 트랙 음악은 바로 틀 수 있겠지만 12번 트랙이라면 테이프를 한참 감아야 한다. 디스크는 원반 형태이며 동심원으로 된 트랙상에 정보가 기록된다. 1번 트랙에서 12번 트랙까지 원반 위를 이동하는 것은 테이프의 경우처럼 많은 시간이 걸리지 않는다.

하드디스크는 바로 이러한 원리를 통해 테이프 형태의 문제점을 극복한 장치였다. 어차피 물리적 방식으로 저장되고 디스크가 회전하는 방식의 기계적 동작에 의존한다는 점에서 한계가 있었지만, 주기억장치가 아닌 보조기억장치로서는 쓸 만했다. 이렇게 디램과 하드디스크가 좋은

위대한 카피캣 대한민국

호흡을 보여주고 있는 상황에서 주기억장치로서는 디램만 못하고 보조기억장치로서는 하드디스크만 못한 플래시메모리는 설 자리가 없었다. 도시바는 신기술의 가치를 평가절하하고 인텔과 삼성에 이 기술을 공유했다. 비밀로 보장할 가치가 없었기 때문에 차라리 업계에 확산해서 시장을 키우는 것이 낫다고 판단한 것이다. 그러나 삼성전자는 여기서 기회를 보았다.

역시 변화가 중요했다. 하드디스크는 PC의 보조기억장치로서 나쁘지 않았지만 두 가지 변화, 즉 고속화와 소형화가 가속하고 있었다. 반도체는 무어의 법칙에 따라 매년 고도화된다. 반도체는 인간이 감각할 수 있는 거시 세계가 아니라 전자들이 활동하는 미시 세계의 법칙에 따른다. 그러나 하드디스크는 인간이 감지할 수 있는 물리적 세계에 속한다. 물론 더욱 촘촘하게 정보를 기록하고 디스크를 더 빨리 회전시키는 방식으로 성능을 개선해 갔지만, 원반을 빨리 회전시키는 데는 한계가 있었다. 하드디스크의 속도가 CPU의 가속화를 따라가지 못함에 따라 컴퓨터 속도 개선의 걸림돌이 되었다. 조리대에서의 요리 속도가 엄청나게 빨라짐에 따라 냉장고까지 왔다 갔다, 열었다 닫았다 하는 속도가 큰 장애물이 된 것이다.

그러나 이보다 더 큰 변화의 흐름이 다가오고 있었다. 그것이 바로 소형화다. 이 소형화에는 물론 데스크톱이 노트북으로 바뀐 것도 포함되지만 더욱 중요한 것은 스마트폰의 등장이었다. PC의 주역이었던 잡스가 30년 뒤 아이폰을 들고 다시 등장한다. 터치스크린과 앱스토어를 장착하고 등장한 아이폰은 더 이상 전화기가 아니라 전화기 기능을 내장한 인터넷 디바이스, 즉 들고 다니는 컴퓨터였다. 여기에는 물론 컴퓨터처럼 중앙처리장치가 필요했지만 저장장치도 필요했다. 특히 기존의 피처폰과는 비교할 수 없는 대용량의 보조기억장치가 필요했다. 아이폰의 전신인 음악 플레이어 아이팟은 묵직한 하드디스크를 달고 등장했다. 전화기도 아니고 음악을 듣는 것 외에 아무것도 할 수 없는, 그리고 용량도 20GB 밖에 되지 않는 아이팟의 무게는 200g을 넘었다. 만약 오늘날과 같이 200GB 수준이 되었다면 무게는 kg 단위가 되고 크기도 고성능 노트북 정도가 되었을 것이다. 다른 장치가 필요했다.

이 기회를 포착한 것이 삼성전자였다. 도시바로부터 거의 무상으로 플래시기술을 전수받은 삼성전자는 "낸드플래시"라는 메모리칩을 만들고 애플에 납품을 시도한다. 하드디스크의 한계를 느끼고 있던 잡스는 바로 낸드플래시의 가능성을 알아챘고 삼성전자와 협력하기로 결정한다. 물론 삼성전자가 혼자서 처음부터 이 시장을 독점했던 것은 아니다. 스마트폰 외에도 서서히 수요가 늘어나기 시작함에 따라 원조인 도시바는 물론 인텔 등 여러 회사가 경쟁적으로 이 제품에 뛰어들었다. 하지만 삼성전자는 이 경쟁에서 두각을 나타낸다. 낸드플래시의 가능성을 일찍부터 알아본 것은 물론, 디램 경험을 그대로 옮겨 올 수 있었다. 하드디스크와 달리 플래시메모리는 트랜지스터, 즉 반도체다. 디램의 치열한 혁신 경쟁에서 축적된 노하우와 자신감은 낸드플래시에서도 그대로 발휘되었다. 물리적 속성에 구애된 하드디스크와 달리 초기 플래시메모리의 단점도 지속적으로 개선되었다. 읽고 쓰기가 불편한 문제점은 크기 축소와 병렬 사용을 통해 상당 부분 개선되었다.

현재라는 관점에서 신기술을 바라본 도시바와 달리, 세상은 변하고 있고 정지해 있으면 뒤처진다는 것을 체득한 삼성전자는 또 한번 '느린 죽음'보다 '근본적 변화'를 시도한 것이다. 이후 아이폰을 비롯한 스마트폰이 가져온 모바일 혁명은 우리 모두가 목격한 바이다. 중요한 것은 모바일 혁명을 잡스가 기획하고 그의 뜻대로 혁명이 구현되는 과정에서 삼성전자가 저부가 공급업체의 일원으로 참여한 것이 아니라는 사실이다. 낸드플래시의 경쟁자는 많았지만 삼성전자는 막대한 투자와 탁월한 기술력으로 대체 불가한 파트너가 되었다. 아이폰의 이익이 솟구치면서 이에 납품한 삼성전자의 낸드플래시 역시 상상을 초월하는 이익을 올렸다. 이들은 모기업과 하청기업의 관계라기보다는 모바일 혁명의 경로를 개척한 파트너, 마치 서로 생명선으로 연결된 알피니스트처럼 함께 성장했다.

제품과 기술은 달랐지만 디램에서 일어난 일이 크게 보면 거의 비슷한 패턴으로 반복되었다. 반도체제품이라는 같은 영역에서 심지어 스티브 잡스라는 동일인의 30년 후 일어났다는 점에서 이 평행이론은 소름이 끼칠 정도다. 패러다임 혁신자와 협력하는 돌파형 혁신을 한국기업의 DNA라고 불러도 큰 무리가 없을 듯하다. 이것은 기존의 글로벌 밸류체인의 유형 중에서도 매우 독특한 것이다.

글로벌 밸류체인은 그동안 '함정'인가 '사다리'인가에 대한 논란이 지속되었고 남미는 함정의 증거, 동아시아는 사다리의 증거로 거론되곤 했다. 그러나 여기서 살펴본 디램과 낸드플래시의 사례는 함정에도 사다리에도 부합하지 않는다. 사다리는 이미 고정된 도착점에 늦게 도달하는 개념이다. 삼성전자에게 글로벌 밸류체인은 사다리가 아니라 도약대, 즉 뜀틀 발판이 되었다. 물론 이 뜀틀은 기존 발전 경로가 아니라 새로운 패러다임을 조준한 발사대였다.

"기어가지도 못하는데 뛰려고 한다"는 말이 있다. 글로벌 밸류체인은 산업후발국에는 마치 한 걸음 한 걸음 밟아야 하는 커리큘럼처럼 여겨졌다. 그러나 산업기술은 20세기 후반 정보혁명과 함께 급진적으로 변했다. 기었다가 걸었다가 뛰어야 한다는 단계 구분은 이제 의미가 없다. 반드시 거쳐야만 하는 단계가 건너뛸 수 있는 것이 된다. 단계를 건너뛰고 새로운 경로를 설정하는 것도 가능하다. 이것은 물론 산업의 역량이 부족한 국가로서는 불가능한 일이다. 그러나 어느 수준 이상의 역량에 도달할 경우, 산업과 기술 패러다임 변화는 오히려 기존 패러다임에 익숙한 기업보다, 아예 경험이 없는 초심자에게 더 유리할 수 있다. 이것을 '초보자 이익 Novice Advantage'이라고 하며, 바로 이것이 경로 생략, 경로 창출의 추월전략의 비결이 된 것으로 보인다.

산업 생태계의 중심이 아닌 변방의 기업들이 우물 안 개구리가 되지 않고 패러다임 전환을 감지하고 선진 기업보다 더 먼저 반응하고 빠르게 기선을 제압한 것은 놀라운 일이 아닐 수 없다. 강자가 더욱 강해지고 가진 자가 부를 더욱 독점한다는 파괴적 양극화에 대한 가장 강력한 반례가 한국산업에서 일어났다. 그리고 이것은 일회성의 요행이 아니라 계속해서 반복되며 한국경제를 밀고 가는 동력으로 자리 잡게 된다.

CDMA라는 목적창출형 혁신

제조업의 학습에 강점을 보인 한국인들이 디지털화와 정보혁명에 능동적, 적극적으로 반응한 것은 어느 정도 예상 가능한 것이었다. 고도의 예술성, 문화적 취향, 장인적 감각 등의 암묵지 영역보다 논리적이고 일관성 있는 명시지 영역에 주력한 것은 현명한 선택이었다. 제조업은 과거 장인의 암묵지를 기계화를 통해 상당히 논리화, 표준화한 것이었고 이 자체가 디지털화의 시작이었다. 20세기 말의 정보혁명은 디지털화가 한층 더 고도화된 것이다. 인지능력, 즉 언어·수리 지능에 열중하는 한국인에게는 점점 더 유리한 상황이 전개되고 있었다.

대표적인 산업 분야가 바로 디지털 이동통신이다. 전화로 대표되는 전통적인 통신은 아날로그 방식이었다. 소리는 초속 600미터의 공기 파동으로 그리 멀리 가지 못한다. 전파는 초속 30만 킬로미터의 속도로 지구 어느 곳이든 날아갈 수 있다. 엄청난 속도 차이에도 불구하고 음파와 전파는 파동이라는 점에서 같으며 서로 변환된다. 마이크를 통해 소리가 진동판에 부딪히면 전자기 현상을 이용해 이를 전파로 바꿀 수 있다. 이 전파는 전화선을 타고 빛의 속도로 목적지로 이동한 뒤 수신기에서 다시 음파로 바뀌어 대화가 가능해진다.

전화선을 이용할 때는 아날로그 방식도 쓸 만했지만 문제는 이동통신, 즉 무선전화를 사용하면서 불거졌다. 전화선이 아니라 무선, 즉 공중으로 전파를 보내는 것은 쉽지 않았다. 아날로그 신호는 심하게 왜곡됐고 수많은 사람 간의 연결을 위해 주파수를 제한해야 했기 때문에 효

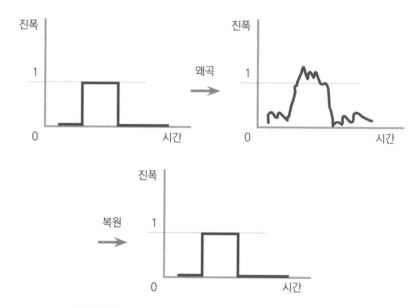

〈그림 4-4〉 디지털 신호의 복원

율도 낮았다. 아날로그 방식의 1세대 이동통신은 비싸고 거대한 전화기, 불량한 음질과 불안한 접속으로 악명이 높았다. 진정한 통신의 시대는 디지털 기술을 활용한 2세대부터 시작되었다.

디지털은 소리의 파동을 0과 1의 조합으로 바꾼다. 들쭉날쭉한 아날로그 파동이 아니라 0과 1의 파동을 전파로 보낼 경우 송신 중에 음파가 다소 일그러지더라도 이를 거의 정확하게 0과 1로 복원할 수 있다. 이것이 디지털의 힘이다. 미세한 왜곡과 떨림에 일일이 신경을 쓸 필요가 없다. 물론 0과 1로 바뀌는 과정에서 실제의 소리와는 조금 달라지지만 일정 오차 한계 내에서는 동일한 정보를 전송할 수 있다.

정부는 근대화 과정에서 통신의 중요성을 체감하고 있었기 때문에 이

위대한 카피캣 대한민국

동통신 도입에도 적극적이었다. 우리나라의 이동통신 수요는 빠르게 증가하고 있었고 디지털화는 유일한 대응책이었다. 1989년 1월 정부는 국가의 핵심 인프라로서 디지털 이동통신을 국책과제로 설정하고 전자통신연구원 ETRI: Electronics and Telecommunications Research Institute 주도로 개발계획을 수립하도록 했다.

전자통신연구원은 선진국의 동향을 조사한 결과 유럽을 중심으로 TDMA 시분할 다중접속 방식이 표준기술로 채택되고 있음을 알게 되었다. 이는 여러 사람의 통화 음성을 동시에 전송할 때 각각의 신호를 시간에 따라 나누는 것이다. 여러 사람이 동시에 말하면 알아듣기 곤란하므로 순번을 정해서 차례로 한 사람씩 말하게 하는 것이다. "내일 시청 앞에서 만나자"와 "돈 100만 원을 송금해 줘"라는 두 개의 메시지가 있다면, 단위시간마다 다음과 같이 한 글자씩 보내는 것이다. "내 - 돈 - 일 - 백 - 시 - 만 - 청 - 원 - 앞 - 을 - 에 - 송 - 서 - 금 - 만 - 해 - 나 - 줘 - 자." 이렇게 보내면 듣는 쪽에서 순번대로 가려서 듣는 것이다. 시간을 촘촘하게 분할해서 빨리 말한다면 수많은 메시지도 빠르게 전송할 수 있다.

전자통신연구원은 TDMA 기술 진영과 접촉했지만 동시에 새로운 다크호스 CDMA 진영에도 관심을 기울였다. CDMA란 코드분할 다중접속으로 암호를 이용하여 서로를 인식하는 방식이다. 즉 시간을 쪼개서 각각의 메시지를 보내는 것이 아니라 동시에 발신하지만 수신자는 이 중에서 자기에게 해당되는 메시지만을 가려서 들을 수 있다. 각각의 메시지가 특정 방식으로 암호화되고 수신 측에서는 이를 해독할 수 있는 키로 해당되는 메시지만을 가려 듣는 것이다. 흔히 시끄러운 공항에서 여러 나라 사람들의 말이 뒤섞이는 와중에도 모국어는 또렷하게 들리는 현상에 비유할 수 있다. 아무리 여러 나라의 말들이 들려도 그 속에서 들려오는 한국말을 한국인이라면 놓치지 않을 것이다. 암호화와 해독키를 만들 수만 있다면 시간을 쪼개서 말하는 것보다 훨씬 더 효율적일 것이다.

CDMA는 퀄컴이라는 회사에 의해 개발된 제품으로 한발 뒤늦은 추격자의 입장이었다. TDMA가 유럽을 포함해서 상당 국가의 시장에 이미 가동되고 있는데 반해 CDMA는 근원 기술이 개발된 수준에 머물러 있었다. 유망한 만큼 불확실성이 높았다. 그럼에도 불구하고 전자통신연구원은 퀄컴과의 협력을 모색했고 결국 정부도 CDMA를 선택한다.

이것은 한국 산업은 물론 경제 전체의 운명을 좌우할 만한 결단이었다. 한국은 단순히 이동통신의 사용자가 아니라 주도적 참여자가 되기를 희망했다. 통신 서비스는 물론 관련 장비와 인프라, 특히 휴대전화 등 디바이스와 부품 공급자로서 거대한 산업의 발전이 좌우되는 상황이었다. 이미 완성된 기술을 제공받는 수동적 입장으로는 글로벌 밸류체인의 말단, 저부가 하청 역할밖에 기대할 수 없다. 주도적인 참여를 원했던 한국에게 선발자였던 TDMA 진영 기업들은 냉랭한 태도를 보이며 기회를 주려 하지 않았다. 하지만 도전자인 퀄컴은 입장이 달랐다. 기술밖에 없던 퀄컴으로서는 이를 현실화할 산업 기반과 시장이 필요했으며 한국은 이 모든 면에서 천군만마와 같은 존재였다.

PC와 메모리에서 구현되었던 환상의 커플링이 다시 시작되었다. 불확실성으로 인한 반대에도 불구하고 한국은 CDMA를 표준으로 설정하고 남들이 가지 않은 길을 내디뎠다. 이것은 디램보다도 더욱더 진전된

파트너십이었다. PC와 스마트폰의 경우 상당 정도 제품이 현실화된 뒤의 일부 부품 개발을 담당한 것에 반해, 이 경우는 기술의 제품화과정 전반을 처음부터 한국이 주도한다. 공급업체의 입장이 아니다. 퀄컴과 한국은 한 배를 탄 것이다.

이후 CDMA 상용화의 과정은 한 편의 드라마라고 해도 좋을 극적인 스토리였다. 삼성전자를 포함한 관련 기업들과 연구기관을 통합한 사업 추진단이 만들어졌고 과거 전화교환기 사업을 성공시켰던 서정욱 박사가 리더를 맡았다. 수많은 난관이 있었지만 가장 근본적인 난점은 실험실에서 구현된 기술을 현실에서, 대규모로, 경제성 있게 구현해야 한다는 것이었다. 이 상황을 다음과 같이 비유할 수 있다.

프로펠러 여객기를 제트 여객기로 바꾸려고 하는데 미국의 어떤 기업이 고성능 제트 엔진을 개발했다는 소식을 듣고 이를 도입했다. 그런데 이 엔진 개발사는 대형 여객기의 제조에 대해서는 전혀 모르는 상황이다. 단지 우수한 제트 엔진을 도입하여 이를 장착한 여객기를 제조하고 이를 운행할 수 있는 공항과 관제 시스템 등을 운영해야 한다. 그런데 현 상황에서 여객기 제조, 공항 건설, 공항 운영 등의 역량은 여러 회사에 나뉘어져 있다. 이 회사들을 일사불란하게 이끌어 제트 여객기 운항 시스템을 만드는 것은 상상을 초월하는 어려운 일이었다. 서정욱 박사는 도입 기술의 소화, 시제품 개발, 테스트, 양산, 품질보증, 운용에 이르는 전 과정 관리(life-cycle management)를 수행했다. 제트 엔진 하나를 가지고 여객운항 시스템 전체를 만들어 낸다는 과정에서 글로벌 밸류체인 전체의 기획자와 조율사의 역할을 했다고 볼 수 있으며, 최초 시즈 기술을 퀄컴에 아웃소싱했다고 해석할 수도 있는 상황이었다. 만약 한국의 이동통신 사업추진단이 여러 기업들의 이해관계를 아우르면서 경제성 있는 결과물을 만들어 내지 못했다면 CDMA는 실용성을 갖지 못한 흥미로운 아이디어 단계에서 좌초할 수도 있었을 것이다.[4]

이것은 돌파형 혁신의 전형적인 사례로써 아이디어 단계의 핵심 기술을 현실에 구현하는 해법 창조라고 칭할 수 있다. 추격이나 추월과는 차원이 다른 새로운 생태계의 건설이라고 볼 수 있다. 즉 앞에서 제시한 경로창출형 전략과도 차원이 다르다. 삼성전자의 스택형 디램은 메모리칩의 집적도를 높인다는 종래의 목적을 달성하기 위한 기발한 새 경로였다. 마찬가지로 삼성전자의 낸드플래시는 스마트폰의 경량화·소형화라는 목적을 달성하기 위한 또 하나의 멋진 새 경로였다.

그러나 CDMA 통신 생태계는 단순히 통화품질을 높이기 위한 해법이라고 보기에는, 그 자체가 하나의 새로운 목적이라고 할 수 있다. 디지털 통신은 과거 아날로그 시대와는 달리 통신의 기능과 존재 의미 자체를 바꿔 놓았기 때문이다. 디지털 통신은 휴대전화를 단순히 전화기가 아니라 문자, 이메일, 카메라, 음악감상 기능을 갖는 복합 디바이스로 진화시키기 시작했다. 결국 멀티미디어 전송과 인터넷 사용이 자유로워지면서 모바일 네트워크의 시대가 열리고 이는 기존 PC 중심의 정보혁명을 한 차원 더 높은 곳으로 밀어 올린다.

CDMA 상용화는 이러한 의미에서 패러다임 구현을 위한 해답이 아

위대한 카피캣 대한민국

니라, 패러다임의 구현 그 자체라고 해도 무방하다. 패러다임의 기획, 설계, 구축을 한국 산업이 주도한 것이다. 물론 퀄컴의 CDMA 기술은 창의적이고 천재적이었으며 이후의 모든 일을 가능하게 만든 씨앗이었음에 틀림없다. 그리고 그 기술 덕분으로 2020년대에 들어와서도 다양한 기술의 특허를 통해 "퀄컴세"라고 불리는 라이선스 수익을 거두고 있다. 하지만 그들의 씨앗은 한국의 제품화·인프라 역량 그리고 테스트베드가 없었다면 결코 열매를 거두지 못했을 것이다. 그런 면에서 최초의 CDMA 아이디어는 이동통신 품질을 위해 고안된 하나의 도구였지만, 이것이 현실화되자 새로운 목적, 즉 음성통화를 넘어 다양한 멀티미디어 정보를 실시간으로 그리고 다양한 방식으로 소통하는 모바일 네트워크가 출현하게 되었다. 이것은 경로창출형 혁신이 아니라 목적창출형 혁신이라고 불러도 좋을 것이다.

인터넷과 모바일의 등장이라는 정보혁명의 2단계를 여는 과정에서 한국은 디램, 낸드플래시, CDMA라는 세 가지 기념비적 해답의 공급자가 되었다. 최초의 아이디어를 창조하고 새로운 패러다임을 제시한 선지자는 아니었다. 그러나 비전은 리더가, 실행은 팔로어가 담당한다는 식의 이분법은 타당하지 않다. 아이디어는 상자 밖으로 상상의 날개를 펼치는 것으로 때로는 무책임하고 허황되기도 하다. 상상을 현실로 만들려면 집념과 치밀함으로 어떤 어려움에도 굴복하지 않는 성과몰입형 리더가 요구된다. 비전보다는 실행, 아이디어보다는 치밀한 해결책, 상상보다는 성과에 집중하는 한국적 인재의 특성이 산업화·정보화시대에 적절한 포지션을 찾은 것이다.

퀄컴과 한국의 협업은 디지털 통신 초기의 난관을 극복하는 성과를 거두었으며 이 성과는 이후 모바일 네트워크라는 정보혁명의 진화를 밀고 가는 계기가 되었다. 이 과정에서 한국은 글로벌 밸류체인의 힘없는 꼬리칸 승객이 아니라 대등한 파트너로서 때로는 전체 시스템을 구축하고 최종 성과에 대해 책임을 지는 진정한 리더였다고 평가할 수 있다.

패러다임 전환의 틈바구니에서 성공한 자동차산업

전자산업이 정보혁명이라 불리는 3차 산업혁명의 주인공이라면 20세기 초에 본격화된 2차 산업혁명의 주인공은 단연 자동차산업이다. 후발 산업국 한국에게 전자산업은 역시 뒤처졌지만 선두 주자와의 거리가 자동차만큼 멀지는 않았다. 그러나 자동차산업은 반도체산업에 비해 훨씬 먼저 고도화된, 그만큼 신생 자동차기업에게는 범접하기 어려운 영역이었다. 독일, 미국, 일본의 쟁쟁한 기업에 의해 빈틈없이 지배되고 있는 산업이라고 해도 좋았다.

자동차산업에서의 추격이 어렵다는 것은 자동차산업을 발전시킨 나라가 극소수라는 사실만으로도 확인된다. 동남아시아와 중남미 등 많은 후발 산업국들이 자국의 자동차산업 발전을 위해 노력했지만 대부분 좌절을 겪었다. 양자역학까지 동원되는 전자산업에 비해 기술적 난이도는 조금 낮을지 몰라도, 디지털 세계가 아니라 현실 세계를 달리는 자동차 제조에는 다양한 역량과 물적 인프라가 요구된다.

지금까지 한국적 경영에 대해 진술하면서 한국의 기업들을 동질적인 유형으로 묘사해 왔지만 업종, 규모별로 기업 간의 차이는 매우 크다. 이번 사례의 주인공인 현대자동차 역시 삼성전자와는 매우 다른 기질과 문화를 가지고 있다. 자동차산업은 기술집약적이라기보다는 규모집약적이며, 이론과학보다는 암묵적 지식을 더 많이 요구하는 특성을 지닌다. 현대의 기업 문화는 이러한 특성에 더 잘 부합했다. 현대그룹의 창업주 정주영 회장이 1980년대 초에 "큰 것만이 아니라 작은 것에서도 삼성을 이길 수 있다"며 반도체사업을 시도하다가 삼성에 뒤진 것, 그리고 삼성의 이건희 회장이 1995년 자동차사업에 진출했다가 좌절한 것은 어쩌면 우연이 아닐지도 모른다. 한국 재계의 영원한 맞수인 삼성과 현대는 이처럼 상대의 영역에서 쓴맛을 보았다.

큰 것과 작은 것, 명시적 지식과 암묵적 지식, 디지털과 아날로그라는 전자산업과 자동차산업의 차이, 그리고 이에 대응한 삼성과 현대의 기업 문화의 차이에도 불구하고 지금껏 살펴본 돌파형 혁신의 스토리는 그대로 유지된다. 방직기, 방적기라는 섬유공업 외에는 본격적인 기계공업의 경험이 전무하던 한국은 오랜 연륜과 독점력을 가진 선진 자동차기업을 향한 추격을 개시한다.

처음부터 현대는 자동차산업에서 주도적인 플레이어가 되겠다는 당찬 의지를 지니고 있었다. 그 확고한 의지가 드러난 것이 바로 기술 도입을 위해 경영권을 양보하지 않는다는 현대의 확고한 원칙이었다. 이 당시 선진 자동차사들은 후발국 기업을 자동차 및 부품 생산기지로 활용하면서도 핵심 기술 이전에 대해서는 경영권을 요구하는 까다로운 태도를 보였다. 이것은 선진 기업의 횡포처럼 느껴지기도 하지만, 단지 지배력 강화라는 동기만으로는 설명할 수 없는 실용적인 이유도 있다. 자동차산업은 앞에서 이야기한 것처럼 첨단 과학이론보다는 규모의 경제와 암묵적 지식이 중요한 영역이다. 기술을 한 번 가르쳐 주면 배운 그대로 규격에 맞는 결과물을 산출한다는 보장이 없었다. 후발국에 제조의 일부를 이양할 때에는 지속적인 사후관리가 필요한 경우가 대부분이었으며 이를 위해서는 경영권을 확보하는 것이 안전장치가 될 수 있었다.

현대의 경영권 고수는 "기술 자립"을 향한 의지라고 표현할 수 있다. 현대는 1973년 GM의 5:5 지분 비율의 합작 제안을 거절하고 고유 모델 개발이라는 지금으로 보아도 무리수로 보이는 결정을 내렸다. 이후에도 GM, 포드, 미쓰비시 등 굴지의 해외기업과의 협상에서 항상, "경영권을 양도해야 한다면 독자 개발을 추진하겠다"는 입장을 포기하지 않았다.

이것은 처음부터 현대의 의지, 그리고 장기적인 사고방식을 보여준다. 지금 당장 경영권을 내어 주고 기술을 도입한다면 단기적 성과를 거두는 데에는 도움이 될 것이다. 그러나 이것은 장기적으로 자동차산업에서 뿌리를 내린 경쟁력 있는 플레이어가 되지 못하고 좌초할 가능성이 크다. 작은 이익을 추구하지 않고 글로벌 플레이어로서 성장하겠다는 불굴의 의지가 엿보인다.

물론 의지가 강하다고 해서 모든 문제가 해결되지는 않는다. 불가능한 과업에 집착해서 오히려 큰 실패를 맛볼 가능성도 있다. 현대가 강력한 총수의 의지와 실무자들의 헌신으로 불가능에 가까운 과업을 달성한 것은 오늘날 우리가 직접 확인하고 있는 사실이다. 그러나 의지와는 별

위대한 카피캣 대한민국

도로 회심의 전략이 있었다. 그 전략은 바로 삼성전자에게서도 찾아볼 수 있었던 돌파형 혁신이다.

경영권을 유지하면서 기술을 발전시키려면, 스스로 학습하는 방법밖에 없다. 하지만 이것은 말처럼 쉽지 않다. 한쪽에서는 선진 기업에게 지배당할 위험, 다른 한쪽에서는 기술개발에 좌초할 위험에 둘러싸인 진퇴양난의 상황이었다. 그러나 한 가닥 희망을 걸어 볼 만한 전략이 있었다. 기술 패러다임의 변화를 맞아 새롭게 등장하는 진영에 승부를 거는 것이다. 우리는 이미 삼성전자가 PC라는 패러다임 변화에 베팅하여 고高집적 디램을 개발한 사례를 보았다. 이와 유사한 돌파형 혁신, 새로운 패러다임에서의 점진적 혁신이 자동차산업에서도 시도되었다.

한국 자동차산업은 1960년대에서 70년대에 이르는 초기 단계에 막대한 연구개발비를 투자하여 독자적인 엔진 개발까지 성공했다. 이것도 정말 대단한 일이었지만 어디까지나 기존의 기술을 모방한 것에 불과했다. 자동차산업은 완전일체형 제품, 즉 자동차를 구성하는 여러 요소들이 상호밀접하게 연관된 제품으로 부품 상호 간의 미세한 조절이 필수 불가결하다.[5] 이런 산업에서 후발자의 추격은 경험에 기반한 암묵지라는 높은 진입 장벽에 가로막힌다.

단지 열심히 하는 것만으로 선진 업체들을 추격하기란 거의 불가능했다. 이때 기회의 창이 열린다. 그것이 바로 기화식 엔진에서 전자 제어식 엔진으로의 변화다. 기화란 연료와 공기를 혼합하는 것을 말한다. 자동차 엔진에서 휘발유를 주입할 때 공기의 양을 조절함으로써 변속이 가능하다. 매우 좁은 통로를 통과하는 고속의 공기를 에어로졸 형태가 된 휘발유와 섞어야 하는 정밀한 장치다. 더군다나 다양한 지형과 기후 상황에서 항상 동일한 성능을 구현하려면 오랜 기간 축적된 고도의 노하우가 요구된다.

그런데 밸브라는 기계 장치를 통한 연료 분사가 전자 제어식으로 바뀌기 시작한다. 기체의 역학에 의존하던 장치가 8비트짜리 마이크로컴퓨터에 의한 스마트 기기로 변화하기 시작한 것이다. 기화된 연료의 압력으로 작동하는 방식으로는 정밀한 제어를 기대하기 어려웠다. 특히 문제된 것이 배기가스 제어였다. 기화식 엔진으로는 배기가스를 일정 수준 이하로 저감한다는 것이 근본적으로 불가능했다. 이를 위해서는 컴퓨터에 의한 전자 제어가 필수 불가결했으며 이에 따라 자동차 엔진은 커다란 전환점을 맞는다.

현대자동차는 삼성반도체와 같이 패러다임 전환의 틈바구니에 놓여 있었다. 하지만 당시로서는 기화식 엔진도 제대로 따라하지 못하면서 더욱 고도화된 전자식 엔진에 도전한다는 것이 무모하게 비친 것도 사실이다. 당시 회사 내에서는 이에 대해 논란이 뜨거웠다고 한다.[6] 그러나 전자식 엔진에의 도전은 탁월한 전략이었다. 기화식과 전자식은 동일한 기술의 발전 단계가 아니라 근본적인 패러다임 전환이었기 때문이다.

현대자동차의 혁신과정에 대한 연구에서 김견은 전자식 엔진 개발에서 기화식의 경험은 버려야 할 낡은 요소였으며 이에 대한 약점은 오히려 강점으로 작용하였다고 한다. 새로운 게임이 시작되면서 과거의 암묵지는 가치가 낮아졌다. 선발자 우위가 사라지고 운동장이 평평해진 것이다. 도리어 기화식에 익숙하지 않은 추격자에게 더 유리한 상황이었다고 볼 수도 있다. 과거 기술에 몰입된 선발자들은 새로운 것에 적응하는 데 어려움을 겪었기 때문이다.

현대자동차는 기존 기술의 모방 학습으로 어느 정도 기초를 마련했지만 새로운 변화를 거부할 만큼 매몰되지는 않은 '골디락스존'에 들어서고 있었다. 기화식에서 전자식으로의 패러다임 변화는 불가피했지만, 잃을 것이 적은 추격자는 잃을 것이 많은 선발자에 비해 심리적으로 더 편안하다. 부경대 최홍봉 교수는 현대자동차와 도요타의 비교 연구에서 위험에 대한 태도에서 두 기업의 차이가 분명하게 나타났다고 지적한다. 현대자동차는 기술 자립을 유지하기 위해 선진 기업의 도움을 거부하고 기꺼이 위험을 감수했다. 반면 도요타는 기계공업의 높은 기술 수준을 바탕으로 이미 확립된 산업 발전의 경로를 충실하게 따라가며 격차를 줄이려 했다.[7] 현대와 도요타의 차이는 의사결정에서의 프레임 효과, 즉 현 시점을 '잃을 것이 많은' 유리한 상태로 보는가 아니면 '잃을 것이 없는' 불리한 상태로 보는가에 따라 위험에 대한 태도가 달라지는 원리의 좋은 사례가 된다.

승산이 없던 게임이 갑자기 바뀌었다. 새로운 게임은 당황스러웠지만 이것은 강자였던 선진 업체들도 마찬가지였다. 불확실한 승리가 확실한 패배보다 낫다. 그리고 전자식 엔진은 축적된 암묵지보다는 수학과 공학 능력을 지닌 후발자라면 해 볼 만한 디지털 기술에 기반하고 있었다. 현대자동차의 연구원들은, 공교롭게도 삼성전자의 반도체 연구단지가 위치한 경기도 용인시 기흥구의 마북연구소에서 엔진 개발에 성공한다. 새로운 첨단 기술은 기존 자동차 강자들의 진입장벽이 아니라, 진입 장벽을 뚫고 들어가는 공격 무기가 되었다.

현대자동차는 기술 도입과 경영권 확립을 동시에 시도하는 불가능한 미션을 시도했다. 초인적인 노력을 기울인다고 해도 정상적 상황이었다면 선진 기업에 근사한 아류작을 내는데 그쳤을 것이다. 그러나 기술 패러다임의 급속한 변화라는 지각변동이 찾아왔다. 고정된 경기장에서 기량이 월등한 강자는 약자에게 허점을 보이지 않는다. 하지만 경기장이 흔들릴 때 기회가 찾아온다. 현대자동차는 이 기회를 놓치지 않고 승부를 걸었다.

이것 역시 한국 인재들의 언더독 기질이 발휘된 사례라고 해야 할 것이다. 도요타 역시 추격자라고 할 수 있으나 이미 서구 업계와 어깨를 나란히 할 정도의 수준에 올라 있었으며 가망이 없을 정도로 뒤처진 상황은 전혀 아니었다. 지금의 경기 룰에서는 희망이 없다는 좌절감이 결과적으로 얼핏 보기에 무모한 도전을 감행하도록 만든 자극이 되었다. 이것은 서서히 다가오는 죽음을 피하고 근본적 변화를 해야 한다고 역설한 로버트 퀸의 경고를 떠오르게 한다. "변하지 않는 것은 변한다는 사실 뿐"이라고 말한 헤라클레이토스의 철학적 경구가 이제 산업과 경영의 거부할 수 없는 현실이 되었다.

그러나 빈곤의 함정, 중진국의 함정 등 미지근한 물에 안주하려는 유혹으로부터 엄격한 채찍질, 끓는 물에 스스로를 던지는 위기의식 고취가 과연 지속가능한 전략일까. 이것은 한국경제의 성공 스토리가 과연 단막극일지 아니면 끝없이 이어지는 이야기일지에 대한 흥미로운 질문이다. 이 질문에 대한 대답은 다음 장에서 찾아본다.

제5장

선진국에서 한번 더 도약하기 위한 조건

한국은 선진국인가

"한국은 선진국인가?" 우리에게 이 물음은 객관적이고 냉정하게 답변하기 어려운 질문이다. 빈곤의 기억이 아직 완전히 사라지지 않은 한국에게 '선진국'은 오랫동안 손에 닿을 수 없는 선망의 대상이었다. '우리가 정말 선진국이 된 걸까'라는 얼떨떨함, 그리고 현실적으로 보이는 많은 문제점과 한계에 대한 의구심이 당당하게 선진국을 자처하지 못하도록 한다.

그러나 제3자의 관점에서 본다면 한국은 큰 논란 없이 선진국이라고 결론 내릴 수 있다. 1인당 소득, 생산규모, 무역규모, 산업 경쟁력, 더 나아가 소프트파워라고 불리는 문화적 역량에 이르기까지 한국이 세계 상위 수준임을 부인하기 어렵다. 무엇보다도 강력한 증거는 세계 여러 나라가 그렇게 인정하고 있다. 2021년 유엔무역개발회의UNCTAD는 국가분류에서 한국을 기존 아시아 그룹으로부터 선진국 그룹으로 이전했다.

위대한 카피캣 대한민국

중요한 것은 무역개발회의에 소속된 195개 국가가 만장일치로 이에 동의했다는 사실이다. 개발도상국이 선진국으로 변경된 것은 이 기구가 창립된 1964년 이후 처음 있는 일이었다. 60년만에 단 한 번 일어난 사건에 200개의 나라가 모두 동의했다는 것이 이채롭다.

왜 적지 않은 한국인들이 현재의 경제적 성취를 자연스럽게 인정하지 못하고 불안해하는 것일까. 그것은 한국의 태생적인 겸손함일 수도 있고 또는 정말로 한국과 기존 선진국을 구별 짓는 현실적인 격차가 있기 때문일 수도 있다. 이 둘은 연관되어 있다. 많은 한국인들이 소득, 경제규모, 무역규모와 같은 양적 지표만으로는 진짜 경쟁력을 판단할 수 없다고 말한다. 자신의 성공을 믿지 않고 스스로의 약점을 강조하며 긴장을 풀지 않는 모습은 마치 세계 최상위권 성적을 올리면서도 자신의 능력을 믿지 않는 "동아시아 학생의 역설"을 연상시킨다.

빈곤의 함정을 극복하면 후진국을 넘어 중진국이 되는 것이고 중진국의 함정을 극복하면 선진국이 되는 것이 논리적이다. 그러나 여전히 현상태가 "완전한 선진국"에는 미달했으며 지속가능하지 않다는 우려가 제기되고 있다. 심지어 논리적으로는 말이 되지 않는 "선진국 함정"*이라는 표현까지 등장한다.

한국경제와 산업에 다양한 문제점과 한계가 존재한다는 것이 선진국으로서 결격 사유가 될 수 없다. 지구상의 어떤 선진국, 심지어 미국조차

---

* 선진국이 경제발전 최상단계라면 선진국 함정은 존재할 수 없다. 하지만 선진국이 다시 중진국으로 후퇴할 위험을 가리키는 의미로 사용되기도 한다. 김인철, 2014, 〈한국경제, '선진국 함정' 경계해야〉, 한국경제포럼.

도 수많은 문제점에 봉착해 있다. 한국의 선진국으로서의 위상이 불안정하다거나 다시 과거의 어려운 시절로 후퇴할 수 있다는 우려 또한 특별한 것은 아니다. 실제로 많은 나라들이 경제적 퇴보를 겪었으며, 선진국이라는 지위가 결코 변하지 않는다는 보장도 없다. 2020년대 초반의 한국은 자국 경제, 산업의 강점을 자랑스러워하거나 만끽하기보다는 성공을 의심하며 긴장을 풀지 못하는 모습이다. 어쩌면 이러한 자기 점검, 끊임없는 성찰과 반성이 오늘날의 성공을 가져온 것인지도 모른다.

"너무 근심 걱정하지 말고 성공을 즐기라"고 권유하고 싶지만, 한국인의 긴장감에는 상당한 근거가 있다. 지금까지의 경제 성공 모델이 과연 계속 지속가능한가의 문제다. 100미터 달리기의 방식으로 1만 미터 또는 마라톤을 달릴 수는 없다. 경로창출형 혁신이 단거리에서 스퍼트를 통해 앞선 주자를 따라잡는 방식이었다면, 이 방식으로 1위 자리를 유지하며 장시간 달릴 수 없을 것은 자명하다.

서울대학교 이정동 교수는 자신의 저술과 여러 강연에서 한국경제를 로켓 엔진에 비유를 했다. 지구 중력을 벗어나는 데 많은 연료가 소요되지만 연료 자체가 무겁기 때문에 로켓을 3단으로 분할하고 연료가 다 소모된 부분을 분리해서 버린다. 한국경제에 비유하면 고도성장기의 성장 방식은 1단 로켓에 해당하므로 이제는 이를 분리해 버려야 할 단계에 도달했지만, 여전히 이를 유지하고 있다는 것이 이정동의 주장이다.[1]

성장 엔진을 교체해야 한다는 주장에 대해서는 이번 장과 다음 장에서 본격적으로 논의할 것이다. 여기서는 이 주장을 지지하는 직관적인 근거를 검토해 본다. 막판 역전을 위한 스퍼트의 방식이 장기간 지속될 수 있을까. 스퍼트란 결정적 순간에 승부를 뒤집기 위해 모든 것을 쏟아붓는 것으로 장기전에는 적합하지 않다.

실제로 삼성 내에서도 매년 위기상황이라는 메시지를 주입한 결과 임직원들이 위기라는 말 자체에 둔감해지는 결과를 우려하는 논의가 있었다. 전신을 긴장시키고 초인적인 에너지를 이끌어 내던 "뜨거운 물"도 익숙해지면 "미지근한 물"이 되어 버리는 것은 아닐까. 위기의식이라는 긴장 상태가 아니라 긍정적이고 건설적인 동기로의 교체, 모든 것이 열악한 조건을 정신력으로 극복하는 과잉 노력이 아니라 일과 생활의 균형을 유지하는 적정 노력으로의 전환이 필요한 것이 아닐까. 이런 면에서 고도성장기의 방식을 벗어나야 한다는 논의는 충분히 설득력을 갖는다.

1992년 바르셀로나 올림픽에서 태극기를 단 선수로는 최초로 마라톤 금메달을 목에 건 황영조 선수는 달리는 도중 너무나 힘들어서 지나치는 자동차에 뛰어들어 죽고 싶었다고 토로한 바 있다. 이러한 사생결단의 자세는 삼성전자 64K디램 개발팀이 64km 행군을 한 것이나 현대자동차 연구원들이 맨손으로 전자식 엔진 개발에 달려든 것과 일맥상통한다. 그러나 언제까지 이렇게 할 수 있을 것인가. 한국이 선진국이 되었음을 인정하고 변화를 모색해야 할 때임은 분명해 보인다.

재독 한국인 사회학자 한병철은 현대 한국사회를 "피로사회"로 규정하고 이런 사회에서는 낙오자와 우울증 환자가 지속적으로 배출된다고 진단했다. 이러한 현상의 근본적 원인은 더 큰 성과를 올려서 더 큰 성공을 거두려고 하는 욕망이 모든 개인에게 심어졌기 때문이며 그 결과 자본가가 노동자를 착취하는 것이 아니라 모든 사람이 자기 자신을 착취하는 자발적 착취 사회가 만들어졌다. 모두가 행복을 느끼지 못하는 이러한 성공 사회는 장기간 지속하기 힘들 것처럼 느껴진다.

그러나 여기서 분명히 해야 할 점이 있다. 오늘날 한국의 상황이 과거 빈곤의 함정과 중진국 함정을 겪던 시절과는 근본적으로 다르지만 전혀 다른 나라가 된 것은 아니다. 여전히 강대국에 둘러싸인 강소국으로서 물적자원이 부족하여 인적자원에 의존할 수밖에 없으며 글로벌 경제에 의존하는 대외 지향 경제의 리스크를 안고 있다. 이러한 구조적이고 지정학적인 문제가 그대로 있는 한 한국 산업의 대응전략이 근본적으로 바뀔 수 있을 것인가에 대해서는 진지한 고민이 필요하다. 한국사회의 특성, 인재의 역량 등도 역사적·문화적으로 형성된 것이라 쉽게 변화시킬 수 있는 것이 아니다. 1단계 로켓처럼 간단히 분리해서 버리고 다음 단계 로켓을 갈아 끼울 수 있는 것이 아니다. 물론 많은 부분에서 개선하고 변화시켜야 할 것들이 보인다. 하지만 앞에서 상세하게 살펴보았듯이 새 전략은 옛 전략과 근본적으로 다른 것이라기보다는 강점을 공유하면서 업그레이드된 것이다.

2020년대 한국 산업 역시 새로운 단계로의 변신을 모색해야 할 때다. 다만 전 단계 로켓을 교체해야 한다는 생각에서 "목욕물을 버릴 때 아기도 같이 버리는" 오류를 범해서는 안 된다. 이 장에서는 한국 산업과 기업의 경쟁전략과 경쟁력이 어떻게 진화하고 있으며, 가장 바람직한 방향이 어떤 것일지에 대해서 고민해 본다.

기존 성장 엔진에서 보존해야 할 것
— 다단계 로켓의 메타포는 타당한가

우주를 향해 발사되는 로켓에는 엄청난 연료가 실린다. 연료 자체가 무겁기 때문에 추진력을 위해 다시 더 많은 연료를 실어야 하는 악순환에 빠진다. 이 문제를 완화하는 하나의 방법은 연료탱크를 나누는 것이다. 연료가 분사되면서 무게는 당연히 줄어들지만 단일 연료탱크의 무게는 그대로 유지된다. 만약 연료탱크를 3~4단으로 분리한 뒤 일정량의 연료가 빠져나갈 때마다 탱크를 떼어 낸다면 로켓은 점점 더 가벼워지고 연료를 줄일 수 있을 것이다.

이정동 교수는 한국 산업의 혁신과정을 다단계 로켓에 비유하였다. 한국 산업은 현재 초기 성장 엔진이었던 1단계 연료탱크를 다 쓰고 2단계로 전환해야 하는데 1단계 탱크를 버리지 못하고 있다는 것이다. 쓸모 없어진 탱크가 분리되지 않으므로 2단 연료탱크는 점화조차 하지 못한 채 무거운 몸체로 추진력을 잃어 가는 셈이다.[2] 중진국 탈출 시기의 성장 엔진은 연료 없는 텅 빈 연료탱크가 되어 버린 것일까.

사우디아라비아가 석유시대를 벗어나 새로운 단계로 이행하려고 하는 경우 다단계 엔진 비유는 어느 정도 적합하다. 석유가 고갈되면 산유국 경제는 끝난다. 따라서 석유 관련 산업과 인프라를 버리고 신 산업을 위한 자원으로 옮겨 가야 하는 것이다. 그러나 한국의 성장 엔진인 인적자원은 석유처럼 고갈되는 물적자원과 다르다. 사람은 계속해서 경제와 산업의 주역으로서 남아 있을 것이다. 물론 사람의 특성, 태도, 역량의 변화는 필요할 수 있다. 과거 무슨 일이든 해내려는 의지와 분석적 문제해결의 강점은, 이제는 가치가 소멸하고 있을까. 이 문제를 더 면밀하게 검토할 필요가 있다.

돌파형 혁신이란 새롭게 등장하는 패러다임에 참여하여 실현 단계에서 문제해결 역량을 발휘하는 것이다. 여기서 기회의 창이 열린다. 문제는 이러한 기회의 창이 항상 열리지는 않는다는 것이다. 우선 정보혁명과 같은 패러다임의 변화가 있어야 하고, 새로운 패러다임 내에서 자신의 역량으로 해결할 수 있는 기술적 문제가 발견되어야 한다. 이런 기회가 정보혁명을 맞이한 중진국 한국에게만 가능했던 역사적으로 특이한 사건이었던 것은 아닐까. 정보혁명이 심화되고 한국이 선진국에 진입하면서 이런 기회의 창은 닫혀 가고 있는 것이 아닐까.

그러나 현실은 그와 정반대다. 정보혁명은 진전될수록 점점 더 가속화되고 그에 따라 해결해야 할 문제 역시 고도화되고 있다. 정보혁명은 PC에서 시작되어 인터넷, 모바일을 거쳐 클라우드, 블록체인, 인공지능으로 진행되면서 고속화, 다변화되고 있다. 이러한 변화를 뒷받침하기 위한 기술적 해법의 필요성 역시 점점 심화된다. PC를 위해 적층형 디램이라는 해결책이 요구되었다면 초거대 인공지능을 위해서는 고대역메모리 HBM: High Bandwidth Memory 라는 해답이 요구되고 있다. 이때에도 문제해결사는 삼성전자다. 한 가지 다른 점이 있다면 삼성전자만이 아니라 SK하이닉스라는 또 다른 한국기업이 등장했다는 정도다.

PC가 본격화된 1980년대로부터 40년이 지난 2020년대에도 초거대 인공지능이라는 패러다임의 전환이 진행 중이고 역시 한국기업들이 그 핵심 솔루션을 공급하고 있다. 변화가 없는 것이 아니다. PC에서 인공지능이라는 엄청난 발전이 있었다. 그러나 "변화한다는 사실만큼은 변하지 않는다"는 말처럼 변화의 패턴이 유지되고 있고 거기서 한국기업의 역할도 유지되고 있다. 이것은 메모리칩만의 이야기가 아니다. 21세기 초의 혁신을 대표하는 제품은 단연 전기자동차이다. 가솔린차에서 전기차로의 변화는 PC나 스마트폰 이상의 패러다임 전환이라고 해도 지나치지 않다. 이 변화를 주도한 것은 일론 머스크의 테슬라로, 테슬라의 비즈니스 모델은 그때까지 가능성에 불과하던 전기차 생태계를 현실화하였다.

머스크가 개념설계자 역할을 했다면, 이 개념을 현실에 구현하기 위한 문제해결자가 필요하다. 전기차의 핵심 솔루션의 하나는 배터리다. 배터리의 중요성은 상상 이상으로 크기 때문에 테슬라는 설립 이래 배터리를 자체 생산하려는 노력을 기울여 왔다. 하지만 2024년 현재까지도 테슬라는 다양한 국가의 기업으로부터 배터리 완제품과 관련 소재를 공급받고 있으며 그 핵심 파트너는 우리나라 기업이다.

LG에너지솔루션, 삼성SDI, SK온 등 배터리 제조업체는 물론 에코프로비엠, 엘앤에프 등의 소재업체 등 다양한 기업들이 전기차 생태계에서 맹활약 중이다. 이것은 한국의 메모리기업이 PC와 스마트폰에 핵심 부품을 공급하는 것과 비슷하다. 이것이 전부가 아니다. 삼성전자는 애플에 낸드플래시를 공급하면서 고객사 애플의 안방인 스마트폰 제조에서도 치열한 경쟁을 벌이는 중이다. 아이폰과 갤럭시의 전쟁은 2024년 현재까지도 끝나지 않았다.

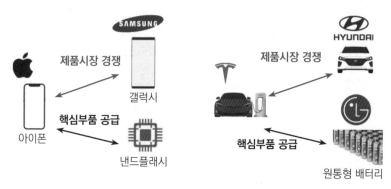

〈그림 5-1〉 스마트폰시장과 전기차시장에서 한국기업의 추격 모델

머스크의 전기차에 배터리를 공급하는 한국 산업은 동시에 전기차를 제조하며 테슬라의 제품과 경쟁한다. 머스크는 잡스, 낸드플래시는 원통형 배터리, 테슬라의 전기차는 아이폰, 한국산 전기차 아이오닉은 갤럭시다. 평행이론을 연상시킨다. 한 가지 중요한 차이점은 모바일 생태계에서는 삼성전자가 핵심 부품 공급과 완제품 경쟁을 모두 주도했지만 전기차 생태계에서는 부품 공급은 LG가, 완제품 경쟁은 현대와 기아자동차가 역할을 분담하고 있다는 정도다.

물론 낸드플래시와 전기차 배터리는 여러 가지 측면에서 차이가 있으므로 향후 경쟁의 흐름과 산업 판도의 변화는 또 다른 길로 전개될 가능성이 높다. 그러나 중요한 것은 최초의 개념설계가 아니라 설계를 구현하는 과정의 해결책으로써 뒤따라가는 방식의 돌파형 혁신이 2020년대에 또다시 진행되고 있다는 것이다. 한국처럼 문제가 구체화되고 성공과 실패의 척도가 정확할수록 능력을 발휘하는 문화는 아이디어 파이프라인의 후반으로 갈수록 빛을 발한다. 저지르는 자와 수습하는 자 중에

위대한 카피캣 대한민국

서 한국의 역할은 수습하는 쪽이다. 20세기 후반에 이뤄진 한국 산업의 기적적인 역량은 21세기 초반에도 이어지고 있다.

한국이 추격자 입장에서 벗어나 선발자 지위에 올랐고 과거의 모방 추격으로는 발전에 한계가 있다는 논의가 많았다. 그러나 아이디어 파이프라인의 종반 단계에 치중하는 것을 모방 추격이라고 부르는 데는 오해의 소지가 있다. 갤럭시가 아이폰을 모방한 것은 인정할 수 있다. 그러나 디램과 낸드플래시는 전혀 모방이 아니다. 아이폰이라는 스마트폰 기기를 위한 문제해결이라는 점에서 낸드플래시 개발이 선도적 혁신이나 개념설계가 아니라 후발 혁신인 것은 맞다. 그러나 이것은 모방이 아니라 현실화 단계 문제에 대한 창의적 해결책이다. PC의 기억장치로서는 문제점 투성이이던 플래시메모리를 모바일기기에 최적화된 장치로 재탄생시킨 것은 "창조적"이라고 부르기에 부족함이 없다. 이것은 LG에너지솔루션이 배터리를 개발하는 과정에서도 재현된다.

이러한 현상이 21세기 초반 한국 산업계 곳곳에서 진행되고 있다. 대표적인 예만 들어도 바이오시밀러를 세계 최초로 상용화한 셀트리온을 들 수 있다. (이 사례는 뒤에서 더 상세하게 다룬다.) 또 다른 사례로 카메라 센서만을 고집하던 테슬라에 2023년 최소형 라이다를 공급한 라이콤이라는 스타트업이 있다. 라이다란 정교한 레이저 반사를 이용해 주변 지형지물을 인식하는 도구로 태양광, 우천 등 날씨의 영향을 받는 카메라 센서보다 우수한 것으로 알려져 있다. 테슬라는 아마도 라이다의 비싼 가격 때문에 카메라 센서를 고집하고 그 약점을 인공지능으로 해결하려고 노력해 왔으나 결국 자율주행 시스템에 라이다 센서를 적용했다. 라이콤은 라이다를 생산하는 테슬라 파트너사 L에 2023년 라이다 핵심 부품, '초소형 펄스드 파이버레이저'의 납품 계약을 맺었다. 이 부품은 라이다의 소형화 및 전력 소비 절감에 기여할 뿐더러 사람 눈에 무해한 범위의 파장을 사용한다. 전기차 생태계에서 인체에 비유하면 눈에 해당하는 핵심 부품의 혁신을 달성한 것이다.[3]

최근 빠르게 발전하고 있는 유전자 가위 기술 부문, 우주발사체 기술, 인공지능용 고성능 반도체, 더 나아가 핵융합 발전 등 다양한 첨단 기술의 최전선에서 한국의 인재와 기업들이 주목할 만한 활약상을 보이고 있다. 이것은 다단계 로켓의 비유가 자칫 상황을 오판하게 만들 수 있음을 시사한다. 기존 한국기업의 전략과 역량은 폐기해 버려야 할 빈 연료통이 아니라 여전히 작동하고 있는 성장 엔진일 수 있다.

돌파형 혁신은 새로운 기술과 산업 영역에서 종반 단계의 해결책 산출에 집중한다. 만약 새로운 기술 패러다임이 그렇게 자주 등장하지 않는다면 대부분의 산업 영역이 기성화되고 점진적 혁신은 큰 의미 없는 사소한 개량에 그칠것이다. 그러나 '4차 산업혁명'으로 불리는 오늘날은 누구나 알다시피 기술 패러다임이 일상적으로 뒤바뀌는 격변의 시대다. 우리 눈 앞에서 모바일, 클라우드, 블록체인, 메타버스, 인공지능, 게놈 혁명에 기반한 바이오 기술, 우주 개발 등 정신을 차릴 수 없을 정도의 신기술 물결이 이어지고 있다. 이것은 바로 돌파형 혁신의 영역이 크게 확장되고 있음을 뜻한다.

앞 장에서 다뤘던 돌파형 혁신의 개념도를 다시 생각해 보자.

위대한 카피캣 대한민국

	잘 정의된 맥락/영역 (기존 기술/산업)	모호한 맥락/영역 (신기술/산업)
잘 정의된 문제	지속형 혁신	돌파형 혁신
모호한 문제	근본적 혁신	와해성 혁신

위 그림에서 기술 패러다임 주기가 길면 길수록 새로운 신기술 영역의 비중이 작을 것이다. 그 결과 돌파형 혁신을 추구할 수 있는 가능 영역은 작아진다.

	기존 기술/산업	신기술/산업
잘 정의된 문제	지속형 혁신	**돌파형 혁신**
모호한 문제	근본적 혁신	와해성 혁신

그러나 기술 패러다임 전환이 빨라지면 전체 영역에서 신기술/산업의 비중이 커지고 돌파형 혁신의 가능 영역은 확대된다. 그림에서 일단 잘 정의된 문제와 모호한 문제의 비중은 변화가 없다고 가정하였다.

	기존 기술/산업	신기술/산업
잘 정의된 문제	지속형 혁신	**돌파형 혁신**
모호한 문제	근본적 혁신	와해성 혁신

신기술의 등장으로 모호한 영역이 늘어나면, 이를 적용하는 과정에서 그만큼 잘 정의되지 않은 모호한 문제들이 많아질 것이라고 생각하기 쉽다. 그러나 그렇게 단정할 수 없는 이유가 있다. 물론 최초의 신기술은 지금 현재의 초거대 인공지능LLM처럼, 또는 20세기 후반 등장한 PC처럼 무엇에 어떻게 쓰일지 그 존재의의 자체가 모호하다. 그렇지만 이것

이 차츰 현실에 적용되고 생산성 향상의 도구로 자리 잡아감에 따라 성능을 향상시키고 사용상의 불편이나 장애를 제거하기 위한 구체적인 문제들이 연속적으로 등장하기 시작한다. 기술이 범용화되면 될수록 잘 정의된 구체적 문제들은 쏟아져 나온다. 신기술이 도중에 좌초하지 않고 현실화될 가능성이 클수록 구체적 문제는 기하급수적으로 늘어날 것이다. 전기차가 구체화될수록 배터리 성능은 물론 화재 위험의 축소, 충전 효율과 편리성 등등 문제들이 끝없이 등장한다. 과거와 달리 신기술의 현실화 가능성은 점점 더 증가한다. 모호한 문제보다 구체적 문제의 비중이 더 커지는 것이다.

	기존 기술/산업	신기술/산업
잘 정의된 문제	지속형 혁신	**돌파형 혁신**
모호한 문제	근본적 혁신	와해성 혁신

그렇다면 앞으로 돌파형 혁신은 특이한 것이 아니라 가장 보편적이고 지배적인 유형의 혁신이 될 수 있다. 점진적 혁신을 이용해서 선진 기업을 추격한 것은 한국기업의 매우 독특하고 개성적인 업적이었다. 그러나 바로 이러한 혁신이 향후 혁신의 대표적 유형이 될 수도 있는 것이다. 물론 다른 종류의 혁신도 모두 나름의 의의를 가지고 존재할 것이다. 특히 근본적 혁신과 와해성 혁신의 전략적 의미는 크다. 그러나 가장 높은 부가가치를 올리고 경쟁력을 빠르게 높일 수 있는 혁신으로서 돌파형 혁신의 중요성은 점점 더 커져 갈 것으로 예상할 수 있다.

한국이 선진 산업국으로서 와해성 혁신이나 근본적 혁신 역량을 더 키워야 한다는 주장에 이론의 여지는 없다. 그러나 지금 현재의 돌파형 혁신을 통한 추격전략이 더 이상 적합하지 않다거나 또는 새로운 역량의 도입을 방해하는 요인이라고 주장하는 것은 치명적인 결과를 초래할 수 있다. 목욕물을 쏟으면서 아기까지 버리는 우를 범해서는 안 된다.

개념설계의 내재화 — 세 번째 양손잡이체제

백지에서 최초의 아이디어를 구상하는 데 능하지 못하다는 것은 한국인의 역량을 언급할 때 흔히 거론되는 테마다. 고려대학교 심리학과 허태균 교수는 한국인은 엔진의 마력, 연비와 같이 객관적으로 측정되는 지표를 개선하는 데는 탁월하지만, 디자인, 승차감과 같이 애매하고 주관적인 영역에서는 힘을 쓰지 못한다고 주장했다.[4] 역사적으로도 우리나라는 자생적으로 고등종교를 창출하지 못했다. 불교를 받아들여 교종을 조계종으로, 선종을 천태종으로 심화하고, 성리학을 받아들여 사단칠정론을 정교화하긴 했지만 스스로 새로운 정신이나 사상을 펼치지 못했다는 것이다. 물론 전 세계에서 고등종교를 창출한 문명은 극소수에 불과하므로 이것을 창조적 문화 부재의 증거라고 보기는 어렵다. 궁극적 사고, 원점에서 출발하는 사고에 한국이 약하다는 판단은 과연 근거가 있는 것일까.

이러한 거대담론에 모두가 수긍할 만한 답변을 찾는 것은 어려운 일이다. 역사적 평가보다 더 중요한 것은 앞으로의 바람직한 방향을 찾는 것이다. 특정 민족은 물론 특정 개인조차 과거가 미래를 결정할 수는 없다. 인간은 자유로운 존재로서 장애물이나 한계를 극복할 수 있는 힘을 지니고 있다. 한국기업과 산업도 마찬가지다. 아직까지 한국기업이 근원 기술을 개발하거나 와해성 혁신을 통해 새로운 비즈니스 모델이나 신 산업을 창출한 사례가 보이지 않는다고 해서 영원히 추격전략을 고수해야 하는 것은 아니다.

한국기업들은 PC, 인터넷, 모바일, 전기차, 인공지능 등 새로운 산업 패러다임의 출현을 주의 깊게 살펴보고 옛것과 새것 중에서 불확실한 새것을 선택했다. 그리고 이 낯설고 위태로운 세계에서 자신이 가장 잘할 수 있는 구체적이고 현실적인 문제를 찾아내어 집중하고 성공의 열쇠가 되는 핵심 부품의 영역을 찾아냈다. 이 전략은 수십 년 동안 성공적이었고 앞으로도 계속 유효할 것이다. 반도체 공장을 다시 짓고 있는 미국과 일본의 사례에서 보듯이, 개념설계 단계에 진입한 선진국도 실행 영역에 재차 도전하고 있다.

익숙하지 않은 개념설계보다는 그동안 전가의 보도와 같았던 실행과 문제해결에 계속 치중해야 한다는 주장이 제기될 만하다. 그러나 이 주장은 중요한 사실을 간과하고 있다. 그것은 국경을 넘어서 연결되어 있는 글로벌 밸류체인이 점차 균열을, 때로는 파국적인 양상을 보이고 있다는 것이다. 글로벌 밸류체인은 20세기 후반 본격화된 세계화의 흐름 속에서 국경과 지리적 한계를 극복하고 세계를 하나로 이어 주고 있었다. 그러나 세계화의 트렌드는 21세기 초반 갑작스럽게 정체되고 예상하지 못한 갈등의 시대가 재개되었다. 공산권 붕괴 이후 단일 초강대국이 된 미국의 일극체제에 중국이 도전하면서 순조롭게 작동하던 글로벌 밸류체인에 파열음이 들리기 시작한 것이다.

미중 갈등으로 고조된 무역 분쟁은 국가 간 이해상충을 야기하며 일파만파로 기존의 효율적 국제 분업을 흔들어 놓고 있다. 분업의 이익은 상호적이기 때문에 현재의 갈등이 일시적이며 글로벌 밸류체인이 궁극적으로 복원될 것이라고 보는 견해도 있지만, 정치적 갈등이 그렇게 쉽게 봉합되지 않으리라는 시각이 좀 더 우세한 것으로 보인다. 확실한 것은 미래가 불확실하다는 것뿐이다. 미중 갈등이 조기에 봉합되고 글로벌 밸류체인이 원래의 발전을 지속할 가능성도 배제할 수 없지만 갈등이 증폭되고 전 세계가 진영과 지역으로 쪼개지며 글로벌 밸류체인이 붕괴하지 않으리란 보장도 없다. 어느 하나의 예측에 올인하기에는 리스크가 너무 크다.

글로벌 밸류체인의 복원을 예상하여 분업화된 산업구조를 그대로 유지했다가 예상이 어긋나면 핵심 소재나 부품의 공급 단절, 완제품 판매 시장 폐쇄 등으로 치명타를 입게 되고, 파열에 대비하여 자국 단위의 자립 기반을 구축한 경우에도 예상이 어긋날 경우 막대한 비용 증가와 중복 투자로 낭패를 볼 수 있다. 이러지도 저러지도 못하는 난감한 상황이다.

예측이 어려울 때 의사결정을 돕는 도구가 시나리오다. 한국 산업을 둘러싼 글로벌 산업 판도의 변화를 예측하기 위한 시나리오를 작성해 보자. 변화를 결정짓는 두 가지 요소 중 하나는 바로 글로벌 밸류체인이 다시 통합될 것인가 아니면 균열을 지속할 것인가 여부다. 또 하나는 산업의 디지털화의 속도다. 디지털화가 빠르게 진행될수록 암묵지나 고유

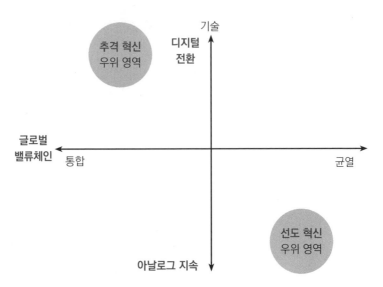

〈그림 5-2〉 향후 산업 및 기술의 변화 시나리오

기술의 가치는 낮아지고 기존 선진 기업의 진입 장벽도 낮아진다. 산업의 특정 부문에 집중하여 빠르게 역량을 축적해 가는 돌파형 혁신에 유리한 변화다. 글로벌 밸류체인의 변화를 가로축으로, 기술의 디지털화를 세로축으로 표시하면 위와 같은 사분면이 나타난다.

글로벌 밸류체인이 통합되고 디지털 전환이 가속화되면 실행력이 더욱 중요해지며 추격전략의 적합성이 높아진다. 기발한 아이디어의 생성이나 개념설계보다는 기존 밸류체인의 특정 부위에서 집중적으로 혁신 노력을 기울이는 것이 더 유리하다. 반면 밸류체인의 균열이 지속되고 기술에서 아날로그 영역의 중요성이 유지되면 암묵지 역량이 중요해지고 축적된 개념설계 역량이 중요해진다. 뒤쫓아 가는 전략만으로는 변화를 감당하기 어렵다.

위대한 카피캣 대한민국

미래를 예단할 수는 없지만, 적어도 당분간 글로벌 밸류체인의 균열은 지속될 것이며, 복원되는 경향이 나타나더라도 돌발적인 파열이 발생할 리스크는 지속될 것이다. 또한 디지털화의 가속이 전체적인 대세를 이루더라도 산업의 핵심 영역에서 아날로그 역량은 더욱 희소가치를 누릴 것으로 예상된다. 한국기업의 추격전략은 글로벌 밸류체인이 존재하는 한, 그리고 디지털화가 지속되는 한 계속 유력한 대안으로 남겠지만 언제든 무역 갈등과 파열이 발생할 수 있다는 것, 그리고 단기적으로 특정 소재, 특정 기술 등 아날로그 요소의 희소성이 치솟을 수 있다는 점을 염두에 두어야 한다.

현재에도 진행중인 돌파형 혁신의 기회는 계속 찾아오겠지만 기회의 창은 과거보다 더 좁아질 가능성이 크며, 또한 추격과정 중에서도 지속적인 도전과 리스크에 직면하게 될 것이다. 따라서 두 가지 방향으로의 변화가 필요하다. 우리도 아날로그적인 경쟁 역량을 축적해야 하며 동시에 개념설계를 통해 큰 그림을 그리는 역량도 강화해야 한다. 이것은 한국의 산업이 빈곤의 함정, 중진국의 함정을 극복할 때 사용했던 양손잡이전략을 또 한 차례 진화시켜야 함을 의미한다.

세 번째 양손잡이 경영은 기존의 돌파형 혁신과 추격체제와 나란히 선도형 혁신을 추진하는 또 하나의 주체를 요구한다. 즉 1단 로켓의 폐기와 2단 로켓의 발사와 같은 대체의 개념이 아니라 기존 성장 엔진인 돌파형 혁신체제 옆에 새로운 선도형 혁신, 우리의 분류로는 근본적 혁신과 와해성 혁신의 역량을 덧붙이는 것이다. 이 두 역량과 체제는 사실 서로 양립하기 어렵다. 따라서 양손잡이의 단위는 더 커져야 한다. 2차 양손

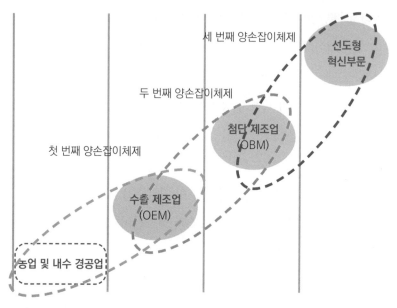

첫 번째 양손잡이체제

두 번째 양손잡이체제

세 번째 양손잡이체제

선도형
혁신부문

첨단 제조업
(OBM)

수출 제조업
(OEM)

농업 및 내수 경공업

〈그림 5-3〉 양손잡이체제의 변천

잡이체제에서처럼 하나의 기업집단, 즉 재벌 내부에서 둘을 양립시키는
것은 거의 불가능하다.

첫 번째 양손잡이전략이 국가경제 레벨에서 산업 부문 간에 이뤄졌듯
이 세 번째 양손잡이도 대상 범위를 넓혀야 할 것 같다. 한국의 대기업들
은 미래를 모색하기 위해 선도적 혁신을 하는 사내 벤처 조직을 가동하
거나 또는 희소한 역량을 가진 스타트업이나 기술 기업을 인수·합병한
다. 하지만 이런 접근에는 한계가 있다. 월마트가 아마존을 사업부로 보
유할 수 있을까. 디즈니가 넷플릭스를 또는 도요타가 테슬라를 인수·합
병할 수 있을까. 오프라인 강자들이 신흥 온라인 강자의 존재를 과소평
가하다가 역전을 당하거나 심지어 시장에서 소멸한 사례들이 많지만,

위대한 카피캣 대한민국

이것은 단순히 실수라고만 볼 수 없다. 왜 전통 대기업들은 막대한 자본력을 가지고도 온라인 신흥 기업들을 사 두지 않았던가.

이것은 노벨 경제학상 수상자 올리버 윌리엄슨이 제시한 '선택적 개입의 수수께끼'를 떠올리게 한다.[5] 여기서 수수께끼란 왜 전 세계 모든 기업이 단 하나의 기업이 되지 않는가라는 의문을 가리킨다. 그 논리는 다음과 같다. 기업은 무조건 합병을 하는 것이 이익이다. 합병을 해서 시너지가 창출되면 경쟁력이 강해지고, 만약 시너지가 창출되지 않으면 서로 독립적인 사업부로 운영하면 되기 때문이다. 즉 시너지가 있을 때만 선택적으로 개입해서 경영한다는 뜻에서 이를 '선택적 개입의 수수께끼'라고 한다. 이 논리가 옳다면 정말로 전 세계의 모든 기업은 하나의 기업으로 통합되었어야 한다.

이것을 논리적으로 완벽하게 반박하는 것은 간단한 일이 아니지만 직관적으로 설명해 보면, 아무리 분리해서 독립 운영을 한다고 해도 한 회사로 존재하면 완벽하게 차단할 수 없는 영향이 존재한다. 무엇보다도 시너지가 존재하지 않는다는 것을 누가 판단하는가? 예를 들어 객관적으로는 시너지가 존재하지 않지만 최고경영자가 시너지가 존재한다고 고집을 부릴 수 있다. 만약 별개의 법인이었다면 이러한 오판은 근원적으로 차단할 수 있었을 것이다.

하버드대 수닐 굽타 교수는 오프라인 대기업이 별동 조직으로 온라인 사업을 추진할 경우 디지털 전환은 성공하기 어렵다고 주장한다.[6] 디지털 전환은 별동 조직이 주변에서 별도 프로젝트로 추진하는 것으로는 달성되기 어려우며 전사全社의 집중된 노력이 필요하다. 오프라인 조직문화가 자리잡은 대기업에서 별동 조직이 할 수 있는 일은 많지 않다. 조직의 일원으로서 문화와 규범을 따르면 기존 관행을 답습하게 되고, 기존 문화를 거슬러 독자 노선을 걸으면 견제당한다.

이것이 문제해결과 개념설계라는 양손을 하나의 기업 단위가 아니라 경제 단위에서 부문 간에 분담되어야 하는 이유다. 그동안 한국기업의 강점은 카리스마를 지닌 오너 경영자의 강력한 리더십 아래 일사불란한 조직력을 통해 구현되는 것이 대부분이었다. 이것은 글로벌 선진 기업을 추격할 때는 매우 효율적이었다. 그러나 앞으로는 혁신의 출발을 항상 잡스나 머스크처럼 외국인에게서 빌어 올 수 없다. 밸류체인 전체를 자국 산업 내로 가져오겠다는 국가주의는 정답이 아니지만 개념설계를 수입해야만 하는 외부 자원으로 여겨서도 곤란하다. 한국의 인재들도 근본적인 밑그림을 그려 나가야 한다.

한국은 시간을 압축하며 성장해 왔고 그 결과 선진국에서는 몇 세대에 걸쳐 일어날 일을 한 세대 때로는 그보다 더 짧은 기간 내에 성취하곤 했다. 그래서 한국의 산업은 태생적으로 양손잡이가 될 수밖에 없었다. 이것은 신기술이 놀라운 속도로 등장하는 4차 산업혁명기에 매우 적합한 조건이 될 수 있다. 한국의 산업과 경제는 논리적이고 종합적인 시스템을 유지하지 못했다. 옛것과 새것 사이의 모순과 긴장이 항상 존재했으며 이것은 시스템을 파열시키기보다는 앞으로 운동하게 하는 동력이 되었다. 이제 한국은 세 번째 양손잡이 기술을 구사해야 할 전환점에 이르렀다.

다양성이라는 미래 인재 경쟁력의 핵심

한국 산업은 그동안 집중력과 내부 경쟁을 통해 발전해 왔다. 경쟁이 강력한 동기부여가 되려면 승패의 기준이 명확해야 했고 여기서는 개성이나 다양성이 큰 의미를 갖지 못했다. 수백 년간 전국의 선비들을 하나의 기준으로 평가하던 과거제도의 전통 아래 현대 한국은 성적을 기준으로 한 대학 입시, 법조인과 관료를 선발하는 각종 고시, 기업공채 등으로 인재들을 선발하고 등용했다. 전통적으로 존중되던 가치가 현대사회에서 큰 수정 없이 그대로 계승되었다. 서구에서도 신분제사회가 능력주의 평등사회로 이행하는 것은 혁명과 전쟁의 시기를 수백 년간 겪어도 힘든 일이었다. 하지만 한국사회는 평민도 고위 관료가 될 수 있다는 능력주의 코드를 내장하고 있었고 이것은 근대화·산업화과정에서 그 위력을 발휘하였다.

인간도 생물의 일부인 만큼 당연히 진화한다. 치타의 빠른 속도, 사자의 이빨과 발톱은 모두 수십, 수백만 년에 걸친 진화의 산물이다. 인간도 그처럼 두뇌의 크기나 손가락 모양 등이 진화해 왔다. 하지만 문명이 등장하면서부터는 더 이상 생물학적 진화가 인간 특성을 지배하지 못한다. 중요한 것은 문화다. 문화란 사람들의 집합적 가치관으로써, 한국인들이 학문을 중시하고 신분보다 능력을 중시하는 문화는 현대 산업사회에 적합한 인재 특성을 형성하는 데 결정적으로 작동한다. 한국인의 인종적 특성이 아니라 유교사회의 독특한 능력주의 전통이 산업화사회의 운영원리와 맞아떨어진 것이다. 서구사회가 그토록 어렵게 무너뜨린 신분적 가치관이 한국사회에서는 그다지 심각한 장애물이 아니었다.

한국은 산업화를 위해 오로지 인적자원만으로 난제를 해결해야 했다. 농사만 짓던 사람들이 갑자기 기계를 조작하는 것은 쉬운 일이 아니었지만, 한국에서는 농부들이 바로 산업인력이 된 것이 아니다. 학교에서 영어, 수학 등 문해력과 수리능력이 우수한 학생들이 외국어 매뉴얼을 보면서 새로운 기술을 익혔고 빠르게 적응해 갔다. 학생의 학업과 직장인의 직업 훈련에 대한 사회 전체 지원 노력도 집중되었다. 이러한 집중력이 고도성장이 본격화된 1960년대부터 2020년대 초반까지 무려 60여 년 이상 지속되고 있다.

이 과정에서 과거제도의 전통, 즉 경쟁에 의한 선발 원리가 큰 변화 없이 그대로 작동하고 있다. 기업이 등장하고 다양한 전문직이 등장하면서 법관과 관료뿐 아니라 전문경영자, 의사, 학자 등 경력경로가 다양해지긴 했지만 출세를 향한 수직적 경쟁 구도는 변함없었다. 이로부터 일관성 있고 지속가능한 시스템이 출현했다. 거시적으로는 산업화를 위해 인재가 효율적으로 동원되고, 미시적으로는 엘리트 코스상에서 인재들이 자발적으로 경쟁하는 시스템이 만들어진 것이다. "개인들이 각자 이익을 추구하면 사회 전체적으로 이익이 된다"는 것은 애덤 스미스의 "보이지 않는 손" 원리로 잘 알려져 있다. 하지만 이것은 균형 상태, 즉 현상 유지의 상태를 말한 것이다. 후발 산업국이 선진 산업국이 된다는 것은 현상 유지와는 전혀 다른 불확실한 도전이다. 이러한 도전이 각 개인들의 사적 이익추구와 일치하기란 매우 어렵다. 정상 범위를 뛰어넘는 무리가 필요하다.

한국도 그동안 워커홀릭이라고 불릴 정도로 무리한 노동과 경쟁을 견뎌 왔다. 그러나 입시 경쟁이든 기업의 성과 경쟁이든, 더 나아가 정권의 정당성을 경제성장에 의존했던 권위주의 정부든 모두 자기 이익을 위해 뛰고 있었다. 이것이 모두의 최선이었다. 최선의 대안이 단 하나 존재한다는 것은 양면성을 지닌다. 단 하나의 스케일 위에서 상위권이 되어야 한다는 압박에 고통받지만 그 대신 선택을 고민할 필요가 없다. 목표는 하나고 어느 정도 성취할 것인가만이 문제다. 스트레스 속에서도 우울하거나 방황할 틈이 없다.

이러한 고성장-고경쟁체제의 정합성은 이미 오래전부터 흔들리고 있었다. 경쟁의 단일 척도가 된 지적 역량은 농경사회가 산업사회로 이행하는 단계에서는 큰 힘을 발휘했지만, 앞에서 살펴봤듯이 제조역량을 벗어나 개념설계 등 더욱 고도화된 역량으로 확장될 때는 저해 요소가 될 수 있다. 백지에서 밑그림을 그리는 역량은, 현재의 경쟁 교육으로 육성하는 데는 한계가 있다. 과열된 입시 경쟁의 부작용을 지적하는 목소리가 갈수록 커지고 있다.

경쟁 일변도 교육의 문제를 더욱 증폭시키는 요인 중 하나는 혁신추구 경제에서 지대추구 경제로의 이행이다. 인지 지능이 뛰어난 인재들이 경영자, 엔지니어, 창업자 등 생산적 직종에서 변호사, 의사, 금융맨 등 산업의 후선 직종, 즉 리스크는 낮으면서 소득은 높은 직종으로 이동하는 것이다. 그 결과 로스쿨, 의대, 경영대에서도 특히 재무 전공으로 입시 경쟁이 몰리고, 우수한 인재들은 현장을 뛰는 경영관리자나 엔지니어의 자리를 기피하게 된다.[7]

인재들의 개인적인 경력 최적화와 경제 전체의 성장 최적화가 어긋나기 시작한다. 그것은 디지털기술의 고도화로 산업 패러다임이 수시로 변하는 현 상황에서는 나쁜 소식이다. 이제 단일한 목표를 향해 일제히 달려가는 양적 경쟁으로는 산업이 요구하는 인재가 공급되기 어렵다. 한국의 학교에서 학생들은 남들과 다른 생각이나 행동을 하지 않도록 암묵적으로 통제된다. "튀어나온 못이 두드려 맞는다"는 속담은 과거의 전통이 아니라 2024년 현재까지도 여전히 강력한 교훈이다. 한국인은 조직적으로는 새로운 것을 추구하고 변화에 능동적으로 적응하지만 자신이 속한 조직, 공동체 더 나아가 사회 전체로부터 벗어나기를 원하지 않는다. 한국이 빠르게 변하는 것은 모두가 약속이나 한 듯 같이 움직이기 때문이다.

이러한 문화는 향후 산업 발전에 결정적인 장애물이 될 수 있다. 세계를 지배했던 미국의 산업이 21세기 전반에도 여전히 막강한 이유는 미국이 다양한 인재와 문화를 유지하고 있기 때문이다. 대표적인 예가 스페이스X와 나사의 협력이다. 우주 개발은 달 착륙 전후 미국 국력의 아이콘으로서 당연한 최우선 국책사업이었다. 국방이나 인프라와 마찬가지로 민간기업이 감히 손댈 수 없는 영역이기도 했다. 인터넷 스타트업으로 벼락부자가 된 머스크가 우주 발사체를 개발하겠다고 했을 때 많은 사람들이 이를 비웃었다. 자본으로나 기술로나 미국이 전 국력을 총동원해야 가능했던 프로젝트를 전자상거래 결제 어플을 개발한 스타트업 경영자가 추진하겠다고 하니 우스워 보였을 것이다.

머스크는 우여곡절 끝에 재사용 로켓의 아이디어를 통해 발사 비용을 획기적으로 절감했고 결국 NASA와 납품 계약을 체결했다. 스페이스X라는 우주산업의 신참자에게 나사가 우주선을 납품받는다는 것 자체가 불법이라는 반대 목소리도 높았다. 쏘아 올린 발사체를 그대로 지상 또는 해상 위의 착륙대로 사뿐히 내려앉게 한다는 머스크의 로켓 재사용 방식은 독특했으며 무모해 보였다. 이런 시도는 오직 무수한 실패를 통해 한 걸음씩 개선해 갈 수밖에 없다. 정부기관인 나사로서는 생각하지 못한 접근이었다. 기술적으로 완벽한 대안을 추구하는 방식을 버리고 스페이스X는 일단 시도하고 고쳐 가는 시행착오 방식을 택했다.

여기서 얻을 수 있는 교훈은, 권위와 책임을 담당하는 큰 조직과 실패를 감수하면서 시도하는 젊은 조직이 공존해야 한다는 것이다. 우주 개발의 아이콘인 NASA는 머스크의 아이디어를 통해 새로운 활력을 수혈받고 우주 개발의 불씨를 되살리고 있다. 잊지 말아야 할 것은 스페이스X의 혁신은 이를 받아들여 수주를 하고 더 큰 프로젝트로 연결하는 나사와 같은 든든한 조직이 있었기에 빛을 발했다는 것이다. 혁신적인 스페이스X만이 정답이고 권위적이고 느린 나사는 오답이라는 이분법은 타당하지 않다.

스페이스X와 나사의 납품 계약을 위해 두 조직의 구성원들이 모였을 때 미국과 같은 다원화된 사회에서조차 다소 거북스러운 문화 충격이 있었다는 이야기가 전한다. 국가 안보와 미래를 담당한다는 책임감과 권위로 무장한 나사에게 스페이스X는 무모하고 리스크를 경시하는 스타트업의 하나로 보였다.[8] 실제로 일하는 방식, 업무의 우선순위에서 두 조직의 차이는 컸으며 긴장과 갈등은 납품 계약이 체결된 이후에도 지속되

었다. 그러나 결국 이러한 이질적 문화의 결합은 우주 개발 계획을 재점화시키는 데 성공했다.[9]

상충하는 두 개의 문화는 사실상 '양손잡이 조직'이나 '패러독스 경영'이 요구하는 필수 요소이기도 하다. 다만 두 요소가 서로 인접할 경우 상대방의 강점까지 저해해 버리는 상쇄 효과를 일으키는 것이 문제다. 나사가 스페이스X를 자기 조직으로 끌어들여 하나의 사업부나 팀으로 만드는 것도 좋은 아이디어가 아니다. 두 개의 이질적인 문화가 하나의 조직으로 묶이면 상충과 상쇄가 일어난다.

현실적인 대안은 이질적인 조직을 독립적으로 운영하고 전략적 제휴로 연결하는 것이다. 하나의 조직으로 통합되지 않는다면 상쇄 효과는 막을 수 있다. 서로의 개성과 문화를 유지한 채로 전략적으로 협력하는 것이다. 표준 경영학에서는 단일 리더가 지휘하는 통합된 위계 조직이 아닐 경우 명령계통이 분산되고 상호조율에 어려움이 생긴다고 주장한다. 그러나 대등한 기업 간의 수평적 협력, 즉 전략적 제휴는 나름대로의 장점을 지니고 있다는 시각이 점차 우세해지고 있다. 근본적으로 큰 조직의 구성원이 될 경우 주인의식이 약화된다는 효과가 생겨나는 반면, 의사소통기술이 발달하고 정보의 투명성이 심화되면서 수평적 협력의 가능성은 높아졌다. 이 때문에 이제 더 이상 한 기업이 필요한 역량을 모두 거추장스럽게 안으로 끌어들이지 않고도 외부 협력을 통해 조달할 수 있게 되었다.

만약 전략적 제휴를 원활하게 할 수 있다면 기업은 더 쉽고 값싸게 필요 역량을 조달할 수 있을 뿐만 아니라, 필요에 따라 이 역량을 떼었다 붙였다 함으로써 유연성을 유지할 수 있다. 한 번 만들어진 사업부를 떼어내거나 고용한 정규 직원을 해고하는 것은 간단한 일이 아니다. 그런 면에서도 제휴의 가치는 높게 평가되어야 한다. 이것은 모순을 내포하면서도 각자의 강점을 발휘하는 역설경영, 다르게 표현하여 양손잡이경영을 구현하는 최선의 해법이다.

이 해법은 한국기업에게도 절실해 보인다. 한국기업들은 그동안 명확한 목표 아래 조직의 집중력을 극대화하는 방식으로 돌파형 혁신을 달성해 왔다. 기업의 방향은 과감성과 카리스마를 겸비한 총수가 결정했고 이에 따라 전 조직이 일사불란하게 부분 과업을 해결해 왔다. 이것은 가장 가치 있는 목표를 설정할 수 있었던 경영 환경에서는 유효했지만 기술적 가능성이 무한 분기하는 4차 산업혁명 시대에는 적용되기 어렵다. 이제는 더 이상 수뇌부가 경로 탐색을 담당하기 어려우며 마치 꿀벌들이 온갖 방향으로 흩어져 꿀을 찾듯이 탐색의 분권화가 이뤄져야 한다. 그것이 바로 다양한 스타트업들이 해야 할 일이다.

이것은 돌파형 혁신에 적합한 문제해결형 인재와는 다른 유형의 인재를 요구한다. "어리석은 채로 있으라Stay foolish"고 말하는 스티브 잡스, 어릴 때 심취했던 과학소설SF의 세계를 현실에서 구현하려고 하는 일론 머스크는 사람들이 묻지 않던 질문을 하고 기존에 없던 해결책을 추구한다. 이것은 아이디어가 발상되고 현실적으로 구현되는 과정에서 앞부분에 해당한다. 흔히 개념설계라고도 불리우는 백지에서 그림 그리는 인재가 이제 한국의 산업 생태계에서도 필요하다.

중요한 것은 근대화·산업화 단계에서 한국의 인재 생태계가 주어진 커리큘럼을 철저하게 이수하고 정답이 있는 문제를 해결하는 데 초점이 맞춰져 있다는 것이다. 마치 바닷속의 특정 위치에 유전이 있는 것처럼 올바른 방향이 어딘가에 숨어 있는 것이 아니다. 오히려 앞으로의 기회는 곳곳에 퍼져 있는 여러 가지 계기들로부터 생성되어 나오며, 광맥을 찾는 것보다는 마을과 도시를 건설해 가는 것에 가깝다. 국가 산업이 총력을 기울일 커다란 한 방향이 아니라 끝없이 가지 치는 작은 도시들의 군집이 더 중요하다. 이를 위해서는 경로탐색자 역할을 수행할 인재를 우리 스스로 배출해 내야 한다.

입학 시험에서 우수한 성적을 거두고 대학에서 최상위 학점을 따고 글로벌 대기업에 입사하여 고성과 사원으로서 일한다는 엘리트 코스만으로는 이러한 경로탐색자들을 배출할 수도, 활용할 수도 없다. 자신감과 호기심은 최하위이면서 최상위 성적을 내는 '동아시아 학생 패러독스'를 극복하지 않으면 안 된다. 이제는 스스로 좋아서 즐기며 일하는 유형의 인재가 다수 등장해야 한다.

이것은 지금까지의 한국형 인재들을 모두 제거하고 자발적이고 창조적인 혁신가로 산업 전체를 채워야 한다는 의미는 아니다. 앞에서도 강조했듯이 혁신이 지속되는 한 마무리 역할은 계속 필요하며 한국 산업의 돌파형 혁신은 가치를 유지할 것이다. 이것은 결국 서로 다른 유형의 인재들이 공존하며 협력해야 함을 의미한다. 엄격함과 철두철미함으로 무장한 나사의 직원과 자유분방하고 혁신적인 스페이스X의 직원들이 환상적인 팀을 만들었듯이 한국 산업에서도 이러한 이종 결합이 필요하다.

오늘날 엘리트 경로의 곁으로 다양한 성질이 다른 경로를 창출해야 한다. 물론 대안 경로의 형성은 좀처럼 가시화되지 않고 있다. 전문가들의 경고와 이에 공감한 일부 교육자와 학부모의 노력에도 불구하고 대세를 흔들기에는 힘이 부족하다. 기존 성공에 대한 강한 집착이 교육 투자에서는 철옹성같이 지속되고 있다. 우리나라 학부모들은 자녀의 미래를 매우 걱정하며 성공의 유일한 길이 엘리트 코스 완주뿐이라고 확신하는 듯하다.

대안적 인재 육성 경로가 지지부진하지만 한 가지 희망은 역설적으로 2010년대부터 현재까지 이어지는 전례 없는 저출생의 심화다. 젊은 인구의 급격한 감소는 이제까지 입시와 취업, 승진으로 이어지는 과거의 경쟁적 시스템 자체의 존립을 일거에 무너뜨릴 수 있다. 피라미드 구조가 와해되면서 각 부문마다 피라미드 정점에 해당되는 리더 포스트 자체가 더 이상 지탱할 수 없게 되고 이를 향한 경쟁이라는 것도 의미가 사라진다. 각종 고시, 의사, 변호사시험, 기업공채 등의 경쟁률이 무의미해지면서, 동일한 시험 문제를 누가 더 빨리 푸느냐의 경쟁이 매력을 잃으면 이제 무엇을 할 것인가라는 질문이 현안으로 떠오를 것이다. 저출생을 거꾸로 기회로 삼을 필요가 있다.

더욱 중요한 것은 엘리트 코스가 아닌 매력적인 대안을 제시하는 것이다. 존재감이나 비중이 미미하긴 하지만 한국에서는 아이돌이나 유튜버 그리고 고졸 프로그래머 등 아직은 에피소드에 지나지 않을지라도 새로운 경로가 제시되고 있다. 모든 청소년들의 선망의 대상이 되는 스타 연예인이 대학 진학을 거절한 사례, 대학을 나오지 않고 바로 프로그래머로 대기업에 취업한 사례가 그것이다. 물론 2024년 현재까지는 놀라움과 호기심의 대상에 그친다. 그러나 현실이 아무리 완강하다고 해도 한국경제와 산업이 살아남기 위해서는 새로운 대안을 만들어 나가야 한다. 이것은 21세기 한국이 직면할 가장 어렵고 중요한 도전이 될 것이다.

제6장

끊임없이 이어지는 한국형 혁신

이차전지와 AI반도체

　이차전지는 한국 산업에게 제2의 메모리가 될 수 있을까. PC에 공급되는 디램, 스마트폰에 공급되는 낸드플래시가 정보혁명, 모바일 혁명에 결정적 부품이 되었듯이 이차전지는 전기차혁명의 핵심 부품이다. 이차전지 사업을 시작한 것은 LG그룹의 3세 경영자 故 구본무 회장이었다. 그는 1992년 해외 출장 중 이차전지를 보고 새로운 성장 사업이 될 가능성을 직감했다고 한다. 반도체가 산업의 쌀이 될 것임을 예견한 삼성 창업주 이병철 회장이나 메모리반도체에 주목한 이건희 회장과 비슷한 경영자의 직관이다. 물론 이때에는 전기차의 시대가 도래할 것을 예측할 수는 없었을 것이다. 구본무 회장은 어떻게 보면 막연한 가능성에 투자하기로 결단을 내렸다.

　기업 총수들의 결단은 정확한 분석과 예측에 입각한 것이었다고는 할 수 없다. 그렇기 때문에 소유경영자로서의 직관과 결단이 필요했다. 만약 엄격한 이사회와 대형 투자자들이 있어 엄밀한 사업 타당성 조사를 요구했다면 실행이 쉽지 않았을 것이다. 절대적 권위를 지닌 기업 총수의 위험 감수는 한국기업의 빠른 성장에 큰 기여를 한 것이 사실이다.

한국기업의 2세 경영자들이 가업을 물려받아 본격적으로 경영에 나설 때에는 주식시장도 미성숙했을 때로 지배구조상에도 별다른 리스크가 없었다. 회사의 규모도 아직 크지 않아서 지분비율도 안정적이었으며 총수의 권위에 도전하는 다른 세력도 없었다. 장기간 지속된 군부 정권은 물론 이후 등장한 문민 정부 역시 기업의 지배권에 호의적 태도를 견지했다. 그 결과 2세 경영자는 오직 한 가지 문제, 즉 격변하는 경영 환경 속에서 선친으로부터 물려받은 가업을 어떻게 무너뜨리지 않고 지속적으로 발전시킬 것인가에만 집중할 수 있었다. 이런 상황에서 이들은 모험적 태도를 견지했는데 이것은 매우 흥미로운 현상이다.

통상 창업자가 어려움 속에서 혁신을 통해 기업을 일구면 그 이후는 이루어진 성공을 유지하는 관점에서 관리형 리더십이 나타나고 보수적이고 체계적인 경영이 이루어진다고 예상하기 쉽다. 그러나 한국 대기업 2세들은 현상 유지에 머물지 않고 1세에 버금가는 획기적인 혁신을 시도하였다. 도전의 유전자라도 계승되었던 것일까. 이를 유전자로 해석하는 데는 주의가 따른다. 모든 2세 경영자가 도전에 성공한 것이 아니라 현존하는 대기업들만이 도전에 성공한 결과 살아남은 것이므로, 인과관계를 거꾸로 해석할 필요가 있다. 즉 대기업 2세라서 모험을 감수한 것이 아니라 모험을 감수했으므로 오늘날 한국을 대표하는 기업이 된 것이다. 현실에 안주한 기업들은 침체를 겪거나 소멸했고, 반대로 무모한 도전을 했던 기업들도 어려움을 겪었다. 과감한 도전과 치밀한 전략을 구사한 기업들만이 기회의 창을 뚫고 들어갈 수 있었다.

이차전지 역시 메모리 못지않게 많은 난관을 거쳐야 했다. 경공업 등 상당 부분에서 제조 역량을 갖춰 온 한국 산업이지만 전지에 관한 기술은 축적된 것이 없었다. 개발은 지지부진했고 시장에 팔 수 있을 만한 제품이 나오질 않았다. 그러나 구본무 회장은 이러한 난조에도 불구하고 "포기하지 말고 길게 보고 투자하고 연구 개발에 집중하라"며 신사업을 변함없이 지원했다. 이건희, 정주영 회장의 사례와 거의 비슷한 유형의 후원적 리더십이 발휘된 것이다. 1992년에 시작한 것을 감안할 때 기다림의 시간은 길었다. 2005년까지도 대규모 적자가 지속되었다. 13년을 훌쩍 뛰어넘는 기다림이었다.

계속 LG그룹에 짐을 지우면서도 고집스럽게 지켜진 믿음과 후원이 다시 한번 확인되는 고비가 찾아온다. 그것이 바로 2000년 전기차용 중대형 배터리사업 진출이다. 노트북과 같은 소형 디바이스 전지를 만들면서도 이렇다 할 재무적 성과를 거두지 못하는 상황에서 자동차용 배터리사업이라는 새로운 영역에 진출한 것이다. 통상 사업의 발전은 작은 성공을 바탕으로 이어지지만, 이렇다 할 성공 없이 기가 꺾인 상태에서 더욱더 도전적인 영역에 진출하는 것은 쉬운 일이 아니다. 새로운 시도가 좌초하면 그 시도를 후원하던 리더는 입장이 난처해진다. 중국 고전 《한비자》에 한 장수와 군주의 이야기가 전한다. 큰 승리를 거두고 귀환한 장군을 접견한 왕은 그에게 상자 하나를 내놓았다. 장군이 상자를 열어 보니 그가 전선에 나가 있을 동안, 장군에 대한 온갖 비방, 무고, 모함의 편지들이 가득 차 있었다. 그제서야 장군은 왕에게 머리를 조아리며 이번 승전이 모두 전하의 공이었다고 감사를 표한다. 이것은 오랜 옛 이야기지만 혁신을 시도하는 현대의 기업에도 거의 그대로 적용된다.

물론 구본무 회장이 전기차의 도래를 예측했다는 것은 이건희 회장이 PC와 모바일 시대의 도래를 예측했다는 것만큼이나 사실이 아니다. 그러나 이들은 모두 변화와 정지라는 두 세계관 중에서 변화 쪽에 승부를 걸었다. 현상 유지로 편안한 삶을 살 수도 있었고, 모험이 실패할 경우 잃을 것이 너무 많았던 부유한 가문의 2세들임에도 불구하고 이들이 이처럼 도전을 선택한 것은 여전히 놀라운 일이다. 구한말 이래 서구문명의 도래, 일제강점과 전쟁, 그리고 산업화라는 격동의 역사적 체험은 세상이 고정되어 있지 않다는 강력한 시그널로 한국인에게 각인되었다.

이들은 아버지의 사업이 급속도로 성장하는 것을 생생하게 목격하면서 성장했다. 수백 년을 지속해 온 일본의 상인가문, 이에家의 후계자와 달리 무에서 유를 창조하다시피 한 창업자의 삶을 가장 가까운 곳에서 목격했다. 시장과 기술은 멈춰 있는 존재가 아니었으며 난류처럼 꿈틀거리는 것이었다. 따라서 가만히 있는 것은 안전하지 않았다. 변화의 물결을 타야 했으며 이를 위해서 무엇인가 준비해야 했다. 10년을 넘는 기다림 속에서 희망이 보이지 않는 투자와 연구 개발을 지속할 수 있는 힘은 이렇게 나왔다. 현상 유지를 오히려 불안해하는 것, 고속으로 성장하는 사회에서 태어나 속도감이 더 편한 2세 경영자들은 도전하는 운명을 타고난 것인지도 모른다. 말 등에서 잠이 드는 유목민의 아기처럼.

성과가 나지 않는 사업의 후원자를 자처한 구 회장의 인내는 결국 결실을 맺었다. 월등하게 앞서 나가던 일본 이차전지 회사들이 파탄을 보였고 전폭적인 총수의 지원을 받는 LG는 기회를 놓치지 않았다. 일본 배터리기업들이 초기의 절대적 우위를 놓친 결정적 원인에 대해서는 여러 가지 의견이 있다. 지금까지 가장 설득력 있는 설명은, 전기차의 급부상이 일본에게는 함정이 된 반면 추격자인 한국에게는 기회의 창이 되었다는 것이다. 한국에게 전기차의 부상은 새로운 기회로 보였지만, 소형 전지의 주도권을 갖고 있던 일본에게는 그리 매력적이지도 않고 다루기 힘든 대상으로 보였을 것이다.

LG가 소형 배터리에서 성과를 올리지 못하는 상황에서 전선을 연장하는 새로운 전기차 영역에 뛰어든 것은 합리적인 전략이라고는 보기 어렵다. 새로 진입한 시장에서 확실한 교두보를 쌓고 이를 바탕으로 인근 영역으로 확장해 가는 것이 견실한 행보다. 그러나 추격의 계기를 필사적으로 잡으려는 입장에서는 다소 비합리적인 선택을 해야 할 때가 있다. 추격자에게 필요한 것은 게임 규칙의 변화다. 전기차는 마치 메모리 반도체에서 PC와 같은 역할을 했다. 결국 새로운 전선 그리고 새로운 게임에서 한국은 일본을 압도하며 주도권을 쟁취하는 데 성공했다.

메모리와 다른 점은 제3의 플레이어가 존재한다는 것이다. 바로 중국이다. 메모리에서도 같은 상황이지만 배터리의 경우 중국의 존재감은 압도적이다. 배터리와 반도체는 핵심 부품이라는 점에서 비슷해 보이지만 세부적으로는 꽤 다르다. 결정적으로 메모리반도체의 주 원료는 실리콘으로 그 기본 소재는 지구 지각에서 가장 흔한 원소인 실리콘, 즉 모래다. "하늘의 별 바다의 모래알"이라는 《성서》 표현대로 모래란 값싼 소재다. 따라서 반도체의 승부는 소재가 아니라 기술에서 결정된다. 그러나 배터리를 구성하는 주 소재인 리튬, 코발트 등은 모두 희토류^{稀土類}이거나 그에 준하는 값비싼 금속들이다. 반도체에도 꼭 사용해야 하는 희귀 소재들이 있지만 그 비중은 배터리와 비교할 수 없다. 따라서 배터리 경쟁력의 상당 부분은 소재의 확보, 가공에 달려 있다.

중국은 한국의 후발 주자이지만 소재 공급에서 압도적 경쟁우위를 보이고 있고 이를 이용해서 전체적으로 한국을 이미 능가한 것으로 보고되고 있다.[1] 한국의 산업이 그동안 서구 선진 기업들을 늘 추격해 왔던 경험에 비추어 볼 때 이런 경험은 이례적이다. 그러나 이것은 이차전지만의 이야기는 아니다. 전기차, 조선, 스마트폰, 노트북 등 다양한 분야에서 중국은 한국을 추격하고 일부 추월하고 있다. 중국은 규모와 영향력 등 다양한 측면에서 우리나라가 흉내 낼 수 없는 방식으로 산업을 빠르게 발전시키고 있다. 중국은 막대한 자금과 선진국과 비교해 느슨한 환경 규제를 활용하여 리튬, 코발트, 니켈 광산을 집어삼키며 공급망을 장악하고 이를 통해 경쟁력을 강화하고 있다.

소재가 중요한 배터리산업에서 공급망 확보는 결정적 경쟁력으로 작용한다. 한국은 일본과 중국 사이에서 기술력으로 만만치 않은 경쟁력을 과시하고 있지만 공급망을 독과점한 중국을 상대하기에 한계를 절감하고 있다. 얼핏 보기에 희토류를 독점한 중국과 자원이 없는 한국의 대결은 과거 석유수출국 중동과 한국의 경쟁을 연상시키기도 한다. 자원이 저주가 되었던 것처럼 희토류 공급망에 의존하는 중국은 결국 기술에 치중하는 한국에게 뒤처질 것인가? 그러나 이러한 기대는 지나치게 단순하다. 중국은 한국과 마찬가지로 기술을 중시하고 우수한 인력을 바탕으로 기술적 역량을 빠르게 향상시키고 있다. 자원의 저주와 인적자본의 승리라는 스토리가 재현되기는 어렵다. 확실한 것은 배터리시장의 국제 경쟁은 중국의 본격적 참전으로 반도체와는 상당히 다른 모습을 보일 것이라는 점이다. 최종 결과가 어떻게 되든 간에 한국기업은 또 다른 전략과 역량으로 이에 대처해 갈 것임도 역시 의심의 여지가 없다.

1980년대에 시작된 메모리반도체의 뒤를 이어 약 10년 뒤 이차전지의 씨앗이 심어졌고 그것은 2000년대에 들어와 꽃을 피우기 시작했다. 이것은 반도체에서 이루어진 한국기업의 혁신이 삼성전자라는 한 회사에 그치지 않고 계승되고 있음을 의미한다. 이러한 혁신과 선진 기업의 추격 및 추월은 이후 자동차, 디지털통신, 조선, 건설, 엔지니어링 등 다양한 산업에서 계속 이어졌다.

흥미로운 것은 앞에서 언급한 돌파형 혁신의 공식이 그대로 적용되고 있다는 점이다. 인공지능용 메모리라고 불리는 HBM에서도 똑같은 구도가 펼쳐진다. PC라는 파괴적 기술이 새로운 메모리를 요구했고 삼성전자의 적층형 D램이 해법으로 등장한 것처럼, 인공지능이라는 파괴적 기술이 더욱 강력한 메모리를 요구하고 있고 이에 삼성전자와 SK하이닉스가 HBM이라는 한층 증강된 메모리를 만들어 냈다. 역사는 반복된다. 딥러닝을 이용한 인공지능은 데이터의 엄청난 연산을 요구하며 이로 인해 종래의 컴퓨터와는 차원이 다른 메모리를 요구하게 되었다. 초거대 인공지능이라는 표현이 말해 주듯, 딥러닝 연산을 위해서 CPU보다 GPU의 활용도가 더 높아졌으며 이것은 더욱 막대한 용량과 엄청난 처리 속도를 지닌 메모리가 뒷받침되어야 한다.

HBM의 원리는 간단하게 말해서 기존의 디램을 적층형으로 쌓아 올려 집적도를 더욱 높이는 것이다. 이 설명은 얼핏 들으면 과거 삼성전자의 적층형 디램과 비슷하게 느껴진다. 그러나 중대한 차이가 있다. 2차원만으로는 비좁기 때문에 3차원을 이용했다는 점은 같다. 그러나 일반 주택이 아파트가 되었다는 비유는 적층형 디램에는 적합하지 않다. 더 정확한 설명은 층고를 높인 것이다. 디램은 1과 0을 기록하기 위해 커패시터라는 초소형 창고에 전하를 가둔다. 그런데 창고가 너무 작으면 누수 때문에 금방 1이 지워져 버리기 때문에 크기가 확보되어야 한다. 이때 창고의 높이를 키운 것이 스택형 디램이다. 단독 주택을 아파트로 만든 것이 아니라 부속 층고를 높여 창고의 단면적을 최소화한 것이다. HBM은 커패시터가 아니라 디램 자체를 수직으로 쌓아 올리는 것이며 이제는 단독 주택을 아파트로 만든다는 비유가 들어맞는다.

아파트에도 층간을 연결하는 엘리베이터가 필요하고 수도관, 전기선 등이 연결되어야 하는 것처럼 수직으로 배열된 디램을 연결시킬 필요가 있고 이를 위해 고난도의 기술이 요구된다. 이 문제도 한국기업들이 해결사로 나섰다. 특이한 점은 한국 메모리산업의 개척자 삼성전자 곁에 새로운 플레이어 SK하이닉스가 등장했다는 것이다. 신규 진입자인 SK하이닉스는 2024년 현재 기존 강호 삼성전자를 위협하며 HBM에 한해서는 오히려 앞서가는 모습을 보이고 있다. 기술 패러다임이 바뀔 때 선두 주자가 교체되는 현상은 산업 생태계의 역동성을 보여준다. 현대의 산업은 전 세계적 차원에서 단일 기업의 장기 독주를 허락하지 않는 역동성을 보여주지만, 한국이라는 한 나라의 산업 내에서도 치열한 경쟁과 역동성이 구현되고 있는 셈이다.

SK하이닉스는 이름에서 알 수 있듯이 전자산업과는 인연이 없어 보이던 현대가 1980년대에 창업한 현대전자를 모체로 한다. 자동차, 건설, 중공업 등에서 명성을 떨치던 현대이지만 창업주 정주영 회장은 "작은 것도 잘할 수 있다"는 특유의 자신감으로 이 사업에 진출했다. 한때 국내 3위 LG반도체까지 인수하며 성과를 인정받는 듯했으나, 결국 성과를 거두지 못한 채 회사의 명맥만 유지하다가 사업을 포기하고 이 회사는 채권단 관리를 거쳐 SK그룹에 인수되었다. 주목받지 못하던 회사는 SK의 적극적 투자를 통해 기사회생, 결국 HBM이라는 새로운 기회의 창에서 성과를 거두기 시작했다.

우리나라의 기업경영은 한때의 성공이 아니라 다양한 업종에서 벌써 3~4세대에 걸친 성공의 이력을 보여주고 있다. 최초 경공업에서부터 출발하여 중공업, 첨단산업으로 변신해 왔다. 역사상 어떠한 조직이나 제도도 이렇게 빠른 변화를 일상적으로 겪어 보지 못했다. 2차, 3차 산업혁명을 압축적으로 경험한 한국기업은 이제 4차 산업혁명의 속도 경쟁에서 강점을 발휘하고 있다. 여기서 속도란 여러 가지 일처리를 빠르게 해내는 것만을 의미하지 않는다. 이것은 오히려 기다림과 인내와 관련이 있다. 현실적 사업을 통해 단기적 성과를 거둘 수 있는 상황에서도 과감한 미래 지향적 투자를 하고 그 성과를 기다리는 것이다. 세상이 빠르게 변화하기 때문에 현 상황이 영원할 수 없다는 믿음의 결과다. 현재는 불리하더라도 미래 게임에서 기회를 포착할 수 있다는 믿음, 즉 현재의 질서를 파라미터가 아니라 변수로 보는 태도가 인내력을 강화한 것이다. 한국기업의 속도경영을 무엇이든 빨리빨리 하는 실행의 속도로만 해석하는 것은 오해다. 한국기업은 전략적 의사결정이 내려지면 실행 속도는 빠르지만, 정작 전략을 결정하는 속도는 느리다는 비판이 그것이다. 기업에 따라서는 이 진단이 맞을 수도 있겠지만 적어도 혁신을 주도해온 한국의 대표 기업들에게는 적용되지 않는다.

이것은 전략적 인내의 개념과 연결된다. 전략적 인내란 변화의 적기가 올 때까지 미래지향적 태도를 유지하면서 현재의 불리함이나 답답함을 참고 견디는 것이다. LG화학(지금은 LG에너지솔루션으로 분사)이 전기차용 배터리라는 새롭고 두려운 시장에 진출한 것은 전략적 인내의 적극적 버전이라고 할 수 있다. 이것은 도박판에서 판돈을 키우는 것, 즉 올-인과 비슷한 행보다. 일본 배터리산업이 한 발 뒤처진 것은 이 결정적 순간에서의 머뭇거림 때문이었다. 전기차가 끝내 대세로 떠오르지 못했다면 LG화학의 올-인 전략은 참담한 실패가 되었을 수도 있다. 배터리에서 미래를 보았던 구본무 회장은 전기차가 등장했을 때 그 미래가 좀 더 구체화되었다고 느꼈을 것이다. 말 등에서 태어난 아기처럼 한국기업의 리더들은 빠른 변화의 속도감에 거리낌이 없었다.

압축성장으로 고속의 변화를 추구하는 한국경제는 변화에 익숙한 리더들을 배출했고 이들은 한국형 혁신의 유전자를 지닌 것처럼 유사한 패턴의 혁신을 추진하고 있다. 이러한 패턴의 혁신이 언제까지 이어질 것인지는 단언하기 어렵다. 그러나 지금 이 순간에도 진행되고 있는 것만은 분명하다.

바이오시밀러

20세기 말 글로벌 정상에 오른 한국기업의 전통은 21세기가 되어서도 이어지고 있다. 그중 가장 극적인 것이 바로 바이오시밀러산업이다. 바이오시밀러는 반도체나 자동차 등 기존 성공 신화의 스토리를 재현할 뿐더러 한 걸음 더 나아가 '퍼스트무버'의 면모까지 보여주고 있다.

바이오시밀러란 오리지널 바이오약품을 모방한다는 점에서 언뜻 보면 모방 추격이라는 한국형 혁신 공식에 부합하는 것처럼 보인다. 문제는 이 모방이 결코 쉽지 않다는 것, 즉 엄두를 내기 어려운 초고난도 모방이라는 점이다. 바이오시밀러의 대표 기업 셀트리온은 바이오시밀러를 최초로 상용화했다. 모방이 창조보다 쉽다는 생각은 지나친 단순화다. 쉬운 창조도 있고 어려운 모방도 있다. 바이오시밀러는 어려운 정도가 아니라 상당 기간 많은 전문가들이 불가능하다고 생각한 모방이었다. 이것은 역설적이다. 왜 바이오의약품은 이렇게 모방이 어려운가. 이것을 이해하려면 간략하게나마 제약산업을 들여다볼 필요가 있다.

약품이란 일반적인 제조업과 달리 유기화합물로 구성되어 있다. 제조업이 물체를 만든다면 제약산업은 물질을 만든다. 시멘트, 철근, 유리 등으로 아파트를 만드는 건설업이나 철강, 고무, 플라스틱 등으로 자동차를 만드는 제조업은 소재의 외적 형태를 변형하지만 소재의 분자구조를 바꾸지는 않는다. 반면 제약산업의 원료는 물체가 아니라 분자다.

그림은 마취제로 쓰이는 모르핀의 분자구조를 표현한 것이다. 모르핀이라는 물질은 탄소 원자 17개, 수소 원자 19개, 질소 원자 1개, 산소 원

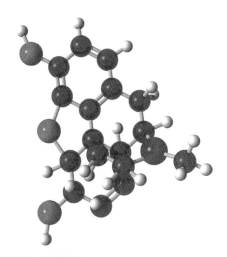

〈그림 6-1〉 모르핀의 분자구조

자 3개가 모여서 만들어진다. 물론 레고블럭을 조립하듯 탄소와 수소 원자들을 핀셋으로 집어 조립할 수는 없다. 원자와 분자를 모르던 예전에는 양귀비 잎을 따서 말리고 분쇄하는 방식으로 만들었다. 내부의 원소들은 전혀 건드리지 못한 채 양귀비라는 식물의 메커니즘을 이용한 것이다. 따라서 시간과 비용도 많이 소요될 뿐더러 생산성도 낮았고 특히 품질이 고르지 못했다. 화학이 발전하면서 차츰 원소를 가공하여 화학적 구조물을 만들어 내는 기술이 발전했다. 실험실에서 원자들을 레고블럭처럼 맞추기 시작한 것이다. '분자의 조각가'라고 불리는 유기화학자들이 이러한 일을 해냈다. 모르핀뿐 아니라 말라리아 치료제 퀴닌, 푸른색 염료 알리자린 등이 실험실에서 합성되었다.[2]

합성의약품의 제조가 가능해지면서 제약산업이라는 새로운 산업이 등장했다. 이미 사용되는 천연약품을 화학적으로 만들어 내기도 하고 때로는 기존 약재보다 더욱 개선된 약효를 갖거나 부작용을 없앤 신약이 개발되기도 하면서 제약산업은 황금알을 낳는 거위가 되었다. 하지만 엄청난 고부가가치에는 그만한 대가가 따른다. 물체가 아니라 물질을 만들어 내는 이러한 '분자의 조각'은 미켈란젤로나 로댕의 작업 못지않게 어려운 일이었다.

모르핀의 예에서 보았듯이 합성의약품은 탄소, 수소, 산소, 질소 등 대여섯 종 분자가 수십 개가량 모여서 이루어진다. 원소들의 결합 가능성은 천문학적 숫자를 넘어서며 분자들이 결합하는 모양까지 고려하면 그 수는 더욱 늘어난다. 이 중에서 부작용은 없고 약효는 좋은 경우를 찾아내는 것은 보통 일이 아니다. 그러나 바로 이 어려움이 고수익의 원천이다. 이를 위해서 제약회사들은 수많은 실험을 반복해야 했고 그 결과 제약은 고기술-고자본 산업이 되었다. 현대의 제약회사들은 거대한 자본과 다수 연구인력을 확보함으로써 이러한 개발과정을 수행할 수 있게 되었다. 신약 개발은 문자 그대로 "서울에서 김 서방 찾기"보다 어려웠지만 이 과정을 견뎌 내기만 하면 엄청난 이익을 장기간 향유할 수 있었다. 유전자기술이 발달하면서 등장한 바이오제약은 기존의 산업 판도를 완전히 변화시킨다. 바이오제약과 화학적 제약의 차이를 비유하면, 퀴즈에서 하나의 단어를 맞추는 것과, 책 한 권 분량의 문장을 암송하는 것의 차이와 같다. 물과 같은 단순한 물체의 분자량이 18인데 고분자의 분자량은 적어도 1만을 넘는다.

DNA를 묘사한 이중나선구조를 보면 모르핀의 구조와는 비교할 수 없을 정도로 복잡하다. 모르핀 분자량이 285 정도인데 인슐린의 경우

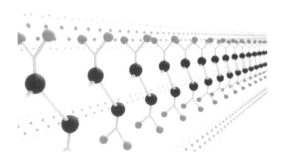

〈그림 6-2〉 폴리머 구조의 예시

5,808, 항체의약품의 경우 15만을 간단히 넘는다. 긴 단어라고 해야 글자 수가 서너 개 정도인 데 반해 200자 원고 100매 정도의 중편소설은 글자 수가 1만 자를 넘고, 1,200매 정도의 장편소설은 10만 자를 넘을 것이다. 고분자구조는 앞서 살펴본 모르핀 구조식과는 차원이 다르다.

　이렇게 어려운 문제를 풀기 위해서는 한 기업의 노력만으로는 어렵고 그 결과 다양한 플레이어들의 연대가 필요해졌다. 이것을 '분자생물학혁명'이라고 하며 소수의 기업이 자체 연구 개발 노력만으로 신약 개발을 할 수 없는 지경에 이르렀다. 다시 한번 비유하면, 몇 글자의 단어나 구절을 맞출 때는 가능한 모든 알파벳을 무작위로 조합해 가면서 요행을 바랄 수 있었다. 그러나 요구되는 특성을 지닌 장편소설이나 논문을 알파벳의 무작위 조합으로 만들어 낸다는 것은 불가능한 일이다. 생명이 무작위로 생겨날 수 없다는 것을 설명할 때 원숭이가 타자기를 마구 두드려서 셰익스피어의 〈햄릿〉이 나오는 경우의 수를 얘기하는 것과 같은 맥락이다. 타자기를 무작위로 두드리는 것이 아니라 오랜 시간의 작가 수업이 필요하다. 명작을 만들기 위해서는 작가의 일생이 요구되며 그 결과 작가와 출판사의 분업이 이루어진다. 출판사가 다양한 작가 지망생을 발굴하여 지속적으로 출판을 시도하듯, 대형 제약사들은 작은 규모의 연구소, 스타트업과의 협업하에 신약을 개발한다. 다양한 소규모의 탐색적 주체와 대규모 기업 간의 역할 분담이라는 새로운 생태계가 제약산업을 완전히 바꿔 놓게 된다.[3]

한국의 제약산업은 아직 반도체, 자동차, 배터리, 조선 등과 같이 글로벌 강자로까지 부상하지는 못했다. 합성약품 시대에 한국 제약사들은 특허가 만료된 외국 약품의 복제약 제조에 주력해 왔다. 오리지널 약품의 화학식은 특허로 보호되지만, 만료 기간 이후 공개되며 적절한 제조기술과 시설만 갖추면 누구나 그 약을 만들 수 있다. 앞에서 비유한 대로 한 단어나 구절 정도에 불과한 화학식 복제는 그렇게 어려운 일이 아니었다. 그런 만큼 진입 장벽이 낮았고 경쟁이 치열해서 이윤을 내기가 어려웠다. 경제학 교과서에 등장하는 완전경쟁시장 모델의 현실 판이며 이 모델에서 이윤은 항상 제로에 수렴한다. 한국의 제약사들은 품질에서 차별되지 않는 복제약의 경쟁에 매달려 약을 선택하는 의사, 약사에게 리베이트를 제공하는 관행을 오래 유지해 왔으며 이윤은 매우 적을 수밖에 없었다.

물론 한국의 제약사들도 복제약에만 머물지 않고 스스로 신약을 개발하려는 노력을 지속했으며 일부 성과를 거두었다. 그러나 이것은 전형적인 모방형 추격전략으로, 선진 제약사들의 경험, 자본, 기술 대비 격차를 좁히기 어려운 상황이었다. 이런 상황에서 앞서 언급한 분자생물학 혁명이 일어났다. 산업의 패러다임이 바뀔 때마다 한국은 기회의 창을

위대한 카피캣 대한민국

발견하고 새로운 경로를 창출하며 추격과 추월을 달성해 왔다. 과연 이번에도 이러한 일이 일어날 수 있었을까.

상황은 녹록치 않았다. 다른 산업에 비해 난관이 많았다. 삼성전자의 적층형 디램은 기발한 아이디어였지만 기술적 수준이나 난이도가 크게 높아진 것은 아니었다. 스마트폰의 메모리인 낸드플래시도 마찬가지다. 자동차산업의 전자 제어식 엔진도 물론 그 기술 자체는 새롭고 어려운 것이었지만 동시에 그때까지 도저히 추격할 수 없었던 카부레터식 엔진 제조기술의 약점이 사라지는 효과를 얻은 것도 사실이다. 즉 새로운 패러다임은 게임의 룰을 갑자기 바꿔서 한국의 강점을 부각시키는 반면, 그동안의 약점을 상쇄하곤 했다.

바이오제약에서는 그러한 효과가 뚜렷하지 않았다. 합성약품 신약 개발 경쟁에서 뒤처지던 한국 제약산업이 고분자의약품 개발에서 어떤 이점을 누릴 수 있을까. 격차가 오히려 증폭될 수도 있는 상황이었다. 아무리 노력을 해도, 한국에게 뭔가 '기회의 창'이 될 만한 계기가 잘 보이지 않았다. 그러나 실낱 같은 경로가 하나 나타난다. 이것은 '기회의 창'이라고 하기에는 너무 좁아 '기회의 틈narrow crevice of opportunity'이라고 해야 할 것 같다. 그 주역은 셀트리온이다.[4]

셀트리온은 한때 한국의 대표적 대기업이었다가 사라진 대우그룹 경영자 출신 서정진 회장이 창업한 회사다. 그는 대우에서 다양한 사업을 경험했지만 제약산업과는 아무 관계가 없었다. 그는 단순히 바이오제약이 미래 지향적이라는 이유만으로 결단을 내린다. 무모하다고 해도 좋을 정도로 경험이 전무한 상태에서 "무에서 유를 창조"해야 하는 상황이었다. 서정진 회장은 신약 개발에 도전하는 것이 무리임은 잘 알고 있었다. 그는 한국이 산업화를 해 온 과정을 그대로 재현하기로 마음먹는다. 그것이 바로 OEM, 즉 위탁생산이다. 선진 기업의 설계를 받아 와서 제조하고 납품하면 선진 기업이 자체 브랜드로 판매하는 것이다. 글로벌 밸류체인이라는 사다리의 맨 아래 칸부터 시작하는 것이다. 이미 섬유, 전자, 자동차, 조선 등에서는 오래전에 졸업한 1단계였다. 그러나 제약 산업에서는 그 의미가 조금 달랐다.

합성약품의 경우 화학식만 주어지면 그 제조가 그렇게 어렵지 않았지만 바이오약품의 경우 제조가 만만치 않았다. 아무리 작다고 해도 미생물이나 생체 세포는 살아 있는 존재다. 염산이나 황산을 보관하는 것과 유산균을 보관하는 것은 전혀 다른 얘기다. 모든 생명은 무생물과 달리 자발성을 지니고 변덕스러우며 예측할 수 없는 돌발 상황을 일으킨다. 더군다나 수만에서 수십만 개에 달하는 고분자화합물은 제조와 처리가 매우 어렵다. OEM으로 성장한 한국이었지만 바이오약품을 생산해 본 경험은 전무했다. 1990년대 바이오약품 제조 역량을 갖춘 나라는 미국, 독일, 스위스, 스웨덴 등 소수의 제약 선진국뿐이었다. 오직 무엇이든 한다면 할 수 있다는 한국 특유의 정신 말고는 기술도 경험도 없는 영역이었다. 그러나 이러한 도전은 한국에서는 익숙한 일이다. 반도체, 자동차, 조선, 이차전지, 디스플레이 등등 모든 것이 그랬다. 처음 기계산업, 전자산업에서도 한국은 이 생소함을 이기고 빠르게 역량을 갖췄다. 분자생물학을 이용한 바이오제약에서도 해낼 수 있을까.

문해력과 인지지능에 강한 한국은 여기서도 성공을 거둔다. 분자생물학은 화학보다 복잡하지만 결국은 디지털의 영역이다. 생명의 근원인 DNA 자체가 디지털이다. 문제는 바이오약품 제조 경험이 없는 한국에 누가 위탁생산을 맡길 것인가였다. 여기에서도 같은 전략이 적용된다. 삼성전자 디램은 당시 컴퓨터의 큰손이던 메인프레임 회사가 아니라 도전자였던 PC회사에 공급되었다. 현대자동차는 미국의 엄격한 기준을 맞추지 못하자 동남아에서 자신의 고객을 찾았다. 셀트리온 역시 그렇게 널리 알려져 있지 않던, 백스젠이라는 제약사와 손을 잡았다. 그 자신이 추격자의 입장이던 백스젠은 파격적인 가격 경쟁력을 갖출 필요가 있었고 이로 인해 이미 검증된 선진 제조업체보다는 한국의 신흥 업체에 눈을 돌린 것이다. 추격자와 추격자가 만난 것이다.

모든 신사업이 어렵고 특히 선진국시장에 제품을 출하한다는 것은 높은 진입 장벽을 각오해야 하지만 인체에 투입되는 약물은 차원이 다르다. 미국 식품의약국[FDA] 규제는 까다롭기로 워낙 유명했으며 셀트리온은 이 모든 규제사항을 완벽하게 통과해야 했다. 그러나 셀트리온은 이것을 오히려 기회로 받아들였다. 이렇게 어려운 위탁생산 자격을 획득하는 동안 셀트리온은 엄청난 학습과 역량 축적을 할 수 있었다. 이것이 바로 그다음 단계 바이오시밀러에 진입할 수 있는 토대가 되었다.

OEM을 통해 역량을 축적한 후 OBM으로 진화하는 것은 한국 및 동아시아 산업국가들이 발전해 온 전형적인 경로였지만 셀트리온은 이를 더욱 압축적으로 진행한다. 셀트리온은 백스젠뿐 아니라 다른 기업들에도 파격적 조건으로 위탁생산을 제안했다. 셀트리온은 위탁생산을 학습의 기회이자 업계에 조기에 뿌리 내릴 수 있는 기회로 보았다. 계약을 할 때도 까다로운 조건을 내걸지 않고, 오히려 의뢰사에 지분 투자를 하는 등 공동 개발 형태를 취하기도 했다. 이것은 단순히 계약을 따내기 위한 저자세가 아니라 제약산업의 내부로 뚫고 들어가려는 공세적 행보였다. 저부가 제조가 아니라 신약 개발이라는 제약 본연의 영역을 향한 의지를 보여준 것이다.

미국 식품의약국의 까다로운 생산조건을 충족하고 제약사들의 신약 개발과정에까지 참여하는 다방면의 노력으로 셀트리온은 믿기 힘든 속도로 역량을 축적해 갔다. 하지만 학습 노력만으로 달성할 수 있는 것이 있는 반면 없는 것도 있다. 처음부터 신약 개발이 넘기 어려운 난제임은 알고 있었지만 경험할수록 이 사실은 더욱 분명해졌다. 소요 기간과 리스크를 따질 때 설령 불굴의 노력으로 성공을 한다고 해도 경제적으로 의미가 없을 가능성이 컸다. 반도체처럼 무슨 수를 써서라도 세계 1등만 하면 시장을 장악할 수 있는 그런 상황이 아니었다. "하면 된다" 정신은 만병통치약이 아니다. 위탁생산과 신약 개발이라는 두 단계 사이의 거리가 너무 멀어서 바이오제약의 글로벌 밸류체인은 끊어진 사다리처럼 보였다. 열심히 배워서 다음 단계로 도약하는 기존 한국 산업 발전 모델이 여기서는 통하지 않을 것 같았다. 그러자 셀트리온은 중간 다리를 찾아낸다. 그것이 바로 바이오시밀러다.

합성약품과 마찬가지로 바이오약품 역시 일정 기간이 지나면 특허가 만료된다. 복제약을 만들 수 있는 셈이다. 한국 제약사들은 합성약품 복제약으로 그동안 사업을 영위해 왔다. 그렇다면 바이오약품도 복제를 하면 되지 않는가? 그러나 문제가 있었다. 한 단어, 한 구절 정도를 베끼

위대한 카피캣 대한민국

는 것이 아니라 장편소설 한 편을 복사하는 것은 그렇게 간단하지 않다. 계속 이어서 소설로 비유하면 장편소설을 한 번 읽은 후 이를 암송하는 것과 비슷하다. 소설의 전체적인 스토리, 등장인물, 주요 사건과 배경 등은 옮겨 쓸 수 있겠지만 모든 풍경이나 심리 묘사, 대화까지 똑같이 외우는 것은 불가능하다. 바이오약품의 특허가 만료되어 기술이 공개된다고 해도 이를 가져와서 똑같은 복제약을 만드는 것은 거의 불가능한 것이다. 그래서 바이오약품의 복제약은 '복제'라는 표현을 쓰지 않고 '시밀러'라는 표현을 쓴다.

처음 바이오시밀러의 아이디어가 등장했을 때 이것은 허황된 것으로 여겨졌다. 실제 제조의 어려움에 더하여 특허 침해 가능성 등을 고려할 때 셀트리온이 여기에 도전한 것은 당시로서는 무모한 시도로 보였다. 그러나 이것이 어렵다고 해도 신약 개발보다는 가능성이 높았고, 비교적 저비용으로 단기간에 할 수 있다는 점에서 우리나라로서는 마지막 옵션이었다. 오르기 불가능해 보였던 제약산업의 글로벌 밸류체인은 결국 다시 연결되었다.

비용과 생산조건 등에서 뛰어난 바이오시밀러가 더욱 각광을 받게 된 것은 세계적으로 의료비용이 증가하면서 약가를 조금이라도 인하해야 하는 각국의 사정 때문이었다. 한국을 비롯하여 세계 각국은 건강보험 재정에서 심각한 어려움을 겪고 있으며 이를 해소하는 방안으로 약값은 매우 중요하다. 이 때문에 바이오시밀러는 유력한 대안으로 환영받고 있으며 셀트리온의 세계 최초 상용화 이후 더욱 각광받고 있다. 이근 교수가 말한 한국 산업의 '경로창출형 혁신'에서 경로창출이라는 표현에 꼭 들어맞는 혁신이 일어난 것이다. 이것은 단순히 선진 기업을 추격하기 위한 경로가 아니라 인류의 보건을 개선하기 위한 새로운 지평으로서의 경로라고 평가할 수 있다.

여기서 바이오시밀러에 성공하는 전 과정을 상세하게 기술하지는 않겠다.[5] 중요한 것은 한국의 경로창출형 혁신, 또는 돌파형 혁신이 21세기에도 여전히 진행 중이며 그 전까지는 가능성이 희박했던 어려운 산업에서도 그 나름의 새로운 방법을 통해 이뤄지고 있다는 것이다. 일반적으로 한국 산업은 최근 혁신 성과를 활용하는 단주기 산업에서 혁혁한 성과를 거뒀지만 패션산업이나 제약산업과 같은 오래 묵은 암묵지를 활용하는 장주기 산업에서는 두각을 나타내지 못했다고 알려져 있다. 또 일부에서는 단주기 산업에 치중하는 현재 한국의 산업구조가 향후 중국 등 신흥국의 추격으로 취약해지므로 장주기 산업 쪽으로 방향을 틀어야 한다는 주장도 있다.[6]

제약산업이 상당한 연륜과 암묵지를 요구하는 산업이라는 것은 의문의 여지가 없지만, 이 산업 역시 분자생물학혁명과 게놈 지도의 완성으로 패러다임의 근본적 변화를 겪었고 바이오시밀러라는 종래에 없던 카테고리가 생겼으며 이것을 기회의 창으로써 추격이 성공했다는 점도 엄연한 사실이다. 또한 생명공학과는 아무 연관이 없던 서정진 회장이 신규 사업에 들어와 오히려 축적된 암묵지가 없었기 때문에 무모한 도전을 벌였다는 점에서도 이는 분명히 한국형 혁신 공식이다. 제약산업을 전체적으로 판단해 보면 장주기로 분류될지도 모르지만 셀트리온이 최초로 성공시킨 바이오시밀러 분야는 장주기라고 부를 수는 없을 것이다.

위대한 카피캣 대한민국

사업을 시작해서 성공하기까지 오랜 시간이 걸린다는 점이 산업의 장주기, 단주기를 가르는 요인은 아니지만, 축적된 암묵지가 요구된다는 점에서는 시간 요소도 중요하다. 셀트리온이 바이오시밀러를 선언한 것은 2008년, 그리고 최초의 바이오시밀러 약품 렘시마를 출시한 것이 2017년이었다. 채 10년이 걸리지 않은 셈이다. 삼성전자가 반도체사업을 시작한 1980년에서 일본 반도체회사를 앞선 1993년까지 13년이 걸렸다. 이차전지를 시작한 LG화학이 전기차 배터리의 강자로 부상하기까지는 20년 이상이 걸린 것으로 평가된다. 셀트리온이 제약업 자체에 진출한 2000년부터를 기점으로 잡아도 렘시마 출시까지 17년이 걸렸으며 이것은 다른 단주기 산업 혁신 기간에 비해 특별히 길지 않다.

무엇보다도 오랜 기간 축적된 기술과 암묵지가 아니라 빠른 학습과 새로운 방식의 과감한 시도에 의한 성공이라는 것이 분명해 보인다. 한국 기업의 학습과 돌파형 혁신의 역량은 21세기 전반에도 여전히 작동하고 있으며 20세기 말에 한국을 선진국으로 밀어 올렸던 패턴이 재현되고 있다. 이 역량은 스스로의 노력도 중요하지만 기회의 창이 열리는 외적 조건이 그 못지않게 중요하다. 그런데 현재 4차 산업혁명은 클라우드, 블록체인, 인공지능, 로봇, 우주 개발, 소재혁명 등 점점 더 가속되는 기술 패러다임의 변화로 이러한 기회의 창을 끊임없이 만들어 내고 있다. 어떤 산업에서도 경영전략과 비즈니스 모델, 그리고 이에 기반한 기업 간 경쟁 판도가 끊임없이 동요한다고 볼 수 있다. 이것은 변화를 당연시하는 자세, 그리고 논리적으로 학습할 수 있다면 무엇이든 빠르게 통달하는 역량에 적합한 조건이다. 적어도 아직까지는 한국형 혁신 모델은 유효해 보인다. 기존의 성공방정식을 버리고 완전히 새로운 모델로 갈아타야 한다는 주장을 성급하게 받아들여서는 안 된다.

K-애니메이션

마지막 사례로써 엔터테인먼트산업, 그중에서도 애니메이션과 대중음악을 살펴본다. 제조업이나 서비스업과 같은 산업과는 성격이 다른 문화산업에서도 한국의 강점은 발휘되고 있을까.

한국의 애니메이션산업은 역사가 깊으며 다양한 시도들이 이루어져 왔지만 '하청'과 '표절 논란'이라는 비판으로부터 자유롭지 못한 것이 현실이었다. 자체 제작한 장편 애니메이션은 질적·양적으로 만족스럽지 않은 수준이며, 외국 애니메이션 제작사의 하청 역할에 머무르고 있다는 것이다. 2000년 이후 한국 장편 애니메이션 중 50만 이상의 관객을 동원한 것은 〈마당을 나온 암탉〉이 유일하다. 그나마 이와 비슷한 수준의 성공작은 전혀 없으며 후속작도 나오지 않고 있다. 가장 중요한 문제점은 제작 이전 단계pre-production, 즉 스토리를 구상하고 캐릭터를 기획하는 능력이 부족하다는 것이다. 프리프로덕션이 바로 화이트 스페이스에서 큰 그림을 그리는 것, 개념설계라고 할 수 있다.[7]

---

* 뽀로로, 타요, 치로 등 해외에서도 성공한 작품들이 등장하고 있지만 유아용 콘텐츠에 국한되어 다양성, 확장성에 한계가 있다. 내용과 타깃 고객층을 넓히지 못한다면, 오히려 아동용 콘텐츠에 매몰되어 발전이 저해될 수도 있다. 여기서는 극장용 장편 애니메이션을 대상으로 국한하여 서술한다.

위대한 카피캣 대한민국

일본 역시 미국 애니메이션의 하청으로부터 시작했지만 데츠카 오사무, 미야자키 하야오 등의 걸출한 애니메이터와 함께 수많은 걸작을 창조하는 경지에 이르렀다. 이것은 하청 제작에서 기획과 디자인 영역으로 밸류체인상의 승격을 성취한 모범적 사례로 간주된다.

한국이 본격적인 창작 애니메이션 작품을 내놓지 못하면서도 애니메이션 강국으로 인정받는 것은 제작 능력 덕분이다. 미야자키 하야오 감독의 2001년작 〈센과 치히로의 행방불명〉 제작 당시의 일화는 유명하다. 작품 전 공정에서 하청을 허용하지 않던 완벽주의자 미야자키 감독은 일정 지연으로 개봉일을 맞출 수 없는 위기에 직면했다. 그는 주변의 강력한 추천으로 원칙을 깨고 한국 애니메이션 제작사인 DR무비에 동화와 채색을 의뢰했다. 최종 결과물에 감동한 미야자키 감독은 영화가 개봉되자마자 한국을 방문하여 감사를 표했다.[8] 시한에 쫓긴 그가 DR무비를 선택한 것은 우연이 아니었다. 이미 일본의 대표적 애니메이션들이 DR무비를 포함한 다수의 한국 업체들과 협력관계를 맺고 있었다.[9]

제작 협력업체로서 한국이 글로벌 애니메이션산업의 OEM 강자라고 해도, 한국의 다른 제조업들처럼 OBM을 지향해야 한다는 의견은 일리가 있다. 현재 한국 고유의 창작 애니메이션을 만들려는 시도가 이루어지고 있으며 주목할 만한 결과가 산출되고 있는 것도 사실이다.* 그러나 모든 산업이 마치 중·고등학교를 졸업하고 대학에 진학하는 정규과정을 밟듯이 OEM, ODM, OBM의 과정을 거쳐야만 하는 것은 아니다. 산업에 따라서는 OEM으로써 갖는 강점이 더욱 큰 가치와 영향력을 발휘

---

* 뽀로로와 같은 아동용 콘텐츠도 그중 하나다.

할 수도 있다. 특히 자체 콘텐츠 기획 역량을 쉽게 얻을 수 없는 상황에서는 더욱 그렇다.

물론 OEM 단계에 머무는 것은 낮은 부가가치, 미국과 일본의 애니메이션 강자에 대한 종속, 중국, 동남아 등 후발자의 추격 등 문제점이 많다. 1990년대 중진국 함정에 빠진 한국 제조업의 모습이 재현되고 있는 것처럼 보인다. 그러나 〈센과 치히로의 행방불명〉의 예처럼 대체가능한 범용 하청업체가 아니라, 기획자의 의도를 완벽하게 재현할 수 있는 대체 불가능한 파트너가 된다면 제작의 강자로서 지속가능한 지위를 구축할 수 있다. 이러한 긴밀한 파트너십은 다른 많은 경우에도 찾아볼 수 있다. 일본 애니메이션 강자인 '곤조'는 한국의 GK엔터테인먼트와 반 이상의 작품을 협업하며, 하청업체보다는 파트너로서 대우하고 있다.[10]

개념설계 역량의 확보를 최우선으로 할 때 발생하는 문제점을 현재 한국 애니메이션 인재 양성 시스템을 살펴봄으로써 더 분명하게 이해할 수 있다. 세계적으로 애니메이션이 큰 인기를 끌고 한국 내 시장도 커짐에 따라 국내 대학의 애니메이션학과와 학생 정원은 꾸준히 증가했다. 그러나 교수진이 될 전문가 집단이 부족한 상태에서 일반론 수준의 강의가 진행되면서 현장에서 바로 사용할 수 있는 실무적 기술의 전수는 미흡한 실정이다. 또한 애니메이션학과를 지망한 학생 대부분이 장인적인 제작 과정보다는 기획과 창작이라는 프리프로덕션에서 일할 것을 꿈꾸기 때문에 현장기술에 대한 관심은 더욱 희석되었다. 많은 애니메이션학과들이 학생들에게 성장 목표를 '감독'으로 제시하고 있기도 하다.[11] 그 결과 포부만 크고 현장 역량은 부족한 인재들이 대거 배출되고 이들은 대부분

고되고 열악한 제작 현장에 적응할 자세도 기술도 갖추지 못한 것이 현실이다. 학교-현장 간 심각한 미스매치가 발생하는 구조다.

개념설계로 가야 한다는 당위론은 적어도 장편 애니메이션 분야에서는 비현실적으로 보인다. 디즈니와 스튜디오지브리라는 글로벌 대기업의 위상은 너무 높고 한국의 현실은 녹록치 않다. 물론 많은 인력을 양성하고 이들에게 계속 도전할 수 있는 기회를 제공할 수만 있다면 드라마나 영화 그리고 웹툰에서 세계적 성과를 내고 있는 한국이 애니메이션 분야에서만 성과를 내지 못할 이유는 없다. 그러나 전체 시장에서 애니메이션이 차지하는 비중 그리고 협소한 시장과 낮은 기대수익의 영향을 받는 투자 매력도 등을 감안한다면 개념설계를 향한 경로는 좀처럼 눈에 보이지 않는다.

창작 애니메이션의 제작보다 글로벌 강자와 긴밀한 파트너십을 구축하는 것이 더욱 바람직한 대안인가에 대해서는 논란의 여지가 있다. 글로벌 밸류체인에 대한 비판적 논의 중 하나는 선진국이 후발국 산업을 자신들의 하청 기지화하면서 그 지위에 고착시킨다는 것이다. 선진국은 이들이 역량을 강화하고 단계를 격상함으로써 경쟁자가 되기를 희망하지 않는다. 한국 애니메이션도 해외 파트너십에 주력할 경우 글로벌 제작사의 의도대로 주저앉는 것은 아닐까.

하청 제작을 과감하게 중국, 인도, 동남아로 넘기고 창작 애니메이션에 몰두하는 것은 선택 가능한 대안이 아니다. 하지만 하청 제작자의 역할에 안주하여 기존의 제작 활동에만 전념하는 것도 최선의 방법이라고는 볼 수 없다. 현실적인 한계 내에서 산업의 경쟁력과 위상을 높이기 위한 방안을 세 가지로 정리해 본다.

① 점진적 상향 모색

밸류체인을 거슬러 오르는 길이 막혔다면 우회로를 찾아야 한다. 그 중 하나는 중간 단계, 즉 징검다리를 찾는 것이다. 산업 간에 차이가 많아 동일시하기는 어렵지만, 바이오제약산업에서 위탁생산과 신약 개발 사이에 바이오시밀러라는 영역에 도전한 것과 같은 전략이 필요하다. 핵심은 후발국이 바로 모방할 수 있는 단순 작업에서 좀 더 고도의 작업으로 상향하는 것이다. 스토리 기획, 캐릭터 디자인으로 바로 상향할 수 없다면, 스토리와 제작을 이어 주는 스토리보드, 동작을 시뮬레이션하는 애니메틱, 성우의 선정이나 음악 제작 등 '프리'와 '제작' 사이의 다양한 스펙트럼에서 기회를 찾는다.

국내 제작사인 스튜디오미르는 이런 노력의 대표적 사례다. 스튜디오미르는 오래 협력해 오던 미국 애니메이션기업 니켈로디언과의 관계를 중단하는 극단적 조치를 감행했다. 니켈로디언이 모든 세부사항을 결정하고 스튜디오미르의 재량권을 인정하지 않았기 때문이었다. 단순 하청이 아니라 공동 제작에 가까운 스탠스를 유지하기 위해 스튜디오미르는 일종의 협력 파업을 단행한 것이다. 니켈로디언 측도 협력기업을 일본으로 교체하면서 버텼으나, 교체된 업체의 결과물이 만족스럽지 못하고 팬들의 비난을 받게 됨에 따라 결국 백기를 들고 스튜디오미르의 재량권을 복원시켰다.[12]

② 디지털화와 3D기술로 인한 기회 모색

3D애니메이션은 전통적 방식인 2D애니메이션에 대한 근본적 혁신으로 산업의 지각변동이라고 할 수 있다. 그러나 이 혁신을 주도한 미국은 애니메이션 원조국의 강점과 스티브 잡스를 상징으로 하는 미국 IT산업의 강점을 결합하여 후발국 일본, 한국과의 격차를 더욱 벌리고 있다. 두터운 시장과 풍부한 자금을 바탕으로 최첨단 IT를 활용한 작품을 출시하면서 미국 애니메이션산업은 독주 체제에 들어섰다. 나름대로의 개성과 강점을 지닌 일본 애니메이션도 기술적·재무적 한계로 난항을 겪고 있으며, 특히 전통을 중시하는 문화까지 겹쳐 상황이 더욱 어려워지고 있다. 예를 들어 스튜디오지브리는 지금까지도 3D애니메이션을 단호하게 거부하고 있다.

한국 역시 어려움을 겪고 있지만, IT강국으로서 한국은 정보기술 인프라와 전문 인력을 통해 애니메이션 디지털화를 촉진할 잠재력을 갖고 있다. 지금 당장 미국을 추격하거나 추월할 수는 없겠지만 신기술에 저항감을 갖는 일본 대비 비교우위를 구축할 수는 있을 것이다.

2D애니메이션은 제작 인력의 수급이나 경쟁력, 임금 등에서 점차 한계에 이르고 인건비가 싼 동남아, 인도 등에 추격당할 가능성이 높다. 그렇다면 디지털의 강점을 살려 3D로 이행하는 것이 추격을 방지하기 위한 전략적 수단이 될 수 있다. 동시에 일본에서 시도되고 있는 2D와 3D의 다양한 융합기술을 받아들여 융합 솔루션을 한 단계 업그레이드할 수 있을 것이다.[13]

③ 주변 산업과의 시너지 창출

IT 외에도 애니메이션은 여타 산업과의 연관성이 매우 높다. 영화, 드라마, 음악 등 관련 콘텐츠산업은 물론이고 게임산업은 절대적이라고 해도 좋을 정도다. 최근 부상하고 있는 메타버스에서도 사용자 몰입감을 제고하기 위해 애니메이션은 필수적 요소가 될 것이다. 동시에 애니메이션 캐릭터를 통한 상표, 이벤트, 테마파크 어트랙션 등 다양한 유형의 라이선스산업이 있다. 한국의 상황에서 특히 주목할 것은 웹툰산업이다. 한국 대학의 애니메이션 전공학과 다수가 '만화애니메이션학과'라 불릴 정도로 만화와 애니메이션의 관계는 깊다. 때로는 애니메이션을 만화의 연장으로 이해하는 관점이 애니메이션에 해로울 때도 있지만, 시너지를 창출할 잠재력도 크다. 현재 글로벌시장에서 빛을 발하는 K-웹툰은 애니메이션을 위한 스토리, 캐릭터, 기법에 이르기까지 연관 콘텐츠의 원천이 될 수 있다.

애니메이션산업이 단독으로 경쟁해서는 스튜디오지브리나 디즈니의 경쟁 상대가 될 수 없지만, IT를 포함한 주변 산업들과 연계할 경우 다른 형태의 기회를 찾을 수 있다. 한국은 이미 영화, 드라마, 웹툰, 음악에서 세계의 고객을 사로잡는 중이다. 음악을 발판으로 한 메타버스 진출도 잠재력이 보인다. 메타버스를 무대로 한 콘텐츠에서 애니메이션은 핵심 기술이다. 애니메이션이 다른 산업으로부터 도움을 받는 것은 물론, 애니메이션이 스스로의 기술을 통해 K-콘텐츠산업의 도약을 뒷받침할 수도 있다. 하나의 산업부문에 국한되지 않은 폭넓은 시야가 요구된다.

위대한 카피캣 대한민국

창작 본연의 영역에서 시행착오를 축적하며 개념설계 역량을 키우는 것이 정도라고 여겨지지만 현실적으로 어려움이 많다. 애니메이션 제작 강국으로서 한국은 밸류체인을 한 발짝씩 점진적으로 상향 이동하면서 기술과 산업 변화로부터 기회의 창과, 동시에 연관 산업과의 시너지 창출을 모색해야 한다. 이것은 지금까지 해 온 제조업의 추격전략과 크게 다르지 않다. 추격전략은 아직도 유효하며, 그 유효성은 당분간 지속될 전망이다.

K-팝

최근 K-컬처라고까지 불리며 브랜드를 넘어 아이콘으로까지 떠오르고 있는 한국의 대중음악산업, 즉 K-팝은 애니메이션에 비해 더욱 역동적이며 전 세계의 관심이 뜨겁다. 과연 K-팝은 어떻게 이러한 존재감과 영향력을 구축할 수 있었는지 살펴보자. K-팝의 성공은 한국경제의 성공만큼이나 놀라운 일이다. K-팝은 순수 음악적인 목적보다는 처음부터 시장에서의 성공을 지향한 비즈니스의 성격을 띤 채 출발했다. 음악계만이 아니라 대기업과 정부 등 한국의 주요 경제주체들까지도 상당한 관심을 표명하고 실제 참여하기도 했다. K-팝은 처음부터 기업, 산업 그리고 국가경제의 이슈였다.

문화산업이 대두한 시기는 바로 중진국 함정, 한국경제의 넛크래커화 논의가 본격화될 때였다. 한국의 성장동력인 제조업이 선진국과 후발국

사이에서 입지를 잃어 간다는 의식은 새로운 대안이 필요하다는 공감대로 이어졌다. 할리우드의 블록버스터 영화 〈쥬라기공원〉이 한국을 포함해 세계적으로 흥행에 성공한 1년 뒤인 1994년, 국가과학기술자문위원회는 대통령 보고에서 다음과 같은 스크립트를 띄웠다. "흥행의 귀재로 불리는 스티븐 스필버그 감독이 6천5백만 달러를 들여 만든 〈쥬라기공원〉은 1년 만에 8억 5천만 달러의 흥행수입을 올렸다. 이는 자동차 1백50만 대를 수출해서 얻는 수익과 같다."

이 문구는 공익광고 등 매체를 통해 널리 퍼졌으며, 이를 계기로 문화에 대한 산업적 관점이 확산되었고 문화인뿐 아니라 대기업과 정부까지 문화에 주목하게 되었다. 당시로서는 발상의 전환이라고 할 만한 사건이었다. 1980년대에만 해도 예술과 산업은 이질적인 것으로 여겨졌으며 '음악산업'이라는 조어에 대한 거부감마저 있었다. 이런 흐름이 빠르게 바뀌면서 대기업이 영화와 음악 등 문화산업에 진출하기 시작했다. 국내로 국한되었던 자족적 문화시장에서 처음으로 급진적인 변화를 모색하는 움직임이 태동한 것이다. 그 와중에 드라마 작품들이 아시아시장에서 성공하는 사례가 나타났고 이에 따라 음악에서도 비슷한 성공을 꿈꾸는 주체들이 등장하기 시작했다.

그 핵심적인 주체가 기획사라고 불리는 엔터테인먼트기업들이었다. 물론 그 이전에도 가수를 발탁하고 음반, 공연을 지원하는 기획사는 있었다. 그러나 SM엔터테인먼트를 시작으로 한 연예기획사는 아이돌 시스템이라고 하는 새로운 인재 발굴 및 육성 시스템을 만들었다. 음악산업에도 대기업의 진출 시도가 없었던 것은 아니지만 산업의 특수성으로

위대한 카피캣 대한민국

인해 큰 성과를 거두지 못했고, 뮤지션이나 프로듀서 출신의 인물들이 산업을 주도한다.

그럼에도 불구하고 아이돌 기획사의 전략은 한국 제조업의 추격과 추월전략을 연상시키는 특성을 보인다. 이들은 청소년층이 선호하는 댄스 음악 장르를 타깃으로 삼고 연습생을 어릴 때부터 발굴하여 집중 훈련시켰다. 음악이 테크닉과 함께 예술성이 조화를 이뤄야 하는 예술 장르라고 할 때 인격과 품성이 확립되기 전부터 이렇게 인력을 육성하는 것이 옳은가에 대해서는 지금까지도 의문이 제기되고 있다. 하지만 이들의 전략에서 아이돌 가수는 비즈니스의 주역이 아니다. 패션모델이 디자이너가 만든 옷을 입고 워킹을 하는 것처럼 아이돌 가수는 사전에 정교하게 디자인된 콘셉트, 음악, 의상, 퍼포먼스를 구현해 내는 모델이나 배우의 역할을 할 뿐이다.

이것은 고품질 제품을 만들어 내는 제조업 프로세스에 비유되기도 한다.[14] 한 예술가가 자신의 사상을 음악과 퍼포먼스로 풀어내고, 주변의 지원을 받는 것과는 전혀 다른 방식이다. 제품 콘셉트와 시장 분석을 바탕으로 모든 것이 디자인되고 단지 이를 최종 소비자에게 전달하는 단계에서 역시 아이돌 스타가 동원되는 것이다. 이를 위해서는 아티스트의 독립성 때로는 가창력까지도 그렇게 중요한 것이 아닐 수 있다. K-팝 초창기에는 아이돌 스타의 공연에서 립싱크가 사회적 논란이 되기도 했는데 기획사는 "음악에는 다양한 장르가 있다"거나 "립싱크는 머리 염색과 비슷한 것"이라고 변호하기도 했다.[15] 음악의 관점에서 보면 받아들이기 어려운 궤변일 수도 있으나, 이것은 음악산업의 혁신을 위해 선택된 하나의 전략으로 보아야 한다.

여기서 크리스텐슨이 주장한 와해성 혁신의 개념을 연결시킬 수 있다. 와해성 혁신은 기존 산업의 약자underdog가 저가시장Low-end Market을 공략하면서 시작된다. 블록버스터가 메이저 영화사의 최신 인기작 유통을 지배하고 있을 때 넷플릭스는 주변부의 소규모 시장인 B급 감성의 컬트 영화팬층을 파고들었다. 넷플릭스는 여기서 영화팬의 감성을 학습할 기회를 얻었으며 이는 후에 정교한 영화 추천 시스템으로 발전해 갔다. 저가시장은 약자가 역량을 키우면서 강자의 관심이나 견제를 피할 수 있는 인큐베이터 역할을 한다.

음악적으로만 볼 때 K-팝은 세계시장에서 주목을 끌 만한 요소를 가지고 있지 못했다. "단순하고 경쾌한 리듬과 비트, 따라 부르기 쉬운 멜로디, 흥미로운 노랫말 그리고 멋진 댄스 실력"이 조합된 아이돌 가요는 후크송 또는 "버블검팝bubblegum pop"처럼 보였다. K-팝에서 K란 한국에서 만들어졌다는 것 외에는 별다른 문화적·예술적 의미를 지니지 못한다. 한국적 요소와 서구의 팝을 통합한 음악이 아니라 한국에서 만들어진 '메이드 인 코리아'의 OEM 상품인 셈이며, 기존의 음악과 차별화된 영역을 개척하기보다는 쉽고 편안하게 받아들여질 수 있는 요소들의 믹스를 추구했다. 버블검팝이란 1960년대 유행했던 하이틴 취향의 이지리스닝 음악이다. 이러한 가벼움과 보편성이 전 세계 청소년층을 타깃으로 한 음악을 만들어 낸다. 민족적 색채가 너무 뚜렷하다면 여러 나라의 고객층을 공략할 수 없을 것이다.

새롭게 등장한 아이돌 기획사는 제조업 경험을 하지 않고도 해외시장을 타깃으로 한국 특유의 추격전략을 구사한다. 10년 전만 해도 예술에 '산업'이란 단어를 첨부하는 것에 거부감을 가지고 있던 음악계가 완전히 새로운 마인드로 무장한 것이다. 이들은 예술을 신성불가침의 존재로 생각하지 않고 시장에 팔 수 있는 상품으로 생각했다.

　예술의 순수성이나 예술적 가치에 연연하지 않고 고객의 니즈를 읽고 매력 있는 제품을 디자인한다는 마인드가 이제까지와는 다른 스토리를 만들어 낸다. 이전에도 한국적 요소와 서구 대중음악을 접목하려는 진지한 시도는 많았다. 랩 뮤직과 판소리를 결합하려 한 남성 듀오 한국사람, 가야금·거문고 등의 독주 장르인 산조를 기타에 접목한 김수철의 기타 산조, 국악 창법을 가요에 접목한 장사익의 노래들은 음악적인 깊이나 예술성에서 높은 경지에 이르렀다고 평가된다.[16] 이러한 시도는 대중적 인기와 무관하게 우리 문화의 폭과 깊이를 위한 중요한 시도라고 보아야 할 것이다. 그러나 시장 침투전략이라는 관점에서는 효과적이지 못했다. 이들의 고민은 예술 그 자체이지 마케팅은 아니었다.

　K-팝 성공의 화룡정점, 마지막 단추는 역시 아이돌 스타일 것이다. 이들은 어린 나이에 연습생으로 발탁되어 장기간 체계적인 훈련을 받는다. 최근에 완화되었다고는 하지만, 이들은 합숙 생활을 하면서 스마트폰 사용이나 인간관계, 사생활까지 통제당하면서 강도 높은 훈련 생활을 지속했다. 그런데 이런 생활은 한국의 청소년에게 그렇게 낯설거나 이질적인 것은 아니다. 국제 스포츠 대회 참가 선수나 각종 고시와 입시 준비생 등 목표를 향해 매진하는 수많은 청소년들이 이렇게 생활한다. 다음 표는 아이돌 연습생의 전형적인 일주일 일과다. 한국 수험생의 일

〈표 4-1〉 K-Pop 아티스트를 꿈꾸는 연습생 스케줄표

	월	화	수	목	금	토
10:00~11:00	운동					자율연습
11:00~12:00	영어회화					자율연습
12:00~13:00	점심식사	점심식사	점심식사	점심식사	점심식사	점심식사
13:00~14:00	랩 레슨	안무 레슨 / 악기 레슨	랩 레슨	안무 레슨 / 악기 레슨	랩 레슨	자율연습
14:00~15:00		보컬연습		보컬 연습		
15:00~16:00	자율연습	안무 연습	안무 연습	안무 연습	보컬 연습	랩 레슨
16:00~17:00		저녁식사		저녁식사		
17:00~18:00	저녁식사	특기별 레슨(안무, 보컬, 랩)	저녁식사	보컬연습	저녁식사	저녁식사
18:00~19:00	주간 점검	특기별 레슨(안무, 보컬, 랩)	보컬 연습	안무 연습	보컬 연습/ 개인 랩 레슨	자율연습
19:00~20:00		보컬 연습				
20:00~21:00	안무 레슨		안무 레슨	랩 레슨	주간 점검	안무 레슨
21:00~22:00		중간 점검				
22:00~23:00			중간 점검			중간 점검

과와 크게 다르지 않다.

이것이 예술가를 키우는 올바른 방법인가에 대해서는 다양한 의견이 있다. 아이돌 걸그룹은 고성장 시대 공장 여직공의 신자유주의 시대 버전이라는 색다른 해석도 있다. 업종과 내용이 바뀌었을 뿐 자본이 노동을 활용하고 착취한 것은 마찬가지라는 것이다.[17] 그러나 예술가란 그 자체로 모호한 개념이며 아이돌 기획사는 "예술에는 많은 유형이 있다"고 말한다. 성공을 추구하는 재능 있는 젊은이들에게 아이돌이라는 새로운 기회는 매력적으로 다가왔다. 성공의 문이 좁아져 가던 저성장의 문턱

에서 아이돌은 새롭고, 요즘 표현대로 "멋진cool" 기회의 창이었다. 이들은 기꺼이 자신의 역할을 받아들였다. 생활을 통제당하고 판에 박힌 스케줄대로 혹독한 훈련을 지속하면서도, 미래가 불확실하다는 것은 큰 문제가 되지 않았다. 데뷔 자체가 무산되거나 불리한 계약 조항으로 데뷔 후에 갈등이 발생하는 등 아이돌 비즈니스에는 난관도 있었다. 그러나 끊임없이 인재는 유입됐고 스타가 배출되었다. 이 시스템은 작동하고 성장하며 자생력을 갖추기 시작했다.

아이돌 기획사가 한국 제조업을 명시적으로 참고했는지는 확실하지 않다. 의도적인 벤치마킹이 있었던 것 같지는 않다. 그러나 이들은 한국 기업이 수십 년 동안 압축성장하는 모습을 사회의 일원으로서 지켜보았으며 은연중에 영향을 받았을 것이다. 그들이 음악 본연의 영역에 갇혀 있지 않고, 비즈니스라는 관점에서 음악을 수단으로 삼아 시장을 공략한 것에는 한국기업의 성공이 자극이 되었다고 보는 것이 타당하다. 이들은 주식회사로서 운영 조직이나 전략은 기존 기업들의 프레임을 따랐다. 특히 초창기부터 해외 진출을 핵심 전략목표로 삼은 것은 기업들의 글로벌 전략의 영향을 받았음이 분명하다.

K-팝이 그다지 혁신적이지 못하다는 것은 과거 한 시대를 풍미한 음악의 신조류와도 구별되는 점이다. 로큰롤, 록, 하드록, 펑크, 힙합 등 각 시대의 청소년을 열광시킨 음악은 기본적으로 젊은이의 분노, 기성세대에 대한 비판, 사회질서로부터의 일탈을 주 정서로 하는 경우가 많았다. 지금은 대중음악의 전설이 된 엘비스 프레슬리, 비틀즈, 롤링스톤스, 핑크플로이드 등은 모두 초기에는 사회와 가정으로부터 불온한 음악으로

취급되었다. 이것이 오히려 반항하는 청소년을 더욱 자극하여 세대갈등의 씨앗이 되기도 했다.

그러나 아이돌 음악은 앞에서 언급한 것처럼 후크송이나 버블검팝의 기조에서 안전한 노선을 취했다. 혹시 살짝 비판적인 가사가 등장한다고 해도 양념 정도였으며 기본적으로는 겸손하고 긍정적인 밝은 정서를 표방한다. 특히 걸그룹의 경우 성적매력의 도발은 엄격하다고 할 정도로 배제되었다. 이는 서양의 대표적 여성 뮤지션들이 보여준 경계수위의 성적 표현과는 대조를 이룬다. 때때로 '걸크러시'라고 하는 독립적이고 당당한 여성상을 내세우기도 했지만 어디까지나 안전한 경계 내에서였다.

듣기 좋고 따라 하기 좋은 음악에 사회 규범과 충돌하지 않는 긍정적인 정서로 포장된 K-팝은 글로벌 무대를 통과하기 위해 터부가 될 만한 것을 제거했던 것이다. K-팝은 얼핏 진부해 보이지만, 성공한 장르의 매력적인 요소들이 골고루 배합되어 있어 오히려 다양한 나라의 음악시장에서 호소력을 발휘한다. 음악 내용의 새로움 대신 K-팝은 유튜브나 SNS와 같은 뉴미디어를 통해 글로벌 신세대를 공략했다. 음악만이 아니라 퍼포먼스, 그리고 아이돌 캐릭터와 이들이 모여서 만드는 '세계관'이라는 요소가 신세대의 새로운 음악 감상 패턴에 맞아 들어갔다. 뭔가 심각하고 진지한 음악이 아니라 재미있는 놀이로서의 음악이 더 호소력을 가졌던 것이다. 또한 저작권 등에 연연하지 않고 과감하게 뉴미디어를 통한 소통에 나선 결과, 앞서 가던 J-팝을 추월하는 발판을 확보하게 된다.

뉴미디어를 통해 글로벌 노출에 성공한 K-팝은 스스로도 놀랄 정도의 반향을 얻고 있다. 이에 대해서는 다양한 요인이 거론되고 있지만, 그 중 하나는 문화 지형에서 한국의 중간적 성격이다. 즉 대중예술을 지배하는 미국 및 서구문화에 대해 반감을 느낀 제3세계 대중이 한국을 자신의 대변자로 간주했다는 것이다. 이에 더하여 미국 등 선진국에서도 젊은 세대에게 K-팝은 어쩐지 멋지고 cool 다양성을 포용하는 것으로 비춰졌다. 잘 모르는 먼 나라 한국의 음악을 좋아하는 것은 '정치적인 올바름 political correctness'을 추구하는 사회적 트렌드에도 부합했다. 중요한 것은 K-팝이 이렇게 글로벌 존재감을 확보함에 따라 기존의 한계나 부족함을 극복할 역량과 기반이 형성되어 간다는 것이다. 한때의 유행으로 끝날 것이라는 예상과 달리 K-팝은 마치 한국의 제조업이 글로벌 선도기업으로 성장했듯이 글로벌 음악시장의 주류로 올라서고 있다. 그렇게 전망할 수 있는 근거를 대략 다음의 세 가지로 요약할 수 있다.

① 아이돌에서 아티스트로, 음악적 역량의 성장

아이돌의 역량이 지속적으로 발전하고 있다. 초창기 립싱크 논란을 일으켰던 아이돌 그룹의 가창력은 비교하기 어려울 만큼 발전했으며 각종 악기를 다루는 것은 물론 작사와 작곡을 스스로 하는 싱어송라이터 아이돌이 속속 등장한다. 아이돌 멤버가, 주어진 음악을 구현하는 패션모델에서 자립적이고 창의적인 예술가로 성장함으로써 K-팝도 여러 장르의 믹스가 아니라 독자성을 지닌 진정한 음악 장르로서 발전할 가능성을 높이고 있다.

② 진정한 음악 장르로서 K-팝의 발전

K-팝의 'K'가 한국음악의 정체성과 단절된 채로 서구음악의 혼종에 불과하다는 비판은 꾸준히 제기되었다. 그러나 음악의 수준이 높아지고 덧붙여 뉴미디어상에서 아이돌과 팬과의 소통 및 스토리와 의미의 창출이 음악을 넘어선 존재감을 드러내고 있다. K-팝이 "기획사 제작 시스템을 통해 만들어진 퍼포먼스에 방점을 둔 댄스팝"이라는 규정에 대해 음악과 댄스와 기타 모든 것이 어우러진 새롭고 독창적인 장르라는 반론이 제기되었다. UC 샌디에이고의 오주연 교수는 K-팝의 댄스가 현대무용과 접점을 갖는다고 하며 글로벌 팬이 이 춤을 따라 추는 현상만으로 하나의 독자적 장르로 인정할 수 있다고 주장한다.[18] 'K'라는 글자가 한국적 정체성과 무관하다는 비판은 점점 설득력을 잃어 간다.

③ 글로벌사회에 의미와 메시지를 발신하는 주체로서의 존재감

버블검팝으로 인식되던 K-팝은 이제 국제사회에 중요한 메시지를 발신하는 주체가 되고 있다. 미얀마 민중 시위 사태에서 미얀마 젊은 이들은 BTS의 노래 가사가 쓰인 팻말을 들고 시위에 나섰다. "All the underdogs in the world. A day may come when we lose. But it is not today. Today, we fight!!!" 세상의 약자들, 언젠가 우리가 지는 날이 오겠지. 그러나 오늘은 아냐. 오늘 우린 싸울테니까! 과거 신세대들이 열광했던 음악과 달리 K-팝은 유독 긍정적 정서를 유지해 왔다. 갑자기 아이돌이 "소셜테이너 socialtainer: 사회참여 연예인"로 급변한 것은 물론 아니다. 이것은 아이돌의 변화라기보다는 오히려 팬덤이 만들어 낸 변화였다. 2020년 7월《타임

Time》은 이렇게 말했다.

K-팝 그룹(BTS, 스트레이키즈, 몬스타X와 루나)의 팬들은 온라인에서의 신속한 동원과 진보적 가치의 지지에 익숙하며, 온라인 행동주의를 조직하고 자신의 목표를 달성할 준비가 되어 있다. 그들은 인권운동에서부터 교육 개혁에 이르는 다양한 대의명분을, 대부분 그들이 지지하는 아이돌의 이름으로, 선양하려고 그들의 영향력을 행사한다고 한다.

Accustomed to mobilizing quickly online, and often holding progressive values, fans of K-pop groups like BTS, Stray Kids, Monsta X and Loona are uniquely prepared to organize and succeed in their choices of online activism. They have been known to deploy their influence over the years in the service of causes ranging from human rights campaigns to education programs, often in the names of the idols they support.[19]

아이돌 스스로가 아니라 팬들이, 자신이 좋아하는 아이돌 스타의 이름으로 선행을 하고자 의도하는 것이다. 처음에는 좋아하는 아이돌의 음반과 굿즈를 사거나 "스밍" 좋아하는 아티스트의 스트리밍 음악의 재생 횟수를 인위적으로 늘려 음원 차트를 변경하려는 시도을 하는 정도였다. 그러나 차츰 좋아하는 스타의 이름을 선한 목적을 위해 이용하는 데까지 나아갔다. 아이돌 스타들이 유튜브 등 뉴미디어를 통해 그들의 캐릭터와 세계관을 공유하고, 팬들은 이를 매개로 커뮤니티를 구성했다. 이들은 같은 아이돌 스타를 좋아한다는 공통 분모로 모였지만, 여기서 활발하게 소통하며 다양한 이슈를 생성하기 시작했다. 긍정적이고 예의 바르며 놀 때는 놀 줄 아는 K-팝 스타의 바른 모습은 "선한 영향력"을 행사했고 팬들은 자신의 스타를 위해 올바르고 정의로운 일을 해야 한다고 느끼게 되었다는 것이다. 이 믿기 어려운 이야기는 실제 팬 공동체와 주요 저널을 통해 증명되고 있다.

스타와 팬의 상호작용이 팬 커뮤니티로 확산되고 발전해 가는 모습은 온라인 세상에서 이제껏 보지 못한 양상을 띤다. 다행히도 그 방향은 긍정적인 모습을 향하고 있다. 사회와 충돌하지 않고 순응했던 K-팝은 이제 환경과 사회의 다양한 이슈에 적극적인 목소리를 내며, 투쟁과 비판이 아니라 선한 영향력이라는 키워드로 대표되는, 그들만의 방식을 찾아가고 있는 것처럼 보인다. 세계적인 소설가 파울루 코엘류는 BTS학술대회에서 "그들의 음악은 팬덤 이상이다. 그것은 전 세계에 선한 영향력을 행사한다." Their music is above fandoms. It brings a positive influence to the entire world. 고 말했다.[20]

K-팝은 음악이라는 산업과는 이질적인 영역에서 한국기업의 혁신과정을 재현하고 있다. 그들의 전략은 와해성 전략을 연상시킨다. 세심한 전략과 사전설계의 힘은 몇몇 환경 요인과 맞아떨어져 한국 제조업의 압축성장과 비슷한 성장 곡선을 보여주었다. 이들의 성공 요인으로 가장 주목되는 것은 현실적으로 가능한 것에서 출발했다는 것이다. 이미 성공한 인기 음악 장르의 기법들을 믹스하고 그에 꼭 맞는 칼군무를 안무

위대한 카피캣 대한민국

하고 완벽해질 때까지 연습했으며 가까운 일본과 동남아시장부터 공략했다. "모방에서 혁신으로"라는 공식이 적용되었고, 이것은 음악이라는 고도의 문화 영역에서도 작동했다.

음악산업이란 아마도 '장주기 산업'의 대표이자 원조일 것이다. 신 산업에서 모방과 추격으로 혁신하던 한국기업이 바이오, 제약, 패션 등 장주기 산업으로 가려면 다른 방식이 필요하다고 한다. 그러나 음악산업에서조차 경로창출형 혁신은 성공했다. 다소 정도가 아닌 듯 보이고, 다소 편법처럼 보이던 방법조차 빠른 추격을 위해서 과감하게 선택되었고, 이는 결실을 맺고 있다.

제7장

한국기업 경쟁력의 핵심, 인재

지금까지의 논의를 통해 이제 한국기업의 경쟁력 소위, "한국적 경영"의 핵심 역량을 제시해야 할 시점이다. 한국의 걸출한 경영자 다수가 공감했던 "기업은 사람이다"라는 명제에 해답이 있다. 한국기업의 힘은 곧 한국인, 즉 한국의 인재로부터 나온다.

사람과 기업은 서로에게 영향을 미치는 복잡하고 역동적인 관계를 맺는다. 닭이 먼저냐 달걀이 먼저냐의 무한루프 속에서도 억지로 그 출발점을 정한다면, 그것은 결국 사람, 인재일 수밖에 없다. 한국기업 인재들의 근본적인 특징을 다음 세 개의 표현으로 집약하고자 한다. 그것은 바로 "불의 철학자", "모험적 학습자", "성취 중독자"이다. 한국인은 세상을 고정된 것이 아니라 끝없이 움직이고 변하는 격동의 장으로 본다. 또한 이들에게 변화는 두려움의 대상이 아니라 오히려 과감하게 도전하고 탐구할 대상으로 여겨졌다. 한 번 도전이 시작되면 이들은 만족할 만한 성과가 구현될 때까지 결코 멈추지 않았으며, 일단 성공하고 나면 그보다 더 높은 단계의 꿈을 꾸기 시작했다.

이러한 인재가 있었기에 한국기업과 한국경제는 장기 지속 성장을 달성할 수 있었다. 이러한 인재의 핵심적 특성, 그리고 이들을 육성하기 위한 구체적 방안에 대한 깊은 고민이 필요하다.

불의 철학자

그리스 철학자 헤라클레이토스는, 물이나 흙을 우주의 근본으로 제시했던 선대 철학자와 달리, 불을 가장 근원적 실체라고 주장했다. 불은 현대 과학에서조차 파악하기 힘든 불가사의한 존재다. 불은 특정한 형태가 없이 너울거리며 빛과 열을 분출한다. 만물을 태우고 파괴하지만 활용하기에 따라 동시에 금속을 녹여서 가공하며 음식을 요리하고 난방과 기계의 동력을 만들어 낸다.

서양 과학의 근원을 데모크리토스의 원자론이라고 보는 것이 일반적 견해지만 이처럼 만물의 근원을 특정 요소로 귀착시키는 환원주의적 시각은 헤라클레이토스의 철학과는 거리가 있다. 불은 원자와 달리 단순하지도 순수하지도 않다. 이러한 세계관은 차라리 동양의 음양오행설과 비슷한 점이 있다. 동양의 오행은 흙土, 물水, 쇠金, 불火, 나무木로 얼핏 보면 아리스토텔레스가 제시한 4원소, 흙, 물, 불, 공기와 비슷해 보이지만 서양이 고정된 구성 요소들에 주목한 반면, 동양은 오행의 상호관계와 변용에 주목했다. 나무는 불을, 불은 흙을, 흙은 쇠를, 쇠는 물을, 물은 나무를 낳는 식으로 오행은 독립된 실체가 아니라 변화의 양상이다.

음과 양이라는 더 근본적인 작용, 즉 에너지가 변화할 때 나타나는 잠정적 현상인 것이다. 서양이 고립된 알갱이인 원자原子에 주목했다면 동양은 밀고 당기는 힘 오늘날로 보면 전자電子에 주목한 것으로도 해석할 수 있다.

원자론과 음양론이라는 고대의 철학으로 동서양의 정신과 문명을 규정하는 것은 무모한 일이다. 이것은 귀에 걸면 귀걸이, 코에 걸면 코걸이식의 설명이 되기 쉽다. 음양론의 내용보다는 유교 경전에 대한 문해력으로 관직을 결정하는 능력주의 시스템이 더욱 중요한 요인이라고 보는 것이 온당하다. 2천 년 전 성인의 담화를 기본 텍스트로 고집스럽게 문해력을 교육했다는 사실은 변화를 중시하기보다는 오히려 전통에 집착하는 태도를 보여준다. 동양인의 세계관과 가치관이 서양보다 더욱 혁신적이라거나 변화 지향적이라는 주장이 설득력을 갖기 어려운 것은 당연하다. 서양의 원자론과 동양의 음양론을 대조해 보는 것은 철학사에서는 흥미로운 주제가 될 수 있겠지만, 한국인의 행동 경향이나 가치관을 본격적으로 도출하는 것은 지나친 일이 될 것이다. 한국인, 특히 한국기업의 변화 지향 성향에 대해서는 다른 방식의 설명이 필요하다.

이미 여러 번 언급했지만 오랜 전통과 신성불가침의 권위를 지켜 오던 한국사회는 근대 서구화를 거치면서 가장 격심한 우상파괴의 과정을 겪었다. 구한말 국운이 기울면서 국가의 생존을 위해서 서구에 대한 개방과 서구의 문화, 지식을 도입해야 했을 때 기존 지배세력은 강력하게 반발하면서 퇴행적 반응을 보였다. 그러나 서구문화 도입에 적극적이었던 일본 제국주의에 의해 이러한 보수파 지배세력은 와해되었다. 조선의

위대한 카피캣 대한민국

권위를 수호하던 지배세력은 식민지 지배의 파트너가 될 수 없었다.

친일파로 매도되는 일제강점기 상류층은 조선의 전통적인 지배층과 관련이 없었으며 유교적 전통과도 결별했다. 일본은 골수 유교 국가가 아니었고 오히려 과학기술과 서구 문명에 경도되어 있었다. 일제강점기가 끝난 후에는 미국으로 대표되는 서구 문명이 밀려 들어왔다. 친일파와 함께 일본화된 서양 문명이 다시 한번 청산되고 미국의 제도와 문화가 권위를 차지했다. 이런 격동의 역사 속에서 신성불가침의 전통과 권위는 뿌리를 내릴 수 없었다. 서양 문명의 우월성은 확고했으나 낯선 것이었고 처음부터 배워야 했다. 날 때부터 몸에 익은 당연함이란 없었다. 이것이 한국인의 정신에서 근본적인 유연성을 만들어 낸 조건일 것이다. 정치학자 함재봉은 조선인을 "나라를 빼앗기고 전통을 거부한" 뒤 중국, 일본, 러시아, 미국으로 새 나라와 새 정체성을 찾아 나선 방랑자로 묘사한다.[1]

이것은 다른 나라와 비교되는 중요한 차이점이다. 일본만 해도 봉건시대부터 존재했던 천황제가 존속하고 있다. 인도의 경우 독립 후 초대 수상이 된 네루는 최상층 카스트 출신이며 카스트 제도 역시 사회적으로는 현재까지 유지되고 있다. 이것을 한국에 적용하면 안동 김씨 후손이 국가 원수가 되고 양반, 상민의 신분이 그대로 이어지는 것과 같다. 물론 튀르키예에서 오스만 왕정을 무너뜨린 아타튀르크의 혁명이 있었고 이집트 역시 나세르가 쿠데타로 집권하는 등, 정권 및 지배층 교체는 제3세계에서도 심심찮게 있었다. 그러나 고유 전통에 대한 부정과 비판 그리고 서양 문명에 대한 적극적이고 긍정적 수용 등에서 한국이 다른 제3

세계에 비해 더욱 철저했다는 점만은 부인하기 어렵다.

신성불가침의 원리나 가치를 갖고 있지 않다는 것은 현대 한국인의 가장 특징적인 요소의 하나다. 전 세계 국민에 대한 심층조사로 수행되는 세계가치조사에서 한 가지 중요한 축은 전통 중시냐 현실 및 합리 중시냐이다. 한국은 가장 자유주의적인 북서유럽 수준의 현실 중시 가치를 보여준다. 중동의 이슬람, 중남미의 가톨릭, 남아시아의 불교·힌두교 사회 등이 강력한 전통 중시 성향을 보이는 것과 대조적이다. 500년 전통의 유교 이념은 결코 가볍게 볼 전통이 아니지만, 그 권위는 역사적 상황, 한국인의 기질 또는 어떤 다른 요인에 의해 와해되었다. 이것이 새로운 행동을 위한 공간을 열어 주었다. 사고와 행동을 얽어매는 억압적 권위의 부재는 변화를 적극적으로 수용하는 정신적 토대를 만들어 냈고 이는 현기증이 날 정도의 압축성장을 추동할 에너지 원천이 되었다. 변화가 당연한 것이고 정체는 일시적인 것이거나 또는 타성에 빠져 범하는 착각이었다.

말 위에서 태어난 아기에게 흔들림이 각인되는 것처럼, 또는 매우 시끄러운 시장에서 태어난 아기가 소음에 익숙해지는 것처럼 한국인은 내면에 변화를 새겨 넣었다. 인생은 선택의 연속이라고 하지만, 많은 요소들이 선택도 하기 전 환경에 의해 주어진다. 종교적 권위가 강한 사회에서 한 사람의 종교는 태어날 때 이미 결정되고 도중에 변경한다는 것은 거의 불가능하다. 신념, 가치관, 세계관, 습성의 많은 것들이 잘 짜여진 체계적 전통에 의해 결정되고 정작 스스로 결정할 수 있는 것은 사소한 영역에 국한되는 것이 드문 일이 아니다. 이렇게 강력한 무형의 질서가 개인을 지배하면 자발적으로 시도할 수 있는 변화의 폭은 크게 제한될 수밖에 없다.

　서구사회의 개인주의는 동양의 집단주의에 비해 개인의 자유로운 선택과 의사결정을 존중한다. 서양 역시 근대 이전까지는 유아 세례, 파문 등의 종교적 관행이 말해 주듯 동양 못지않은 강력한 사고와 행동의 체계가 지배하고 있었다. 르네상스, 종교개혁, 시민혁명, 산업혁명, 민주화 등 극단적 갈등과 폭력까지 감수하는 투쟁 끝에 개인주의는 집단의 간섭을 뿌리치고 사회를 지배하게 되었다. 이로부터 산업화와 근대화는 꽃을 피웠다.

　한국은 전통 중시의 국가로서 얼핏 보기에 그렇게 특별해 보이지 않았다. 마치 서유럽 국가들이 로마의 국교였던 가톨릭에 충심으로 복종했듯 한국은 중국의 유교 전통을 다른 어떤 나라보다 맹종했고 근대 이전의 왕조 국가로서는 세계사에서도 드물게 500년을 유지하는 놀라운 안정성을 과시했다. 그러나 앞에서 살펴본 대로 굴곡의 근대사는 전통의 권위를 철저하게 파괴했으며 한국인은 "하늘 아래 새로운 것은 없다"라는 지혜보다 "하늘 아래 고정되어 있는 것은 없다"라는 지혜에 어쩔 수 없이 이끌렸다. 서구 열강과 그들의 문화, 제도, 기술, 자원의 위력을 온몸으로 체험한 후 이를 받아들이고 자신의 것으로 만들기 위한 열정이 조상 숭배와 유교적 교리를 대체했다. 조상 숭배가 사라진 것이 아니라 조상을 숭배하려면 조상이 알지 못하던 새로운 무기가 필요해진 것이다.

　그 결과 한국인은 모든 것이 변화한다는 신념으로 무장한 "불의 철학자"가 되었다. 헤라클레이토스는 이렇게 말했다.

살아 있는 것은 다른 것의 죽음이며, 죽음은 다른 것의 생명이다.

Immortal mortals, mortal immortals, one living the others death and dying the others life.

이것은 "음이 양을 낳고 양이 음을 낳는다"는 음양론과도 유사하지만 한국인은 이러한 철학을 삶의 현실로 자각했다. 궁극적이고 완전한 것은 없으며 모든 것이 흐름 속에 있다는 것, 영원할 것 같아 보이는 것도 모두 일시적이고 잠정적이라는 것, 따라서 전략을 결정할 때는 현재를 기준으로 해서는 안 되며 앞으로 다가올 미래를 염두에 두어야 한다는 태도가 근대화과정 중에 각인된 것이다.

대부분 일제강점기에 태어나 해방 정국 또는 한국전쟁 이후 창업한 1세대들은 문자 그대로 난리 통에 기업을 시작한 모험가들이었다. 모든 것이 뒤흔들리는 속에서 과감하게 사업 기회를 포착한 이들은 변화를 근본 전제로 받아들였다. 그런 만큼 주의가 필요했고 따라서 리스크 관리가 중요하다는 것 또한 놓치지 않았다. 이들의 태도는 한마디로 위험감수적 또는 위험회피적이라고 양분할 수 없다. 지뢰 제거 요원은 지뢰를 제거하러 나선다는 점에서 위험감수적이지만 제거과정에서 극도로 조심한다는 점에서 위험회피적이다. 해방과 전쟁의 소용돌이 속에서 기업을 창업한 이들은 개척자나 모험가라고 불러도 좋을 것이다. 그러나 한 번의 판단 착오가 파멸로 이어지는 장면을 목격한 이들이 강한 생존 본능과 그로 인한 극도의 조심성을 갖게 된 것도 자연스럽다.

그런데 이러한 창업 세대의 경험은 어떻게 2세대로 이어졌을까. 이건

위대한 카피캣 대한민국

희 회장은 1942년, 삼성이 삼성상회라는 이름으로 창업한 지 4년 뒤에 태어났다. 삼성과 함께 태어난 그는 보잘것없던 스타트업이 한국을 대표하는 대기업으로 성장하는 과정을 지켜보았다. 그가 회장으로 취임하던 1987년까지 삼성이 겪은 역사는 한마디로 격동의 드라마였다. 이것은 다른 기업도 대부분 비슷하다. 2세 경영자들의 생년을 비교해 보면 정몽구 회장은 1938년(현대그룹 창업은 1947년), LG의 구본무 회장 1945년(LG 창업은 1947년)으로 대부분 태어난 시기가 기업의 창업 시기와 일치하고 해방과 전쟁을 겪으면서 맨손으로 시작한 기업이 성장하는 과정을 성장기에 온몸으로 겪게 된다. 문자 그대로 말 위에서 태어난 아기인 셈이다.*

'부덴브로크가의 신드롬'이라는 것이 있다. 성공적인 가문이, 후손들이 점점 더 나약해짐에 따라 몰락하는 경향을 나타내는 말이다. 그러나 이 현상은 적어도 한국 대기업의 2세들에게는 적용되지 않는다. 물론 앞으로는 좀 더 두고 봐야 할 것이다. 3세 경영자들은 대략 1960년대에서 70년대생이 많으며 이들은 재벌 3세라는 자의식을 가지고 있었고 이들의 성장기에는 기업의 규모나 위상도 높은 수준이었다. 그렇다면 3세 경영자들은 부덴브로크 신드롬에 빠졌을까. 하지만 한국의 대기업은 2세 시절에 또 한번의 기적을 창출했다. 이건희 회장은 취임 후 30년만에 매출 40배, 세전이익은 400배로 증가시켰다. 창업자는 0에서 출발했기 때문에 무에서 유를 창조한 업적을 수치로 비교하기는 어렵다. 분명한 것은 2세대가 창업 세대에 부끄럽지 않은, 오히려 더욱 주목할 만한 경이

* 여기서 구본무 회장은 3세이지만 다른 그룹의 2세와 대략 같은 세대라고 볼 수 있다.

적인 업적을 남겼다는 점이다. 그리고 이것은 3세 경영자의 성장과정과 겹친다. 세대가 변해도 세상은 여전히 격변 중에 있었고 지금 3세 경영자들은 인공지능, 전기차, 바이오제약의 시대를 진두지휘하고 있다.

한국의 산업도 선진국 영역에 도달한 뒤로는 장주기 산업에 집중하여 진입 장벽을 쌓고 안정적인 경쟁우위를 누리자는 주장이 나오고 있지만 이것은 그 자체로 어려운 일일 뿐더러 향후 기술 변화의 속도와 범위를 고려할 때 유의미한 전략이 될 수 있을지 의심스럽다. 인공지능이 그림을 그리고 소설을 쓰고 음악을 작곡하는 세상이다. 아무리 대단한 암묵지나 축적된 감각, 기술조차도 진입 장벽 안에서 안전할 수 없으며 산업의 많은 영역과 관련 역량이 디지털기술로 인해 큰 변화를 겪을 것으로 보인다. 그렇다면 이제 변화를 상수로 전제하는 역동적 세계관은 모든 나라, 모든 사람에게 더욱 존재감과 설득력을 가지게 될 것으로 예상된다.

세상은 멈춰 있는가 아니면 변하고 있는가. 이것은 각각 타당성을 지니는 영원히 해결할 수 없는 대립하는 두 세계관이다. 그러나 산업과 기술을 다루는 사람들, 특히 가치를 창조하는 기업은 변화에 운을 걸어야 할 필요가 있다. 이것이 경쟁력과 대응력을 좌우하기 때문이다. 20세기 상당 기간 동안 산업을 주도한 기업들은 격변의 시기에는 변신을 시도하고 이후 안정기에는 체계적 관리를 통해 지배적 위상을 지속하는 두 개의 모드를 구분해 왔다. 난세가 있으면 치세가 있고, 나라를 세우는 전략은 나라를 다스리는 전략과 달랐다. 한국기업만이 이런 단계 구분이 무의미할 정도로 혼돈 속에서 항상 새로운 것을 창출하기 위해 분투해 왔다. 그런데 디지털기술 변화가 가속화되는 오늘날은 이제 모든 나라의

위대한 카피캣 대한민국

산업이 이러한 유동 국면으로 빠져 들어간다. 이것을 인정하고 오히려 변화의 주역으로 나선 미국만이 산업 헤게모니를 계속해서 장악하고 있다. 과거에 집착한 유럽기업들은 변화의 흐름 속에서 도태되었다고 평가되지만 미국의 산업 내에서도 제조업, 서비스업부문 전통의 강자들은 변화에 미온적이었던 결과 함께 도태되었다.

현재 아마존, 애플, 구글 등 빅테크 기업들은 과거 글로벌 산업을 지배해 온 선대 기업과 달리 잠시도 쉬지 않는다. 이들은 놀라운 혁신의 성과를 보여주고도 바로 "넥스트 빅 씽"을 요구하는 시장의 압박에 시달린다. 안정기가 없고 계속 변신해야 하는 현재의 경영 환경은 평지가 없는 오르막길이나 산소가 희박한 고지에 비유할 수 있다. 한국기업은 처음부터 이런 조건에서 경영을 해 왔다. 타성에 빠지고 나태해질 여가가 없이 이제까지 달려왔고 그로 인해 희박한 공기를 견디는 체질이 된 것처럼 보인다. 마치 고지대에서 훈련한 에티오피아의 마라토너들이 역시 고지대에서 개최된 멕시코시티 올림픽에서 저지대 국가 선수들을 압도한 것과 같은 일이 벌어진다.

그러나 희박한 공기라는 비유는 한국기업의 경쟁력을 심폐지구력, 즉 인내심이나 체력으로 오해하게 할 우려가 있다. 경쟁력의 본질은 사물을 보는 관점, 즉 정지해 있는 풍경에서 변화를 읽어 내는 안목이다. 뇌과학자 데이비드 이글먼은 어린이는 지구본 위의 국경선을 고정되어 있는 것으로 보지만 역사를 아는 사람은 그 선이 꿈틀거리면서 움직이는 것을 본다고 말한다.[2] 만약 시간의 스케일을 몇백 년, 몇천 년에서 몇십만 년, 심지어 몇억 년으로 늘인다면 지질학자는 국경선이 아니라 대륙

이 움직이는 것을 볼 것이다. 이 세상 만물로부터 변화를 보고 같은 강에 두 번 발을 담글 수 없다고 말한 헤라클레이토스의 진정한 후예는 오늘날 한국의 인재들이다.

오늘날 제3세계 국가는 오히려 앞선 산업혁명을 겪지 못하고 디지털 시대에 진입했기 때문에 자원, 기술, 인력 등 모든 면에서 어려움을 겪고 있지만 적어도 세상이 고정되어 있다고는 생각하지 않을 가능성이 높다. 이것은 중요하다. 사물을 어떻게 보느냐가 산업 발전의 출발점이다. 모든 것이 변하고 있다는 것, 정지 속에서 운동을 보는 불의 철학이 필요하며, 이러한 철학으로 무장한 사람과 국가가 미래의 기회를 포착할 수 있다.

모험적 학습자 Brave Learner

공자는 《논어》 첫 구절에서 "배우고 때로 익히면 기쁘지 않은가"라고 물었다. 이것이 '학습'이란 단어의 어원이다. 여기서 공자는 학습을 하면 기쁘고, 그렇기 때문에 남이 나의 학습 결과에 대해 알아주지 않아도 아무 상관이 없다고 말했다. 이것은 '동아시아 학습자 역설'에서 지적한 학업 성취는 탁월해도 학업을 즐기지는 않는다는 현상과는 완연히 다르다. 공자는 다른 구절에서 잘하는 것보다는 좋아하는 것이, 좋아하는 것보다는 즐기는 것이 더 좋다고 말하기도 했다. 기쁘다거나 즐긴다거나 하는 감정적 고양을 학습과 연결했다는 사실은 사뭇 흥미롭다.

고도의 경제성장을 달성한 동아시아 국가들, 특히 한국은 세계가치관 조사에서 단연 두드러진 특징을 보인다. 그것은 바로 한국인들이 너무 생존 지향적이고 경쟁적이라는 점이다. 영화 〈배트맨〉에서 조커의 명대사인 "왜 그렇게 진지한가?"라는 질문을 받을 만하다. 우리에게는 어깨에 힘을 풀고 편안하게 즐기는 자세가 부족하다. 너무 진지하고 정말 치열하다. 이것은 한국이 선진국을 추격하기 위해서는 일과 삶의 균형을 유지하며 일할 수 없다는 압축성장의 내력 때문일지도 모른다. 새로운 시도를 하고 백지에서 그림을 그리는 상상력을 발휘하는 것이 아니라 이미 정해진 제품의 성능이나 품질을 높이기 위해 또는 원가를 줄이기 위해 전력을 기울여 노력해야 한다면 즐길 여유가 없을 것은 당연하다. 이것이 동아시아 역설에 대한 하나의 설명이 될 수 있다.

그러나 앞에서 살펴봤듯이 한국 산업은 결코 패스트팔로어에 그치는 것이 아니며 카피캣은 더욱 아니다. 한국인은 주어진 문제를 풀기만 하는 것이 아니라 자신의 역량을 최대화할 수 있도록 문제를 변형한다. 또한 그동안 풀어 오던 방식대로 접근하는 것이 아니라 전혀 새로운 풀이법을 개발한다. 이것은 학습을 하면서 주어진 공식을 완벽하게 기계적으로 재현하는 데만 그치지 않고 풀이의 본질을 깨달았기 때문에 가능하다. 한문 경전을 읽으면서 백 번을 반복함으로써 문리를 터득하는 것과 어느 정도 비슷하다.

대학 입시에서도 이와 비슷한 현상을 찾아볼 수 있다. 문제풀이 어플로도 풀 수 있는 수학 문제들을 앞에 두고 누가 더 빨리 정답을 찾아내는가의 경쟁을 벌이는 것은 창의성이 중시되는 4차 산업혁명 시대에 터무니없는 일이다. 문제풀이 공식을 외우고 똑같은 절차를 반복 훈련하여 속도 경쟁을 벌이는 것이 진정한 수학 교육과 거리가 멀다는 것은 누구도 부인할 수 없다. 그러나 이것은 한국의 수학 교육에서 한 측면만 본 것에 불과하다. 만약 이런 획일적인 훈련만이 지속되었다면 상당수의 우등생들은 모두 수학 만점을 받았을 것이다. 문제풀이과정까지 모두 제출해야 하는 대학별 시험이 폐지되고 전국의 수험생에게 똑같은 객관식 시험이 치러지고 난 뒤에도 한국의 교육 당국은 학생들의 학력을 정교하게 서열화하는 놀라운 작업을 한 해도 실패하지 않고 수행했다. 똑같은 수학 교과과정에 대해 기존 출제 문제는 물론 이를 다양하게 변형한 문제들까지, 수십 년간 진학 지도를 해 온 노련한 교사들의 도움을 받으며 연습해 온 우등생들도 모두 우열이 구분된다. 평범하고 뻔한 문제들이 제출되었다면 변별력은 붕괴되었을 것이다.

전국 0.1% 내에 드는 학생 사이에서조차 우열을 가리는 방법은 소위 "킬러문항"이라고 하는 최고 난이도 문제를 출제하는 것이었다. 최상위권 학생조차 풀기 어려운 문제, 이러한 문제를 내는 것은 그 자체로 고난도의 작업이다. 제한된 시간 내에 절대적인 시간을 낼 수 없도록 많은 계산을 요구하거나 착각을 유도하기 위해 함정을 파거나 익숙한 프레임을 벗어나 새로운 프레임을 적용해야만 풀 수 있는 문제를 내는 등 다양한 기술이 적용되었다. 최우등 학생들은 바로 이런 문제를 풀기 위해 노력했기 때문에 학생과 출제자는 치열한 경쟁을 벌였다. 수학이라는 불변의 교과과정에서 고난도 킬러문항은 매년 새로운 도전이었으며 학생들은 이 문제를 맞추기 위해 정상적인 훈련 이상의 무언가를 해야 했다.

킬러문항이 학생들에게 비정상적 부담을 안겨 준다는 점에서 비교육적이라는 논의가 있으나 이는 단정하기 어려운 문제다. 비교육적이라는 비판은 오히려 학생들의 최상위 그룹조차 명문대 입학을 위해 정교하게 우열을 가리는 현재의 입시제도에 주어져야 하며 킬러문항 자체는 그런 비난을 들어야 할 이유가 없다. 교과과정에서 배우지 못한 너무 어려운 문제를 출제하는 것은 잘못된 것이지만 매년 최상위 그룹 학생들의 우열을 가려 왔다는 점에서 이것은 출제자의 경이로운 성취라고 볼 수 있다.

　단순히 공식을 외워 문제를 빨리 푸는 연습만 반복했다면 이것은 교육적이지도 않고 수학 실력에도 크게 도움이 되지 않는다. 그러나 이런 식으로 공부해서는 결코 킬러문항에 도전할 수 없다. 킬러문항을 풀려면 문제풀이 역량이 한 차원 도약해야 한다. 평범한 문제는 계산하지 않고도 답을 알 정도의 경지에 도달해야 하며 더 나아가 문제를 입체적으로 보고, 뒤집어 보고 쪼개어 단면을 보는 등 내부구조를 속속들이 파악해야 한다. 이것은 문제를 풀어 답을 맞추는 것과는 근본적으로 다른 차원이다. 여기에 올라서면 사물을 완전히 다른 방식으로 보고 다룰 수 있다. 적어도 최상위권 학생들은 이런 단계 변화를 체험했던 것이다. 물론 상위권 학생을 제외한 대다수의 학생들이 수학에서 별다른 흥미와 깨달음을 얻지 못한 것은 사실이다.

　그러나 한국 교육의 목적—비록 외부로 표방할 수는 없지만 실제로 추구했던—은 우수 학생의 변별이었으며, 이 변별은 서열만 정하는 것은 아니었다. 흔히 교육의 폐해로 진정한 역량을 키워 주지 못하고 순위 설정을 통해 분배에만 영향을 미친다는 것이 지적되지만 한국 교육은 이러한 양피지 효과 이외의 중요한 성과를 거두었다. 그것은 최상위권 학생들의 학력 상승과 이를 통해 산업계에 고급 인력을 공급했다는 것이다. 삼성전자 반도체사업 리더들의 학력을 살펴보면 황창규, 이윤우, 권오현은 서울대 전기공학과, 진대제는 서울대 전자공학과를 졸업했다. 이 사람들이 한국의 메모리칩 혁신을 주도했다.

이것은 '동아시아 학습자 패러독스'에 대해서도 부분적인 설명을 제공한다. 한국 학생들이 탁월한 성적을 내면서도 스트레스를 받고 자신감이 부족했던 이유는, 어쩌면 킬러문항 때문이었을지도 모른다. 좁디좁은 명문대학 인기 학과의 관문을 통과하기 위해서는 정해져 있는 등수 내에 들어야 했고 예상할 수 없는 킬러문항을 해결해야 했다. 아무리 공부를 잘하는 학생도 킬러문항을 빠르게 해결할 수 있다고 자신할 수 없으므로 우등생일수록 불안감과 스트레스에 시달린다. 건강하고 긍정적인 교육의 모습은 아니다. 그러나 또한 진정한 수학과는 거리가 먼 단순 암기와 반복 훈련에만 그치는 수준 낮은 학습인 것도 아니다. 이것이 진정한 수학은 아닐지 몰라도 학생들은 수학을 학습하는 과정에서 현재의 한계를 극복하고 보지 못하던 것을 보는 깨달음을 향해 노력했다. 이것을 학습의 가장 높은 경지라고 표현해도 좋다. 단지 비판받을 점이 있다면 이는 극소수 학생들에게만 제한적으로 주어지는 경험이었다는 것이다.

순종적이고, 정답에 의문을 제기하지 않고 오직 효율적으로 목표에 도달하려고 하는 학습 태도는 디지털 기술시대는 물론이고 그 어느 때라도 이상적인 교육에 부응하지 않는다. 그러나 전통사회로부터 급속한 산업화를 추진해야 했던 동시에 모든 것이 열악한 상황에서 제한된 예산으로 급증하는 유소년 인구를 효율적으로 교육시켜야 했던 한국으로서는 그것이 가장 현실적인 대안이었다. 그리고 최상위 그룹 학생들에게는 그들의 역량을 극대화할 스파르타식 교육이 이루어졌다. 과연 이것은 산업 경쟁력으로 이어졌을까.

앞에서 한국기업의 돌파형 혁신은 개념설계가 아니라 문제해결이라고 지적한 바 있다. 새로운 개념의 창조는 높은 수준의 과업이고 문제해결은 자질구레한 일처리라고 간단하게 정리할 수 없음도 이미 여러 번 강조한 바다. 한국 산업이 지난 수십 년 동안 해결한 것은 새로운 산업 패러다임을 현실화하는 과정에서 마주친 가장 어려운 장애들의 극복이었다. 이것만으로도 대단히 어려운 문제였지만 더구나 자원과 기술의 부족, 시장 타이밍을 맞추기 위한 시간의 제약 등 악조건이 주어졌고 이를 위해서 경제성이 없는 기존의 해법을 뛰어넘어 새로운 해법을 창조해야 하는 등 최고 난이도의 문제가 되었다. 더 나아가 때로는 패러다임의 변화에 대응하여 문제를 변형하기까지 해야 했다.

한국의 최상위권 학생들은 어려운 문제를 풀고 나면 그다음 더욱 어려운 문제를 기다리는 지속적 긴장 상태를 유지하는 데 익숙하다. 이것은 비인간적인 학생 고문이 아니라 정상적인 경쟁과정이다. 이 긴장을 계속 유지할 수 없으면 타월을 던지는 것이 게임의 규칙인 것이다. 다시 한번 강조하지만 이것은 결코 단순한 근면성이나 인내심 테스트가 아니다. 지금까지의 문제해결 방식을 답습해서는 결코 풀 수 없는 상상 이상의 문제가 주어지기 때문이다.

킬러문항 풀기는 해킹과 비슷하다. 세계적인 보안 전문가 로저 그라

임스는 해커의 특징을 다음과 같이 규정한 바 있다. "모든 해커가 다 천재인 것은 아니지만 그들 모두는 지적 호기심이 강하고 정해진 틀 밖으로 걸음을 내딛는 것에 두려움이 없다."[3] 출제자는 방어자이고 해결자는 해커다. 방어자는 공격자의 무기를 감안하여 방어전략을 짠다. 한국 입시의 출제자들은 수십 년간 동일한 테마에 대한 우등생들의 공격전략을 꿰뚫고 있다. 그 결과 매우 정교한 방어전략이 형성되고 절대로 풀 수 없는 난관과 함정이 설치된다. 학생들은 이를 극복하고 정답을 맞춰야 한다. 이미 서로를 잘 알고 있는 상황에서 뻔한 전략은 금방 읽혀 버리기 때문에 상대가 생각하지 못하는 사고의 사각지대를 노려야 한다. 그리고 이렇게 상대가 나의 사고의 허점을 노린다는 점을 알고 있기 때문에 이를 극복하려는 생각의 고도화가 군비 경쟁처럼 벌어진다.

이것은 바로 이미 체계화된 산업기술에서 한 걸음 더 나아가기 위한 돌파형 혁신의 상황처럼 보인다. 완전히 새로운 산업의 프레임을 창출하거나 기존의 비즈니스 모델과는 근본적으로 다른 모델을 설계하는 것이 아니라 특정 요소 또는 소수 요소들의 결합 방식이나 메커니즘을 바꿔 다른 효과를 거두는 것이다. 이 효과는 단순히 생산성이나 성능의 향상에 그치는 것이 아니라 기상천외한 경영전략으로 발전된다. 경영전략이란 상대 기업과 팽팽하게 맞서는 가운데 순간순간 변화하는 대결 상황에 맞도록 기민하게 창조된다. 이렇게 창조된 전략을 실행하려다 보면 새로운 문제가 발생하는데, 이 문제는 기존의 문제와 비슷하지만 동시에 다른 점이 있는, 또 다른 문제다.

한국기업이 주어진 문제를 푸는 데에만 능숙하고 스스로 문제를 출제하지 못한다고 하지만 이는 한쪽 면만 강조한 시각이다. 한국기업은 완전히 새로운 문제를 제기하지는 못할지 몰라도 복잡다단한 경쟁 상황에서 승리하기 위한 문제의 미세 조정에 뛰어나다. 메모리반도체에서 전자를 가두는 창고의 높이를 키우는 방법, 배터리를 대형화하는 것 등은 기존의 문제로부터 동떨어진 것은 아니었지만 기존의 문제를 기발하고 창의적인 방법으로 변형한 것이었다. 그 변형을 통해 완전히 새로운 전략이 나왔다. 기본적인 문제풀이 패턴과 전혀 다른 패턴, 전혀 다른 절차를 생각해 내야만 풀 수 있는 문제는 문제를 보는 시각 자체의 변화를 요구한다. 학생 시절의 경험이 직장에서 구현되었다는 주장은 너무 과감해서 선뜻 믿기 어려울 수 있다. 그러나 최근 뇌과학의 발전은 이러한 주장에 상당한 근거를 제공해 주고 있다.

뇌과학자 데이비드 이글먼은 인간의 뇌는 회로를 구성하는 가장 기본적인 부품, 즉 전선과 스위치들의 더미일 뿐이며 인간은 환경과 상호작용하면서 이들을 배선하여 회로를 만든다고 했다. 환경이 요구하는 것이 적으면 적절한 회로가 만들어지지 않고 그 결과 더욱 크고 복잡한 회로를 만들 수 없다. 여기서 두 가지 교육이 대조된다. 언어와 수리라는 보편적 교육은 더욱 범용적인 회로들을 만들고 이 회로들은 더욱 크고 복잡한 문제에 직면했을 때 중요한 구성 부품이 된다.

이것은 컴퓨터 프로그램에 비유할 수 있다. 컴퓨터 프로그램을 코딩할 때 자주 사용되는 기능들, 평균을 계산한다든지, 상관관계를 계산하는 기능들을 서브루틴으로 미리 만들어 두면 더 큰 프로그램에서 이런 기능이 요구될 때 서브루틴을 불러오기만 하면 되므로 코딩이 훨씬 간단

특정 목적에만 부합하는 정교한 뇌 회로

다양한 목적에 활용할 수 있는
여러 개의 소형 회로

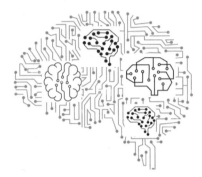

〈그림 7-1〉 두뇌 회로의 두 극단적 모습

해진다. 두뇌 역시 이와 똑같은 원리로 작동하는데, 두뇌가 어떤 특정 기능에 숙련되면 이 기능이 프로그램의 서브루틴처럼 하나의 회로로 정착되고 두뇌가 더 이상 의식적으로 개입하지 않아도 된다. 자동화되는 것이다. 그러면 속도가 빨라질 뿐더러 세부적인 처리에 연연하지 않고 더 높은 차원의 문제에 집중할 수 있다. 실무적인 문제를 알아서 해결해 주는 유능한 비서들이 생긴 셈이다.

수리 능력은 체계적 문제해결에 도움이 된다는 것이 잘 알려져 있지만 최근 연구에 의하면 문해력 역시 상황을 파악하고 합리적 절차를 계발하는 데 도움을 준다고 한다. 수학 문제뿐 아니라 소설과 시를 읽으면서 생겨난 두뇌 속 회로들은 현실의 이해와 개선이라는, 한층 확장된 프로그램에서 빈번하게 활용되는 만능 서브루틴 같은 것이다. 이러한 서브루틴이 없을 경우 복잡하고 어려운 현실 문제를 해결하는 것은 불가능하다. 이 문제를 구성하는 매우 작은 문제 하나를 해결하는 것부터 전부 의

위대한 카피캣 대한민국

식적인 노력을 기울여야 하고 그러면 본론에 들어가기도 전에 시작 단계에서부터 두뇌는 지쳐 버릴 것이다.

따라서 교육과 산업의 관계는 현대사회 전반은 물론 산업 경쟁력을 좌우하는 가장 중요한 연결고리가 될 수밖에 없다. 교육이 산업의 수단이 되어서는 안 된다는 주장은 얼핏 그럴 듯하게 들리지만 이것은 순수 교육 또는 인문 교육이 직업 교육과 분명하게 구분된다는 낡은 사고방식에 근거를 두고 있다. 최근 특정 직능을 강화시켜 주는 직업 교육은, 가속화되는 기술 변화 및 단축되는 산업의 수명주기 때문에 거의 효력을 발휘하지 못한다. 오히려 어떤 산업이나 직업에서도 적응할 수 있는 범용 도구를 가르쳐 주는 것이 교육의 사명이 되어야 하며, 그것은 바로 보편 교육, 즉 문해력과 수리력이라는 주장이 힘을 얻어 가고 있다.

MIT 경제학과의 데이비드 오터는 "자동화와 인공지능이 초래한 미래 일자리 경쟁에서 살아남으려면 읽기, 쓰기, 말하기, 분석하기가 매우 중요하다. 분석적으로 생각하고 데이터를 논리적으로 사용하고 효과적으로 소통하는 능력을 길러야 한다"고 말했다.[4] 산업에 도움을 주기 위해 교육의 본래 영역을 벗어나 직업훈련으로 전환할 필요가 없다. 오히려 그렇게 하는 것이 향후 변화에 적응하는 데 방해가 된다. 도구로 비유하면 아주 정교하고 경이롭지만 한정된 특정 목적 외에는 쓸 수 없는 거창한 도구 하나를 주는 것과 같다. 과거 특정 분야의 장인들이 자기 분야에서는 예술의 경지에 도달했어도 엉뚱한 다른 분야로 옮겨 새롭게 학습을 하는 데에는 큰 어려움을 겪는 것은 이런 이유 때문이었다.

조선은 군사적·산업적으로 강국이 아니었으며 침략과 간섭을 많이 받다가 결국은 일본에게 강제로 병합당하고 말았다. 이런 조선을 가리켜 글만 알고 현실적인 힘은 부족하다는 뜻에서 과거부터 "문약文弱하다"는 자조적 표현이 쓰였다. 유교 경전을 읽고 해석하는 것이 농사를 짓거나 물건을 만들거나, 또한 군사력에는 도움이 되지 못한다는 것을 조선인들도 이미 알고 있었다. 그러나 현대 산업에서 문해력은 훨씬 더 강력한 효과를 갖는다는 것이 입증되고 있다. 글이란 현실이 아니라고 생각하지만 산업혁명으로 산업은 체계화되고 과거 장인들의 암묵지가 상당 부분 명시지로 바뀌었다. 이제는 문해력과 수리력을 갖춘 엔지니어가 장인을 대체하고 있으며 그 결과 조선으로부터 이어져 내려온 전통적 교육은 강점으로 바뀌고 있다.

더욱 중요한 것은 최상위 학습자들이 입시 경쟁을 할 때 가장 어려운 문제를 푸는 과정에서 놀라울 정도의 능동적·모험적 태도를 보였다는 점이다. 문해력이 전체적인 맥락을 읽고 핵심적인 의미를 포착하며 이를 통해 중요한 것과 사소한 것의 우선순위를 구분하는 데 도움을 줬다면 수리력은 주어진 여건하에서 단순 해법을 입체적으로 재조합하여 새로운 해법을 찾아내는 데 기여했다. 수학은 문제에서 주어진 조건은 그대로 둔 채 정답을 찾아내는 퍼즐 풀기와 비슷하다. 이것이 돌파형 혁신과 일맥상통한다는 점은 이 책에서 여러 차례 강조한 바 있다. 여기서 주목할 점은 주어진 문제를 반복해서 푸는 학습도 최상위 단계로 가면 모험이 된다는 것이다.

최상위권 학생들은 1등을 쟁취하기 위해 다양한 방해 공작에 맞서야 했으며 그래서 항상 모든 것에 주의하고, 공식의 기계적 적용을 능가하

위대한 카피캣 대한민국

려고 시도한다. 2등이 틀리는 문제를 맞추려면 모험을 해야 한다. 평범한 공식으로 해결되지 않는 문제에 새로운 방법을 적용하려고 하면 결국 선택의 기로에 직면한다. 어느 정도 진행하기 전까지는 이 방법이 통할지 안 통할지 알 수가 없다. 여기서 결단도 필요하다. 많은 계산을 시도한 끝에 이 방법으로는 안 된다는 판단이 내려질 수도 있다. 이것은 삼성전자 메모리팀이 디램을 스택형으로 할 지 트렌치형으로 할 지를 고민하던 상황과 비슷하다.

한국 학생들이 자기주도적이지 못하고 학습을 즐기지 못하고 단지 두려움에 쫓기면서 문제풀이에만 전념한다는 이미지는 일부는 맞고 일부는 틀리다. 상위권 학생일수록 항상 경쟁의 압박에 시달린다는 것은 사실이지만 이들은 가장 어려운 문제를 만났을 때 도전적인 학습 태도를 보인다. 비슷한 수준의 경쟁자들이 풀지 못하는 문제를 풀려면 평범한 방법에 안주해서는 안 된다. 기존의 틀을 깨고 나서야 한다.

언어, 논리, 수리라는 보편 교육을 통해 한국의 학생이 향후 정보화·디지털화되는 산업 시대에 큰 힘을 발휘할 두뇌의 도구들을 장착했다는 것 그것만으로도 교육의 의미는 대단하다. 그러나 서구문화에 낯설었던 한국의 교육은 경제와 마찬가지로 매우 열악한 상황에서 출발했으며 상당 기간 양질의 교육 환경을 마련할 수 없었다. 단지 과거의 장원급제를 지향하던 교육열만이 생생하게 살아 있는 상황에서 가장 좋은 전략은 경쟁의 고취였다. 거의 지금까지도 한국의 교육은 뒤처지는 학생을 돌보지 않고 오직 앞서 달려가는 우등생에게 경쟁의 인센티브를 제공하는 방식으로 운영되고 있다. 최상위권 학생은 경쟁을 통해서 단련되었으며 모험적이고 도전적인 학습자가 되었다.

명문대학을 졸업한 학생들이 좋은 직장에 진출한 후 도전적이고 위험 감수적인 태도와 행동을 보인다는 것은 얼핏 보기에도 그리 자연스럽지 않다. 한국전쟁으로 빈부격차가 최소화된 한국은 동등한 조건에서 경쟁을 벌였고 그 결과 우수한 성적으로 좋은 지위를 차지한 사회지도층이 다른 국가의 상류층 출신과는 다른 태도를 보였을 것이라고 추측할 수 있다. 경쟁적 교육의 결과 이들은 단순히 덜 보수적인 데서 그치지 않고 선진국 정부나 기업이 감히 추진하지 못할 도전적이고 위험한 사업에 과감하게 헌신하고 가진 것을 모두 거는 모험적인 행보를 보였다. 이것은 탁월한 교육자나 양질의 교육 환경이 빚어낸 것이 아니었다. 뜨거운 교육열이 제약조건 없이 그대로 에너지를 발휘할 수 있는 경쟁의 장과 충분히 매력적인 보상이 이러한 도전적 리더들을 만들어 낸 바탕이었다.

제도보다는 사람이라고 했다. 그러나 사람을 만들려면 교육이 필요하고 교육은 제도다. 교육제도를 갖추려면 교육자, 교육행정가, 교육연구자 등 다시 우수한 인적자원이 필요한데, 이들을 양성하는 것은 쉽지 않다. 이렇게 해서 "질 좋은 교육 투자"는 "빈곤의 함정"과 같은 악순환에 빠져 달성할 수 없는 목표가 된다. 한국 교육으로부터 배울 점이 있다면, 일단은 교육의 성과를 사회적 성취와 연계하여 능력주의 인센티브를 강화하고 그 상황에서 학력 경쟁을 촉진하는 것이다. 결코 이상적인 교육이라고는 할 수 없다. 그러나 현실적으로 가능한, 그리고 운이 좋다면 훌륭한 리더 자원을 양성하여 경제·사회의 변화를 촉발할 수 있는 하나의 계기가 될 수 있음은 분명하다.

성취 중독자 — 잠재력의 구현인가 자기 착취인가

변화를 당연하게 받아들이고 이에 용감하게 맞서는 한국인들이 비약적인 산업화를 달성한 것은 어찌 보면 당연한 일이다. 문제는 어떻게 이런 적극적인 태도가 만들어졌는가다. 앞서 설명했듯이 그 핵심은 경쟁이었다. 너무나 척박했던 한국의 경제·사회는 경쟁의 장이 될 수밖에 없었다. 정책적·전략적으로 조율된 것이라고는 보기 어렵다. 생존을 위해서 모두 허리띠를 졸라매고 뛸 수밖에 없었다. 이 과정에서 더 고차원적인 것들, 삶의 의미나 기타 철학적인 문제들은 절실한 문제에서 제외된다. 더구나 오랜 전통의 권위나 가치가 붕괴됨으로써 한국인들은 더욱 확실하게 현세적 태도를 견지했으며 경제에만 집중할 사회적 분위기가 조성되었다. 오늘날 아직도 제3세계 사회를 둘러싼 골치 아픈 문제들, 종파 분쟁, 차별적 제도, 반자본주의적 관행은 한국에서는 이미 고도성장이 개시되기 전에 정리가 돼 있었다.

그러나 이러한 압축성장의 질주가 반세기를 넘도록 지속됨으로써 부작용도 나타나고 있다. 이 부작용은 복합적이고 모순적이다. 보통의 경우 고성장의 결과는 피로감이며 이로 인해 성장 엔진이 감속되고 침체 국면이 도래한다. 그런데 한국의 상황은 이와는 꽤 다르다. 한국은 이제 쉬는 법을 잊어버렸으며 그에 따라 다양한 정신질환은 물론 심지어 자살에 이르는 고통을 겪으면서도 멈출 줄을 모른다. 중독자의 모습이다. 재독 한국인 철학자 한병철은 현대인이 일에 중독되었으며 그 결과 다른 사람으로부터가 아니라 자기 자신에게 착취당하는 지경에 이르렀다고 진단한다.[5] 이것은 한 사회가 개인을 착취하는 최고의 단계라고 할 수 있다. 감시도 채찍질도 필요 없이 스스로 알아서 몰아붙이는 착취의 내재화가 달성된 것이다.

자살과 우울증이 만연하는 가운데 다수의 한국인은 여전히 진군하고 있다. 삼성의 이건희 회장은 임직원에게 위기의식을 강조하면서 현재의 상태에 결코 만족하지 말 것을 역설했다. 의사결정의 프레임이론에 의하면 현 상태를 부정적으로, 즉 손실을 입고 있는 것으로 인식하는 사람일수록 위험한 도전을 감행한다. 한국은 안전한 노선을 취하면서 현상을 유지해서는 결코 선진국과 선진 기업을 추격할 수 없었다. 무리하고 위험한 도전이 불가피했으며 이는 위기의식, 즉 현재에 대한 부정적 인식을 요구했다.

기성세대 기업인들의 위기의식과 과감한 도전 정신은 새로운 세대에게서도 이어지고 있다. 하지만 이것을 아름다운 전통이라고 미화할 수는 없다. 실제로 우울증 등 정신질환은 물론 다양한 부작용이 발생하고 있다. 스스로 소득이나 재산이 평균에 크게 미치지 못한다고 생각한 젊은이들이 주식이나 코인에 모험적인 투자를 벌이고 이로 인해 큰 손실을 겪는 일도 드물지 않게 벌어진다.

스스로의 상태를 비관할수록 모험적인 도전을 벌이게 된다는 법칙이 과거에는 기업이 신사업에 도전하는 원동력이 되었던 것을 생각하면 이 정신을 깡그리 부인해야 할 것인가에 대해서는 생각해 볼 여지가 있다. 4차 산업혁명을 맞아 신기술이 쏟아져 나오는 오늘날, 한국의 인재들은 여전히 각종 분야에서 새로운 도전을 벌여야 하기 때문이다. 반도체, 디

위대한 카피캣 대한민국

스플레이, 자동차, 조선, 통신 등에서 선진 기업을 놀라게 하는 혁신의 주역이었던 한국의 인재들이 지금은 고위험 주식과 암호화폐, 부동산에 대한 투기적 투자에 매달리는 것은 안타까운 일이다.

물론 신구 세대를 이렇게 획일적으로 묘사하는 것은 지나치다. 과거에도 투기가 있었고 지금 이 순간에도 수많은 한국의 인재들은 온갖 신기술 분야에서 혁혁한 성과를 거두고 있다. 단 한국인들이 높은 우울증과 자살률을 보이고 있으며 서로 간의 비교 경쟁으로 지쳐 가고 있다는 사실만큼은 부인할 수 없다. 이것은 앞에서도 언급했듯이 교육에서부터 산업까지 경쟁원리가 이렇다 할 견제 없이 게임의 규칙으로 뿌리내렸기 때문이다. 앞에서도 언급했듯이 경쟁체제는 최소한의 비용으로 개인의 역량을 최대한 이끌어 내는 데 기여했고 특히 상위권 그룹의 경쟁력을 크게 높였다. 그러나 경쟁체제는 상위권을 제외한 대부분의 집단에서는 심리적인 위축을 가져온 것도 분명하다. 상위권의 리더십을 통해 경제 전체의 역동성을 견인하는 방식은 차차 그 힘을 잃어 가고 있다.

고속성장이 감속되면 문제가 증폭된다. 현재 한국사회는 과거 그 어느 때보다 높은 소득과 높은 수준의 삶의 질을 누리고 있다. 그러나 지금의 젊은 세대가, 자신들이 태어나기도 전의 소득 수준과 삶의 질을 기준으로 만족감을 느낄 리 없다. 이들은 그만큼 높아진—높아 보이는 평균 때문에 더욱 높아진—기준에 맞추기 위해 더욱 힘들게 노력하거나 아니면 좌절하는 양자택일을 강요받고 있다.

고성장기에는 경영자가 제시하는 방향을 따라 주어진 과업에 매진하는 것만으로도 기업 조직 전체가 획기적인 혁신 프로젝트를 수행하는 것이 가능했다. 오늘날에도 여전히 한국의 대기업들은 중요한 혁신을 조직적으로 수행하고 있다. 그러나 그것에 참여할 수 있는 기회 자체가 크게 줄어들었고 그 결과 청년실업 문제가 심각하다. 2023년 한국의 청년실업은 OECD 평균 10%에 훨씬 못 미치는 수준(약 6%)으로 다른 산업국에 비해 낮은 편이지만, 비정규직이나 긱노동자라고 불리는 저부가영역의 비중이 크고, 취업포기자 등을 감안할 때 혁신적인 영역에 참여할 수 있는 기회는 매우 낮다고 보는 것이 정확하다.

이런 상황은 과거 선진 기업을 추격하기 위해 고취되었던 위기의식과는 크게 달라 보인다. 워커홀릭이라는 신조어를 만들 정도로 과로의 대명사였던 한국인들은 이제 다른 의미에서 지쳐 간다. 과거에는 입시 경쟁과 후속하는 성공 사다리 오르기 경쟁이 한국 산업의 발전 동력으로 연결되었다. 힘들어도 목적이 분명했고 그로부터 얻을 수 있는 성과와 보상도 투명하게 보였다. 그러나 지금은 그러한 연결 고리가 예전만큼 명쾌하지 않다. 혁신은 여전히 진행 중이지만 참여할 수 있는 인력은 소수이고 다수는 여러 방향에서 길을 찾고 있지만 명확한 길이 보이지 않는다.

과거의 성취 중독은 신체적 피로를 가져올지언정 정신질환으로 이어지지는 않았다. 오늘날 젊은 세대의 가장 무서운 병은 성공의 부재인 동시에 성공의 내면에 존재하는 의미와 목적의 혼돈이다. 좋은 직장에의 취업, 재산 형성, 사회적 지위 상승이라는 누구에게나 내보일 수 있는 명확한 성공을 달성해야 한다는 조급함이 무리한 시도, 투기적 투자로 이어진다. 이것은 열심히 일하고 저축하는 행동을 초라해 보이게끔 한다.

현재 청년 세대의 문제가 성취 중독 때문이므로 중독으로부터 벗어나 자기 자신을 쉬게 해 줘야 한다는 진단은 근본적인 해결책이 아니다. 현 상태가 만족스럽고 긴장을 풀고 상황을 관망하는 것은 물론 휴식으로써 충전의 의미가 있을 것이다. 휴식하지 않고 계속 일만 할 수는 없다. 그러나 성공을 위해 노력하는 인생관을 버리고 현재에 만족하고 편안하게 균형을 유지하는 인생관으로 옮겨 가야 한다는 것은 올바른 해법이 아니다. 사람은 누구나 자신의 분야에서 열심히 일하되, 정신과 육체를 훼손할 정도로 무리해서는 안 되며 적절한 휴식을 취해야 한다.

성공했음에도 불구하고 여전히 자신을 채찍질하는 사람들이 있을 수 있지만 이것은 다수의 문제라고는 볼 수 없으며 더 보편적인 문제는 성취의 대상, 즉 추구하는 목표가 너무 외형적인 것, 내용이 없는 형식에 불과하다는 것이다. 물론 고도성장기의 기성세대도 대단히 고차원적이거나 이타적 가치를 추구한 것은 아니었다. 그들 역시 급여 인상과 승진, 이를 통한 재산 형성과 삶의 질 향상을 위해 일했다. 하지만 이들의 일은 한국기업의 경쟁력 강화와 연결되어 있었다. 천연자원도 막대한 금융자본도 없이, 축적된 기술 역량도 지식 기반도 없이 그때그때 배우고 깨달아 가며 선진국시장에 내놓을 제품을 만들어 낸다는 과업의 의미가 모두에게 투명했다. 산업의 경쟁력과 개인에게 주어지는 보상이 직결된 상황에서 일 중독자가 되는 것은 더 큰 보상을 위해 투입을 늘리자는 단순한 논리의 귀결이었다.

오늘날은 산업적으로나 개인적으로나 이렇게 간단하게 정리할 수는 없다. 기술의 발달로 산업 패러다임이 급변하고 있으며 혁신이 전방위적으로 일어난다. 글로벌 선도기업 한두 개의 행보를 추격하는 것만으로 사업의 전략 방향을 결정할 수 없으며 수많은 기술과 시장의 가능성을 탐색해야 한다. 또한 기업도 단순히 이윤 창출이라는 단일 목적에만 매진할 수 없으며 ESG로 대표되는 다양한 사회적 가치와 요구에 부응해야 한다. 개인 역시 사회적 지위와 경제적 부라는 공통된 목표를 향해 노력하는 천편일률적 패턴에서 벗어나고 있다. 어렵게 합격한 공무원을 그만두거나, 글로벌 위상을 지닌 대기업에 입사한 후 얼마 안 돼 퇴사하는 '대퇴직 Great Resignation' 트렌드에서 한국도 예외는 아니다.

이 모든 현상은, 경쟁에 지친 한국인들이 이제 각성하여 내면에 자기도 모르게 심어진 '자기 착취' 또는 '성취 중독'의 악성 코드를 제거하고 스스로 만족하는 삶을 찾아가는 것이라고 해석할 수도 있다. 그러나 자기 착취를 안하고, 성취 중독에서 빠져나오는 것만으로는 "무엇을 할 것인가"라는 질문에 대답할 수는 없다. 한국인은 자원과 역량의 결핍을 극복하는 방법론으로 경쟁을 택했다. 많은 부작용에도 불구하고 경쟁은 내면의 에너지를 끌어내는 가장 효율적인 메커니즘이었던 것이 사실이다. 그러나 앞으로도 비슷한 기준을 가지고 경쟁을 지속하는 것은 바람직하지도 가능하지도 않다.

흔히 '헝그리 정신'이라고 불리는 열정은 낡은 시대의 덕목이 아니라 오늘날과 같이 기술 변화에 따라 가능성의 영역이 확장되는 세상에서 더욱 필요한 정신 자세다. 토머스 프리드먼은 자신의 쓴《세계는 평평하다》에서 "우리는 일어날 수 있는 일은 무엇이든 일어나는 세계에 살고 있기 때문에, 오늘날 가장 중요한 경쟁은 너와 너 자신의 상상 사이에서

위대한 카피캣 대한민국

벌어진다.”라고 말했다. 현실에 안주하지 말고 상상력을 발휘하여 무언가에 도전하는 것이 지금보다 더욱더 권장되어야 할 일이다. 다만 달라져야 하는 것은 목표다. 막연하고 추상적인 목표, 소득이나 사회지위와 같이 일과는 내재적 관계가 없는 외면적 목표가 아니라, 일의 내용과 직결되고 개인의 이상에 부합하는 각자의 구체적이고 입체적인 목표가 세워져야 한다.

한국의 교육도 경쟁 일변도보다 더 내용을 중시하고 각자의 적성에 맞는 방식으로 다원화되어야 하며, 그에 따라 졸업 이후 각자의 개성적인 목표를 추구할 수 있도록 도와줘야 한다. 서로 간의 비교보다는 자기 자신의 향상에 초점을 맞추고 자신만의 기준과 가치를 향해 나아가는 것이다. 이러한 목표 아래에서는 자신에게 더욱 엄격하고 스스로를 독려하고 욕심을 부리는 태도가 결코 나쁘지 않다. 지금의 문제는 모두에게 획일화된 보편적 목표를 향한 무한 경쟁의 제로섬게임이 벌어지고 있다는 사실이다.

2020년대 한국의 직업 세계는 다른 선진국과 마찬가지로 청년실업의 압박을 받으며, 과거 공무원, 대기업과 같은 대규모 조직의 안정된 직업이 급격히 줄어들고 고용이 유연화하는 추세다. 한편에서는 이러한 전통적인 좋은 직업에 대한 강렬한 선호와 경쟁이 있는 동시에 다른 한편에서는 이러한 직업이 갖는 위계적 속성, 그리고 개인이 부품처럼 취급되는 성향에 대한 반발로 ‘대퇴직’, ‘조용한 사직’도 확산되고 있다. 그런데 이 현상을 대기업에 취업하면 일이 너무 많아 번아웃될 수 있기 때문에 더 한가하고 여가생활을 즐길 수 있는 직업을 희망한다는 방식으로 해석하는 것은 초점을 놓친 것이다. 오히려 사회적으로 인정되는 성과가 피상적임을 자각하고 자신의 역량과 사회의 니즈에 부합하는 가장 적합한 성과를 찾아내려는 탐색의 시작으로 이해하는 것이 더욱 의미 있는 해석이다.

대기업에서의 업무 경험이 '물 경력 water career, which means 'window dressing career''에 불과하다는 자조적 태도도 나타나고 있다. 대규모 조직의 한 구성원으로 일하기 때문에 맡은 임무가 파편화되고 그 결과 스스로 업무를 기획하고 전 과정을 추진하는 경험을 가지기 어렵다는 것이다. 단지 상사의 명령에 따라 일하고 그에 따라 보상과 승진을 기다리는 방식으로는 진정한 역량의 향상을 기대할 수 없다는 깨달음이다.

필자가 삼성에 재직하던 2000년 초에 삼성전자의 한 경영자가 휴대전화 조립공장의 직원들에게 특별한 교육을 실시했다. 작업대에 앉아 매뉴얼대로 부품을 조립하고 있던 직원들에게 그 부품이 실제 휴대전화에서 어떤 기능을 하는지, 이 기능이 경쟁사 대비 얼마나 우수한지, 그래서 고객과 시장에게 어떤 반응을 얻고 있는지를 알려 주는 교육이었다. 이 교육은 사실 빠르고 정확한 조립 작업과 직접적으로 연결되는 내용이라고는 보기 어렵다. 그러나 교육을 받은 직원들은 자신의 작업을 완전히 새로운 눈으로 보게 되었고 그 결과 작업의 효율이나 품질이 훨씬 더 높아졌다.

시대와 상황이 달라도 인간이 의미를 느끼는 과정은 동일하며 의미 없는 일은 결코 지속적인 동기부여 효과를 가질 수 없다. 오늘날은 스스로가 발굴하고 길러 낸 꿈이 아니라면, 누구로부터 주어진 목표만으로는 진정한 성장을 시도할 수 없다. 이것은 결코 개인 삶의 의미만을 생각한 이야기가 아니다. 4차 산업혁명과 기술 혁신의 가속화로 기업 경쟁력 그 자체가 다양한 개성과 창의성이 없이는 만들어지지 않는다.

한국인들이 성취 중독자라는 것은 질병이거나 고쳐야 할 나쁜 습관이 아니다. 일 중독자라는 말보다 성취 중독이라는 말이 조금 더 나은 것은 일보다는 성취가, 목표에 대한 의식을 환기하기 때문일 것이다. 성취란 말은 곧바로 "무엇을 성취하려는가"라는 질문으로 연결된다. 그것이 세상에서 인정하는 외면적이고 피상적인 목표라면 마구잡이식 위험 감수나 정신질환으로 이어질 것이다. 그러나 스스로가 만들어 가는 의미를 담고 있다면 성취에 중독되는 것은 오히려 바람직한 일이다.

모리스 창은 대만인의 근면성이야말로 산업 발전에 가장 유리한 토양이라고 말한 바 있다. 한국은 일본, 대만과 함께 워커홀릭이라는 말을 만들어 낸 장본인 중 하나다. 오늘날의 눈으로 볼 때 근면은 방향성이 없는 말처럼 들린다. 모두가 협력해야 할 큰 목적이 잘 보일 때는 근면을 따로 떼어 하나의 덕목으로 삼을 수 있었다. 그러나 방향의 탐색과 의미의 구축이 중요한 시기에는 근면이란 단어는 다분히 맹목적으로 들린다. 그런 면에서 워커홀릭이 아니라 성취 중독자는 조금 더 미래지향적인 조어이다. 중요한 것은 성취의 기준이 외부가 아니라 자기 내면의 성장으로부터 만들어져야 한다는 점이다.

성취 중독은 선호나 성향을 말하는 것으로써 국민성과 비슷한 개념이다. 현재를 완성된 상태로 여기지 않고 좀 더 나은 상태를 지향한다는 것은 누군가는 좋아하겠지만 또 다른 누군가는 싫어할 수도 있다. 그러므로 강요할 수도 평가할 수도 없다. 그러나 한국인들이 성취를 좋아한다는 것만큼은 분명해 보인다. 이것은 나쁘지 않다. 오히려 앞으로의 경제 성장을 추동하는 강력한 힘의 원천이 될 수 있다. 만약 성취에 대한 의지가 빈약한 사회가 있다면, 경제적 향상을 위해 개인을 어떻게 성취에 중독시킬 것인가가 더욱 시급하고 절실한 고민이 될 것이다.

위대한 카피캣 대한민국

한국의 인재와
한국적 경영이 가지는 의미

지금까지 한국기업의 경영에 대해 살펴보았다. 결론적으로 한국적 경영의 핵심은 인재 그리고 인재를 활용한 전략이라고 할 수 있다. 오늘날 경이적인 성공의 역사를 그 누구도 부인하지 않는다. 그러나 역사는 쉬지 않고 진행되며, 한국기업은 새로운 도전에 직면하고 있다. 과거와는 다른 전략과 새로운 유형의 인재가 요구되는 시점이다. 그렇지만 오늘의 한국기업을 형성해 온 토양과 정체성은 사라지지 않을 것이다.

　K-컬처의 힘이 그 어느 때보다 강하게 느껴지는 2025년 현재, 한국기업의 미래는 그저 한국의 이야기로 끝나지 않는다. 경제성장을 위해 고투하고 있는, 그리고 아직도 실마리를 찾지 못하는 나라들의 미래와도 무관하지 않은 이야기다. 한국기업의 미래가 많은 후발국 기업의 미래와 겹쳐지기를 바라면서, 후발국 기업에 대한 몇 가지 시사점으로 이 책을 마무리한다.

한국 인재의 지향점 — 다양성

한국 태생 인재들이 갖는 특성을 불의 철학자, 모험적 학습자 그리고 성취 중독자라는 세 표현으로 집약해 보았다. 변화의 와중에서 태어나 모든 것이 언제든 바뀔 수 있다는 세계관을 가지고, 경쟁적 환경에서 어릴 때부터 상대를 극복하기 위해 전투적으로 공부했으며 그 결과로 현재에 만족하지 못하고 좀 더 나은 자신이 되려고 하는, 때로는 그로 인해 좌절하고 힘들어 하는 모습이 보였다. 물론 특징적인 부분들을 강조해서 형상화한 것으로 다분히 과장된 느낌이 있으며 실제 한국인의 평균적 모습과도 다르다. 그러나 성장에 실패한 다른 나라 사람들과 한국인을 구별하는 두드러진 특징으로 제시하기에는 무리가 없을 것이다. 모든 한국인의 특성이라기보다는 이런 특성을 가진 사람들이 산업 생태계의 주역으로 자리 잡았으며 이들의 리더십이 상당 기간 한국의 산업전략을 이끌어 왔다고 말할 수 있다.

이러한 특성은 한국 인재들의 유전자이며 쉽게 사라지거나 바뀌지 않을 것이다. 그리고 경로창출형, 돌파형 혁신을 추진하는 한 이것은 강점으로 계속 남아 있을 것이다. 그러나 모든 것이 변한다는 원리는 이러한 유전자의 강점에도 예외 없이 적용된다. 이미 앞에서 한국 산업의 지배구조가 글로벌 밸류체인의 변화에 영향을 받게 된다고 진단한 바 있다. 국가 혁신 시스템, 기업의 지배구조와 전략이 달라져야 하고 그러면 거기서 일하는 인재의 역할과 특성도 영향을 받게 될 것이다. 물론 기존 시스템을 완전히 갈아엎고 백지에서 새로운 시스템을 구축하는 것은 아니다. 하지만 상당한 수정은 불가피하다.

이 책에서 구체적인 대안을 제시하기는 어렵지만 앞으로의 방향성에 대한 논의는 제기해 볼 수 있다. 오늘날에도 한국의 인재는 여전히 가장 중요한 자원이며 이것은 누구도 부정할 수 없다. 그러나 현 상태를 그대로 유지할 수는 없으며 인재의 다양성을 증가시키기 위한 노력이 본격화되어야 할 시점이다. 지금 한국의 인재 양성 시스템은 상당히 획일화되어 있다. 고등학교까지 절대 다수가 인문 교육을 받고 세계적으로 유례없는 높은 비율로 대학에 진학하여 대기업, 정부기관이나 대학, 병원 등 큰 조직의 주요 직위를 향하여 평생 경쟁하는 패턴이다. 기업인, 정부 관료, 법조인, 의료인, 기타 전문직이라는 소수의 지향점이 정교한 위계질서의 정점을 형성하고 있다.

획일화된 경력 사다리는 상당 기간 한국기업과 혁신 시스템의 강점으로 기능했지만 앞으로도 지속되기는 어렵다. 지금 이 순간에도 수많은 한국의 학부모들은 어린 자녀들을 기존의 엘리트 코스로 진입시키기 위한 준비에 여념이 없다. 아이들은 어린 시절부터 사교육을 받으며 경쟁체제에 적응해 간다. 이러한 경쟁과정에서도 물론 훌륭한 인재는 배출된다. 그러나 이렇게 육성되는 유형의 인재만으로는 부족하다. 기술 변화의 가속화로 가능성의 영역이 전방위로 확산되고 있으며 새로운 기회의 영역을 개척할 경로탐색자들이 필요하다. 선택형 시험 문제를 받고 주어진 답안 중 출제자가 지정한 정답을 맞추는 데 전력해 온 사람에게는 그다지 적합하지 않은 임무다.

2024년 현재 우리나라에는 K-팝 아이돌을 포함한 연예인, 프로스포츠 지망생, 유튜버, 대학 진학을 포기한 고졸 프로그래머 등 과거에는 없던 대안적 경로가 나타나고 있다. 물론 여전히 예외적인 경우로 대세에 영향을 줄 정도는 아니다. 심지어는 아이돌 육성과정에서 드러나듯이 대안적 경로에서조차 경쟁과 몰입이라는 한국적 특성이 발현되고 있는 것처럼 보이기도 한다. 바람직한 방향은 다양화가 더욱 심화되는 것이다.

다양화에 방향성을 지정한다는 것이 작위적으로 느껴지지만 그래도 두 종류의 대안적 경로를 생각해 볼 수 있다. 하나는 이미 이야기한 경로 탐색적 유형이다. 현재의 교육 시스템과 경쟁적 경력 사다리로는 기대하기 어려운 유형이다. 사회적 인정도 약하고 성공 가능성도 미지수이며 무엇을 어떻게 준비해야 하는지도 불분명하다. 그러나 한 가지 강점은 진입 장벽이 낮고 누구나 시도해 볼 수 있다. 한마디로 학과 공부에 몰두하지 않더라도 도전 가능한 영역이다. 어떤 가능성이 있을까.

온라인 플랫폼의 성장이 하나의 해답이다. 이미 많은 사람들이 유튜버라는 동영상 콘텐츠 크리에이터를 지향한다. 물론 이 시장도 포화 상태에 이르렀고 실질적 소득이 얼마 되지 않는다는 현실론이 고개를 들고 있지만 과거 방송이란 오직 매스컴, 즉 소수의 방송국을 통해서만 가능했던 시절을 돌이켜 보면 대단한 직업군이 새로 생긴 것을 부인할 수 없다. 앞으로 한국은 물론 세계를 대상으로 하는 다양한 콘텐츠 플랫폼이 생길 것이며 이 플랫폼에 콘텐츠를 공급하는 크리에이터의 영역은 크게 증가할 수밖에 없을 것이다.

이미 웹툰 작가, 웹 소설가, NFT를 이용한 인터넷 화가 등의 경로가 부상하고 있다. 소수의 해당 예술인들이 폐쇄적인 직업 세계를 구성하고 관리해 오던 방식이 변화한 것이다.* 플랫폼의 위력은 시장을 크게 확대시킬 뿐더러 과거 20세기 중반의 대량생산시대와는 달리 시장을 세분화시킨다. 전 세계적인 팬덤을 조성하여 상상을 초월한 스타가 될 가능성은 여전히 열려 있지만 그렇게 되지 않더라도 특이한 취향의 고객 집단을 만날 수 있는 롱-테일 현상이 증가한다. 콘텐츠의 특성이 다양화되면서 독특하고 개성 있는 콘텐츠도 시장을 만날 수 있게 된 것이다.

플랫폼 경제가 다양한 크리에이터에게 기회를 주면서 오직 소수 엘리트가 되기 위한 경쟁체제에도 의미 있는 변화가 올 것인가에 대해서는 2024년 현재로서는 좀 더 두고 볼 일이다. 그러나 앞으로의 방향성은 명확하다. 경쟁 위주의 기존 인재 양성 시스템의 근간은 유지하면서 좀 더 많은 대안적 경로를 열어 주고 이들의 독창성을 보상하는 길을 열어 나가야 한다. 성공한 유튜버들의 일부가 먹방, 여행, 뷰티 등 그다지 생산적으로 보이지 않는다는 사실만을 보고 이런 것이 진지한 삶으로부터의 일탈이라고 보는 것은 지나치게 경직된 시각이다. 먹방만 해도 이것은 음식 관련 산업 생태계에서 중요한 역할을 하는 인플루언서 활동으로 자리 잡을 가능성이 충분하다. 앞으로는 어떤 분야에서 어떤 형태의 활동이 부가가치를 창출할지 예측할 수 없다. 반세기 이상 변화가 없는 엘리트 코스 경쟁에 사로잡혀 있는 한국사회를 감안하면 아무리 기이하고 괴팍해 보이더라도 새로운 시도에 박수를 보내는 것이 마땅하다.

---

* 물론 작가 장강명은 《당선, 합격, 계급》이라는 책에서 한국의 문학 공모전은 기업공채와 비슷하다며 시험을 통한 선발이 작가라는 예술가에게도 여전히 적용되는 현실을 비판하고 있다.

크리에이터 경제의 촉진을 통해 한국 산업의 향후 기회 모색을 위한 경로탐색자 역할을 맡기는 것은 한국의 경쟁력을 위해 꼭 필요한 일이라는 인식의 전환이 요구된다. 더 이상 글로벌 선도기업의 전략을 지켜보다가 가능성 있는 대안에 투자하는 전략으로는 한계가 있다. 우리 스스로 다양한 주체들이 다양한 기회를 탐색하는 역량을 키워야 한다. 이를 위해 전형적인 엘리트 코스를 벗어난 괴짜 인재들이 필요하다. 한국에서는 탈세나 기타 불순한 목적으로 외국 국적, 영주권을 이용해 부당한 이익을 취하는 한국인들을 '검은 머리 외국인'이라고 불러왔다. 이제는 백지에서부터 아이디어를 내는 것, 혁신의 초기 국면에서 기발한 발상을 해내는 능력을 더 이상 외국의 혁신가에게서 구하지 않고 국내에서 조달한다는 의미에서 '검은 머리 스티브 잡스'가 탄생해야 할 때다.

기존의 한국기업이 문제해결사라면, 다양한 크리에이터로 구성된 새로운 인력군을 경로탐색자라고 부를 수 있을 것이다. 그런데 이들뿐 아니라 또 다른 유형의 인재가 필요해 보인다. 그것은 곧 정치 엘리트의 양성이다. 정치 엘리트란 일반적인 정치인은 물론 정책 결정에 영향력을 행사하는 직업 관료, 더 나아가 사회적 영향력을 갖는 명망가, 운동가로 예를 들면 그레타 툰베리와 같은 인물을 포함한다. 이들은 기업에 몸 담고 있을 수도 있고 스타트업을 창업할 수도 있기 때문에 앞의 두 부류와 근본적으로 다른 인재 그룹은 아니다. 그러나 한 사람이 여러 그룹에 속할 수는 있지만 이 그룹이 가리키는 의미는 명확하다. 이들은 공공의 복리를 최우선으로 추구하며 이를 위해 다양한 이익 집단들을 조율하고 중재한다.

동아시아의 영원한 스승 공자는 "부족한 것을 걱정하지 않고 고르지 않은 것을 걱정한다"는 말을 남겼다. 그 결과 균형과 안정을 유지하는 문신文臣 관료층은 산업 발전을 걱정하지 않고 정치와 행정에만 전념하여 서구 산업사회에 뒤처졌다는 비판을 받기도 한다. 그러나 오늘날에는 고르게 하는 것과 넉넉하게 만드는 것 사이를 가르는 경계선은 희미해져 가고 있다. 고르게 하는 일은 단순히 윤리의 문제가 아니며 경제와 혁신에도 결정적이다.

스마트 콘트랙트의 창시자 비탈릭 부테린은 이더리움이라는 암호화폐를 개발하면서 디지털 세계에서 재산권을 보장하는 수단을 만들었다. 그러나 그는 주식회사가 아니라 비영리회사를 설립하면서 "돈이 아니라 세상을 바꾸는 것에 관심이 있다"고 말했다.* 만약 스마트 콘트랙트가 온라인 콘텐츠만이 아니라 실물 자산에도 적용될 수 있다면 모든 실물 계약에서 발생하는 거래비용을 급격하게 낮추고, 더 나아가 법질서와 치안, 더 나아가 현대적 민주국가에서 확립되어야만 가능한 재산권 보장을 단번에 이룩할 수 있다. 페루의 경제학자 에르난도 데 소토는 만약 재산권을 확립할 수 있다면 필리핀, 이집트, 아이티, 페루 등 4개국에서 합법적인 소유권이 인정되지 않는 9조 3천억 달러의 부동산이 실제로 기능하는 자본이 될 수 있다고 주장한다.[1] 이 엄청난 재산이 합법적 권리가 보장되지 않는다는 이유 때문에 사장되고 있는 것이다. 그러나 실물 NFT로 불리는 스마트 콘트랙트 기술이 개발된다면 선진국이 지난 30여 년간 제3세계를 원조한 금액의 90배에 달하는 자본이 마술처럼 나타날 것이다.

* 그가 쓴 *The Most Important Scarce Resource is Legitimacy*을 읽어 보라.

위대한 카피캣 대한민국

이것은 공공적 목적을 위한 비시장 활동에 왜 혁신이 필요한가를 보여준다. 이뿐만이 아니다. 공적부문에서 혁신 역량의 중요성은 이미 강조되고 있는 바이다. 이탈리아 출신 경제학자 마리아나 마추카토는 아이폰을 탄생시킨 중요 원천기술의 상당수가 미국 정부의 부처와 기관을 통해 개발된 것이라고 말한다.[2] NASA의 달 착륙 프로젝트를 통해 PC에서부터 일회용 기저귀까지 수많은 혁신 상품이 가능해진 것은 이미 널리 알려진 사실이다. 미국 정부나 NASA의 인력들은 이윤을 목적으로 이런 일들을 했던 것이 아니다. 한국에서도 2024년 우주발사체 누리호를 성공시킨 한국항공우주연구원KARI: Korea Aerospace Research Institute의 연구원은 초과근로에 대한 보상도 제대로 받지 못하면서 "수십만 개의 부품이 정해진 절차대로 작동할 때의 희열, 발사 시 지축을 울리는 진동소리의 감동"을 열심히 일하게 만드는 원동력이라고 말한다.[3]

마추카토는 공적가치를 창조하는 이러한 사회적 혁신가가 꼭 필요하다고 주장한다. 시장이 실패할 때 정부가 개입해야 한다는 논의가 있다. 주로 이때 정부의 역할은 규칙을 수정하고, 규칙이 제대로 관철되는 감시와 규제 등 규칙을 실행시키는 것이다. 시장이 잘 굴러가도록 시장의 역할을 보조하는 것이라는 인식이 여전히 지배적이다. 그러나 마추카토는 단순히 규칙의 관리가 아니라 불확실성을 감수하고 방향성을 제시하며 혁신 역량을 키우는 것이야말로 정부의 진짜 역할이라고 역설한다. 우주산업, 방위산업, 환경 관련 기술 등 기업의 연구 개발에만 의존할 수 없는 공공의 거대 문제가 산재하며 이를 위해 엄청난 기술 혁신이 요구되는 것은 분명한 사실이다. 이러한 기술 혁신 전선에 기업이 앞장서고 정부는 지원과 규제만을 수행한다는 이분법은 들어맞지 않는다. 이제는 정부와 공공부문도 혁신의 요원으로서 적극적인 역할을 담당하지 않으면 안 된다.

미국의 저술가 윌리엄 에거스는 정부는 정책을 '자판기'로 생각하는 습관을 버려야 한다고 역설한다.[4] 자판기 사고란, 돈을 넣고 버튼을 누르면 원하는 상품이 튀어나오듯, 어떤 문제가 생기면 그에 관한 조직을 만들고, 예산을 투입하면 해결책이 나온다고 생각하는 것이다. 정부가 하는 일이란 조직의 신설과 예산의 투입이 전부다. 문제해결과정을 블랙박스 취급하는 구경꾼의 관점이다. 에거스는 정부는 문제해결팀의 리더가 되어야 한다고 말한다. 우리는 경제·산업전략에서 정부의 강력한 리더십을 목격한 경험이 있다. 박정희 정부의 수출주도 정책으로, 당시 정부는 수출 목표를 수립하고 기업을 독려했다. 그러나 리더십의 의미와 스타일도 많은 변화를 겪었으며 오늘날의 정부에 필요한 것은 2000년대 이후 강조되고 있는 플레이어 타입의 수평적 리더십이다.

규칙을 관리하는 것은 기술을 개발하는 것과 크게 다르지 않다. 규칙에도 혁신이 있다. 주식회사를 통해서 유한책임제도를 도입한 것이나, 자동차 운행을 규제하는 신호등체계를 만든 것 등은 모두 공공부문 혁신의 위대한 사례다. 이런 혁신을 수행할 인재는 스타트업 창업자나 기업인과 본질적으로 다른 사람은 아닐 것이다. 그럼에도 불구하고 이윤을 추구하는 사업가나 신기술을 개발하는 엔지니어와 달리 이들을 하나의 팀으로 묶어 주는 가교 또는 문지기 역할을 할 사람, 즉 선수 겸 리더가 필요하다. 이들은 주로 공공부문 리더로서 정치가와 관료를 가리킨다.

세계적으로 정치 엘리트를 양성하는 것이 중요한 문제로 대두되고 있으며, 한국도 예외는 아니다. 규칙을 관리하는 사람과 현장에서 가치를 창출하는 사람 간에는 오랫동안 구별이 존재했다. 관료, 법조인, 대학교수, 언론인, 전문직 등의 자격 소지자들이 정치인으로 충원되는 것이 대부분이라는 사실이 이를 말해 준다. 하지만 가치창조자의 대표격인 기업은 이제는 더 이상 정치와 무관한 영역이라고 볼 수 없으며 많지는 않지만 때로는 기업인 중에서 정치 엘리트가 배출되기도 한다.*

　정부는 사회의 여러 영역 가운데 하나일 뿐이며 다른 영역을 통제하는 지배자가 아니다. 다만 각 영역의 시야를 뛰어넘는 공통의 비전, 그리고 개별 영역으로서는 생각해 내기 힘든 입체적 해법을 제시해야 한다. 이 해법은 명령이 아니라 설득력과 공감에 의해 지지되어야 한다. 압박형이 아닌 견인형 리더십이 필요하다.

　정치가를 키우는 전용 경력 경로를 만드는 것은 좋은 해결책이 아니다. 공적부문과 사적부문 간의 경계를 높이고 두 부문이 완전히 분리되는 것은 공-사 간 협력을 위해서도 바람직하지 못하다. 정치가란 근본적으로 팀을 만들고 진두지휘하는 리더이자 연결자, 소통자 그리고 각자의 이해관계를 조율하여 더 큰 이익을 설계하는 중재자의 역할을 해야 한다. 한국에서는 법조인이 전부는 아니라도, 정치인이 되는 가장 중요한 경로로 되어 있다. 그러나 오늘날 목격하고 있듯 법조인 경로가 지배적으로 되는 것은 인재의 다양성을 크게 제한하는 결과를 낳을 것이다.

---

*　한국에서는 길지 않은 민주주의정치사에서 현대그룹의 창업주 정주영 회장이 대통령 선거에 나섰으며, 그와 함께 전문경영자로 일했던 이명박은 대통령이 되었다.

정치란 그 본성상 전체를 조망하고 조율하고 방향을 이끈다는 점에서 리더의 자리이기 때문에 처음 직업 세계에 들어서는 주니어에게 적합한 직무는 아니다. 마치 외국의 명문대학에서 학부에는 경영학과가 없고 대학원에만 존재하는 것처럼, 정치라는 경력은 다른 전문적인 경력을 경험한 후 선택할 수 있도록 하는 것이 바람직하다. 특히 기술 변화가 가속화되는 미래에는 기술에 대한 경험과 소양이 상당히 중요하다. 스타트업, 연구 개발, 사회봉사, 비정부기구NGO 활동 등 다양한 경험을 지닌 인재 중 리더십과 균형감각 그리고 비전 창출 역량을 가진 인재가 정치 분야로 입문하는 것이 자연스러울 것이다.

한국에서 비전의 창출이란 역사적으로 국가의 최고지도자 또는 대기업 총수의 역할이었다. 박정희 대통령이 주창한 "빈곤으로부터의 탈출"이나 김대중 대통령이 제시한 "제2의 산업혁명, 전자혁명에 대응한 정보화 강국 건설", 이건희 회장의 "초일류기업 구현" 등이 그러한 것들이다. 우리는 그동안 엄청난 비전들을 경험함으로써 이것은 일반인과는 거리가 먼 역사적 사건으로 여겨지기도 하지만, 앞으로는 작은 스타트업의 창업에서도 제시되어야 하는 구심점이다.

한 가지 좋은 예는 덴마크의 완구기업 레고가 제시한 자사의 비전이다. 레고의 비전은 "내일의 건설자들에게 지속적으로 영감을 주고 발전시키는 것 inspire and develop the Builders of Tomorrow"이다. 어린이를 '내일의 건설자'라고 표현함으로써 레고가 단순히 놀이가 아니라 아이들의 미래를 만들어 가는 중요한 성장 도구라는 뉘앙스를 풍긴다. 이러한 비전은 레고 제품을 사는 고객인 부모들을 자극할 뿐더러 레고 임직원의 자부심과 열정까지 고취시킬 수 있다. 이처럼 비전은 똑같은 활동과 사물도 다른 각도에서 조명할 수 있도록 하는 힘이 있다. 입체적 비전을 창출하는 능력은 공적 역할, 즉 정치 엘리트에게 더욱 필요하지 않을까.

앞으로 한국의 인재는 기존 엘리트 코스를 통해 양성되는 문제해결자이자, 그리고 주로 스타트업 창업 촉진을 통해 양성되는 경로탐색자, 마지막으로 이들 중에서 공적 리더십 역량을 통해 정치권으로부터 발탁되는 정치 엘리트, 즉 혁신적 중재자의 세 방향으로 다양화되어야 할 것이다. 한국경제는 늘 정부와 산업부문, 즉 기존 대기업과 창업기업 간의 협력에 의해 발전해 왔다. 어떤 때에는 권위적 정부의 강력한 지도 아래, 또 어떤 때에는 재벌기업 총수의 카리스마적 리더십 아래 체제가 인도되어 왔지만, 앞으로의 한국 산업은 소수의 지도자가 이끌어 가는 형태로는 진전될 수 없다. 물론 강력한 리더십은 어느 때나 그렇듯이 미래에도 필요하다. 그러나 이 리더십은 한 사람의 깨달은 자가 다수의 깨치지 못한 자들을 인도하는 것이 아니라, 많은 경로탐색자와 많은 문제해결자를 창조적 비전으로 연결하는 정치 엘리트의 팀워크에 의해 창출될 것이다.

이 팀의 경쟁력은 구성원 각각의 탁월성보다는 다양성에 의해 결정된다. 엘리트 코스의 모든 단계를 수석으로 통과한 인재도 배제할 필요는 없다. 하지만 이들은 자신이 우월하다는 의식을 버리고 문제해결자로서 역량을 발휘해야 한다. 수없이 다양한 기술과 비즈니스 모델을 구사해 본 스타트업 창업자들, 연구 개발자들과 더 나은 사회를 향한 비전을 꿈꾸는 공적 혁신가들이 가세하여 네트워크 스타일의 팀워크를 발휘한다면 한국의 산업 생태계는 한 단계 더 도약할 것이다.

엘리트 코스에 집착하는 현재의 한국에서 어떻게 인재 다양성을 강화할 수 있을지 명쾌한 해법이나 청사진은 없다. 어쩌면 변화는 의외로 저출산에서 올지도 모른다. 물론 아무리 유년, 소년, 청년 인구가 줄어들어도 그만큼 더욱더 줄어드는 주요 엘리트 코스의 정원 때문에 경쟁 분위기는 사라지지 않을 수도 있다. 그러나 양적 변화가 질적 변화로 바뀌는 시점이 온다. 이미 젊은 인재들이 공무원과 대기업 조직을 거부하는 경향이 나타나고 있다. 대학에서 중퇴하거나 입학을 거부하는 소수의 움직임도 나타난다. 경쟁을 통해서 얻을 수 있는 보상의 매력도 점점 줄어든다는 것을 깨닫게 되면 어느 순간 거부의 몸짓이 일정한 한계를 넘을 수도 있다. 그렇게 되면 변화는 예상보다 빠르게 진행될 것이다.

워커홀릭의 후예 한국 인재들은 여전히 경쟁적이고 자기 자신을 채찍질하고 있다. 높은 성취 욕구를 유지하되, 좀 더 많은 경로탐색자와, 공적 혁신가들을 얼마나 더 배출하는가에 한국경제의 미래가 달려 있다. 한국경제의 미래는 현재, 낙관도 비관도 하기 어려운 갈림길에 서 있다.

한국적 경영의 미래

지금까지 한국적 경영의 특징과 이를 주도해 온 한국 인재들의 성격을 살펴보았다. 한국적 경영은 역사·문화적 배경과 함께 독특한 한국의 지정학적 상황, 그리고 산업과 기술의 발달이 융합된 독특하고 흥미로운 현상으로, 단순히 국내만이 아니라 세계사적으로도 중요하다. 재즈라는

위대한 카피캣 대한민국

음악 장르는 흑인의 감성이 서양음악의 기법 및 악기와 융합되어 나타난 결과다. 이와 비슷하게 한국적 경영은 한국인의 성격, 특히 인지능력이 서구의 산업기술과 융합되어 나타난 국제적 융합의 산물이라고 말할 수 있다. 서로 다른 문명이 만날 때마다 흥미로운 현상이 나타나지만 항상 전 세계가 주목할 만한 성과가 나타나는 것은 아니다. 그렇게 볼 때 한국적 경영은 세계문화에서 재즈만큼이나 특별한 의미를 갖는다.

문명의 융합으로 나타난 한국적 경영이 과연 한국에만 고유한 것인가, 즉 20세기 후반부터 21세기 초까지 한반도에 나타난 일회적 에피소드인가 아니면 경영의 패러다임에 새로운 영향을 줄 정도의 모델인가는 지금으로서는 확실하지 않다. 한 가지 분명한 것은 그동안의 경이로운 성과에도 불구하고 한국기업들은 다양한 한계에 부딪히고 있으며 이를 극복하기 위해 다시 새로운 고민을 하고 있다는 것이다. 이 책에서 지속적으로 역설했듯이 이것은 기존의 한국적 경영을 부정하고 완전히 새로운 모델로 대체해야 한다는 의미는 결코 아니다. 한국적 경영이 과연 다른 나라에도 시사점을 줄 만큼 보편성과 적용 가능성을 갖고 있는가라는 질문은, 다른 나라가 아니라 우선적으로 미래의 한국을 향해 제기되어야 한다. 한국적 경영의 특성이 한국기업 자신에게조차 적용될 수 없다면 다른 어떤 나라에게도 마찬가지일 것이다.

한국적 경영의 강점이자 한계는 근본적인 개념설계 역량이 부족하고 따라서 선진 기업의 혁신을 뒤따른다는 것이다. 물론 이것을 모방이라고 단정할 수 없고 문제해결적 창의성과 연결된다는 것은 앞서 지속적으로 강조한 바 있다. 한국기업은 최초 아이디어의 창출보다는 아이디어가 산업화·시장화되는 과정에서 결정적 문제를 해결하는 방식으로 계속해서 기회를 포착할 수 있었다. 최초의 아이디어를 내는 것만이 산업의 발전을 위한 필수 요건은 아니다.

그러나 남이 낸 아이디어의 후반 단계에 참여하는 것은 여전히 진정한 창의성은 아니라는 선입견을 떨치기 어렵다. 한 가지 예를 들어 보자. 디지털 통신에서 CDMA는 기술사에 한 획을 그을 근본적 혁신이었다. 하지만 아무리 기발한 아이디어라도 이것을 현실에 구현하는 것은 완전히 새로운 문제다. 기술을 개발한 것은 퀄컴이었지만 이것을 실제로 작동하는 통신 시스템으로 구현한 것은 한국이었다. 여기까지는 늘 그랬던 것처럼 선진 기업이 아이디어를 내고 한국 산업이 문제를 해결하는 전형적 흐름이다. 그러나 CDMA 상용화는 패러다임의 현실화과정에서 특정 문제를 해결하거나 특정 부품을 개발한 것과는 차원이 다르다. 단지 개념상으로만 작동하던 기술을 현실로 만드는 전체 과정을 건설했다는 점에서 문제해결의 범위와 깊이가 비약적으로 넓어지고 심화되었다.

더구나 CDMA기술이 상용화되면서 기술은 처음 아이디어를 낸 퀄컴의 의도를 훨씬 뛰어넘는 방향으로 세상을 바꾸기 시작했다. PC 혁명을 뒤잇는 모바일 혁명이 시작되었다. 물론 모바일기술은 스마트폰과 앱 생태계, 모바일용 칩 등 다른 많은 기술개발 덕분에 가능했지만 CDMA에 의한 디지털 통신이 없었다면 한 발짝도 진행될 수 없었을 것이다. 디지털 통신이라는 전체 글로벌 밸류체인에서 한국의 위상은 단순히 특정 부품의 핵심 공급자를 뛰어넘는다. 수많은 공급자 중의 하나가 아니라 전체 산업을 책임지는 시스템 건설자에 가까운 지위라고 해도 좋다. 한국 산업에 의해 구축된 디지털 통신 시스템은 이후 모바일 혁명이라는 정보화시대의 새로운 국면을 연다.

아이디어를 먼저 냈더라도 이를 현실에 구현할 체제가 마련되지 않는다면 백일몽으로 그치는 일이 많다. 아이디어가 정말로 세상을 뒤바꿀 패러다임 전환의 설계도가 되려면 현실의 장애물이 하나하나 해결되어야 한다. 중세의 연금술이나 하늘을 나는 기구는 몽상에 불과했다. 하지만 오늘날의 핵융합발전이나 초전도체는 기술적 도전의 대상이다. 분명한 것은 비전이 몽상이 아니라 비전이 되려면 상당한 수준의 문제해결이 이뤄져야 한다는 것이다.

아이디어와 문제해결 둘 중에 누가 더 중요한가를 가지고 논쟁을 벌이는 것은 불필요한 일이다. 어린 스티브 잡스가 돌을 연마한 추억은 아이디어 구현의 전 과정이 치열한 팀 작업이라는 교훈을 전한다. 누구는 아이디어 담당, 누구는 문제해결 담당식의 구분도 불가능하고 아이디어 제안자가 문제해결자에게 아웃소싱을 주는지, 아니면 역으로 문제해결자가 아이디어 제안자에게 아웃소싱을 주는지라는 질문도 의미가 없다. 글로벌 밸류체인에서 고부가영역과 저부가영역을 구분하고 고부가영역으로 격상하는 것이 산업 발전의 전략이라는 것은 산업 발전의 입문 단계에서는 중요하지만, 이미 핵심 부품의 공급자를 넘어선 한국은 이런 구도에서 벗어날 때가 되었다. 애플의 스마트폰과 삼성전자의 낸드플래시, 퀄컴의 CDMA와 한국의 장비 및 디바이스, 그리고 최근의 오픈AI 및 엔비디아와 한국 반도체산업의 HBM 등은 누가 누구에게 하청을 맡기는 수직적 관계가 아니라 수평적 팀의 관계로 보는 것이 더 적절하다.

팀 경영의 권위자인 존 카첸바흐는 팀을 다음과 같이 정의한다.

팀이란 상호보완적인 기술을 가진 소수의 사람들이 공동의 목적과 업무
수행 목표를 달성하기 위해서 책임을 공유하며, 상호작용하는 집단이다.[5]

여기서 카첸바흐가 가장 중요시하는 것이 공동의 목표다. 그는 좋은
팀워크를 위해서는 도전적이고 의미 있는 목표가 반드시 필요하다고 말
한다. 그다지 어렵지 않고 의미도 불분명한 목적은 참가자들의 몰입과
열정을 끌어내지 못한다. 성취동기를 자극할 수 있는 적절하게 어려운
목적이야말로 낯설고 신뢰의 체험이 없는 참가자들을 하나로 응집시키
는 접착제 역할을 한다. 이 점을 잘 보여주는 사례가 바로 1960년대 인
간을 달에 보낸다는 아폴로 계획이다. 케네디 대통령은 이 계획을 선포
하면서 "우리는 쉽기 때문이 아니라 어렵기 때문에 달을 선택했다.We
choose the Moon not because It is easy, but because It is hard."라고 말한 바 있다.

여러 번 언급한 것처럼 한국도 최초의 아이디어와 개념설계에 도전해
야 한다. 그러나 이것은 인위적으로, 정책적으로 추진하기에는 곤란한
일이다. 걸출한 예술가나 스포츠 스타가 나타나서 한국의 특정 종목이
나 장르가 한 번에 비약하는 일은 있어 왔고 앞으로도 있을 것이다. 하지
만 이러한 특출한 역량의 출현은 예측하기 어려우며 더더욱 단기 정책의
목표로 삼을 수는 없다. 분위기를 조성하고 이를 위한 토양을 갖추는 정
도의 장기적·간접적 정책은 가능할 것이다. 그렇지만 가시적 성과의 출
현은 시장 원리에 맡기고 정책적 개입의 초점은 돌파형 혁신에 맞추는

것이 더욱 현실적이다.

여기서 한 가지 주의할 점은 선진 기업에서 제시한 아이디어의 구현 단계에 집중한다고 해서, 목적과는 무관하고 단지 수단만을 제시하는 역할에 국한되는 것은 아니라는 점이다. 아날로그 통신보다 더 큰 효율을 올리기 위해 고안된 CDMA기술은 실제 통신 시스템으로 구축되는 과정에서 모바일 생태계를 건설하는 더 큰 목적을 지향하게 되었다. 삼성전자의 디바이스와 네트워크 장비, SK의 통신 인프라 그리고 혁신 제품의 테스트베드 역할을 한 한국시장까지, 한국 산업 자체가 디지털 시대의 개척자가 된 것이다.

이런 일은 앞으로도 일어날 수 있다. 반드시 근원기술의 최초 창시자가 아니라도, 어떤 기술이든 그것을 좀 더 현실화하는 단계에서 단순히 패러다임의 추종자가 아니라 패러다임의 주도자가 될 수 있다. 모든 기술 변화가 꼬리에 꼬리를 물고 진행되는 4차 산업혁명에서는 무엇이 최초의 아이디어이고 무엇이 그것을 발전시킨 수단인가의 구별도 모호해진다. 다양한 플레이어들이 서로 역량을 융합하며 마치 꼬리에 꼬리를 무는 이야기를 이어 가는 것이다. 한국기업의 주 특기인 고도의 문제해결 역량은 언제든지 주변부가 아닌 중심부의 위상으로 격상할 수 있는 잠재력이다.

2024년 현재 진행되고 있는 몇 가지 사례만으로도 이는 충분히 증명된다. 우선 주목되는 것은 여전히 강한 잠재력을 보여주고 있는 반도체 생태계. 한국이 메모리의 세계적 강자라는 것은 누구도 부인할 수 없지만 시스템반도체에서는 그에 비해 존재감이 부족하기도 하다. 그러나 메모리가 저부가 단순 부품이라고 생각한다면 큰 오산이다. 인공지능의 발달은 더욱 막강하고 긴밀하게 연계된 메모리를 요구하며 이에 부응하기 위해 한국기업인 삼성전자와 SK하이닉스는 인공지능 반도체시장의 패권을 두고 치열한 경쟁을 벌이고 있다.

흥미로운 점은 메모리와 시스템반도체가 별개의 부품이 아닌 하나의 솔루션으로 통합되어 간다는 것이다. 삼성전자와 인공지능 개발사 네이버클로버는 합작을 통해 인공지능 솔루션을 개발하고 있으며, 연산과 저장은 긴밀하게 상호작용한다. 엔비디아의 GPU와 HBM의 결합이 2024년 현재 가장 유력한 대안이지만 네이버와 삼성전자는 공동으로 AI 반도체를 개발하고 그에 맞는 메모리 LPDDR Low-Power Double Data Rate 을 개발하고 있다. HBM에서도 SK하이닉스는 성능의 고도화를 위해 제조 과정에서 첨단 솔루션을 도입하고 있으며 이를 위해 TSMC와 제휴하기로 했다. TSMC의 파운드리기술이 메모리반도체인 HBM 제조에 적용되는 것이다.

글로벌 밸류체인은 그동안 아래에서 위로 올라가는 사다리로 이해되어 왔지만, 대체가능한 저부가 부품/솔루션의 영역은 점차 축소되고 제조 기능 자체도 고도화되어 더 이상 사다리나 피라미드로 이해하기에는 어색한 점이 많다. 체인이라는 것은 단선으로 이어질 수도 있지만 다시 꼬리를 물 수도 있다. 글로벌 밸류체인은 이제 사다리가 아니라 점점 더 뫼비우스의 띠 또는 '우로보로스 Ouroboros' 처럼 순환을 이룬다. 글로벌 밸류체인이 사다리가 아니라 링의 형태를 띠게 되는 것이다.

이것은 어떤 의미에서는 후발 산업국에게 나쁜 소식일 수도 있다. 저부가 영역이 사라지는 것은 후발국과 후발 기업이 디디고 올라갈 입문 단계가 사라지는 것과 같다. 향후 글로벌 밸류체인의 변화는 기존의 산업 발전전략에 중대한 영향을 미칠 수 있다. 서로 돌고 도는 링은 글로벌 산업에서의 '자기들만의 리그'를 형성하고 후발국의 참여를 차단하는 진입 장벽으로 작용할 수도 있다.

한국 산업은 추격자의 이미지로 널리 알려졌지만 오늘날에는 이 가치 순환상에 주요 파트너로서 확고하게 자리를 잡은 것으로 보아야 한다. 인공지능이 가져올 산업의 변화에서 한국은 주도적 구성원이다. 한국은 이번에도 패러다임 전환의 트리거가 된 초거대언어모델LLM을 만들지는 못했다. 초거대언어모델의 등장은 강렬했고 전 세계적인 관심과 변혁의 기폭제가 된 것은 의심의 여지가 없지만 드라마는 이제부터다. 인공지능의 목적지는 지금 이 순간에도 오리무중이다.

이와 비슷한 일은 다른 많은 산업에서도 진행되고 있다. 또 하나의 주목할 만한 분야가 바이오산업 생태계다. 게놈 지도가 그려진 이후 새로운 궤도에 들어선 유전자 분석기술은 이제 유전자를 직접 편집하는 단계에 접어들었다. 이를 유전자 크리스퍼기술이라고 하는데 물론 이 분야에서도 역시 원천기술은 미국 버클리 대학의 연구팀이 개발했으며 그 주역들은 노벨 화학상을 수상하기도 했다. 그러나 한국의 바이오기업 툴젠은 원천기술과는 다른 내용과 적용 범위를 가진 변형기술로 독자 특허를 출원 중이며 2024년 말 현재 특허를 받을 가능성이 높다. 제약산업은 전형적인 장주기 산업으로 신생 기업이 쉽게 넘보기 힘든 진입 장벽으로 방어되던 영역이었다. 그러나 이미 앞에서 살펴본 대로 한국은 바이오시밀러의 영역을 먼저 개척하는 역량을 보여주었다. 더 나아가 유전자를 직접 편집하는 첨단 분야에서도 글로벌 플레이어들과 치열한 경쟁을 벌이고 있는 것이다.

한국기업의 과감한 도전은 앞으로도 계속될 전망이다. 반세기 이상의 산업화로 한국 산업의 위상은 높아졌지만 여전히 과학 분야에서는 노벨상 수상자를 배출하지 못했고 개념설계 역량이나 원천기술 보유에서 세계 정상과는 거리가 있다. 한국의 강점은 양질의 인적자원, 인재의 객관적 역량보다도 불굴의 의지와 학습능력에 있다. 이 세상의 모든 지식과 역량이 단지 열심히 공부하는 것만으로 습득될 수 있는 것은 아니다. 한국의 인재도 모든 것을 배우고 모든 것을 잘하지는 못한다. 그러나 기술 발전의 가속화는 한국에 유리한 지형을 만들어 내고 있다. 산업의 디지털화가 이러한 경향을 점점 더 증폭시키고 있다.

앞에서 살펴본 유전자 가위기술은 극적인 예 중 하나다. 유전자를 편집하는 것은 디지털기술의 정점을 보여준다. 우선 유전자 자체가 디지털로 이루어져 있다. DNA는 네 가지 염기라는 알파벳으로 쓰인 긴 문장과도 같으며 이는 가장 완벽한 디지털 구성체다. 중생대 생물의 화석이 수억 년의 시간 동안 엄청난 에너지를 보유한 석유로 변한 것이 산유국에게 행운이었다면, 수십억 년 전에 만들어진 DNA가 디지털과 같은 방식으로 구성되었다는 사실은 한국 바이오산업에 찾아온 그 이상의 행운이라고 말할 수 있다. 하지만 더욱 커다란 행운은 한국이 적어도 몇백 년 동안 문해력을 존중하고 유년에서 청소년기에 걸쳐 이를 연마하는 전통을 축적해 왔다는 것이다.

이미 자원의 저주에서 살펴봤듯이 수억 년 동안 누적된 석유가 결과적으로는 경제발전의 발목을 잡았듯 아무리 좋은 자원도 역효과를 일으킬 수 있다. 좋은 자원이 뛰어난 성과를 맺으려면 그에 따른 다양한 후속 조치들이 뒷받침되어야 한다. 조선시대의 문해력 존중 전통이 근대화와 경제발전으로 이어진 것은 정부의 정책과, 기업 등 경제주체들의 선택과 노력이 가세했기 때문이었다. 하지만 문해력을 존중하고 역할을 부여하던 능력주의 전통이야말로 경제성장 메커니즘의 첫 단계를 돌파할 수 있도록 기폭제 역할을 한 것을 부인할 수 없다.

경제성장과 같은 복합적인 과업을 달성하는 것은 어려운 일이다. 이를 성취하기 위해서는 두 가지 요소가 필요하다. 하나는 기회가 왔을 때 단기간에 역량을 집중해서 한 단계 도약을 달성할 것, 그리고 다른 하나는 기회가 오기 오래전부터 우연이든, 계획을 했든 장기간 준비가 이루어져 왔어야 한다는 것이다. 수출 주도형 산업 정책, 대기업의 돌파형 혁신전략 등은 모두 경제를 살리기 위해 단기간에 노력이 집중된 사례들이다. 하지만 한국의 문해력 전통, 그리고 이 전통이 만들어 놓은 교육열과 인적자원의 우수성은 오래전부터 형성되어 온 것이다. 이것을 한국적 경영이 성공한 이유에 대한 개요라고 할 수 있다. 여기서 중대한 질문은 이러한 요건이 다른 나라에서도, 또한 현재 이후의 한국에서도 여전히 적용 가능할 것인가이다.

만약 인적자원이라는 것이 천연자원처럼 이미 존재해야 하며 단기간에 만들어지지 않는 것이라면 한국의 성공은 산유국의 성공과 다를 바 없을 것이다. 이 책에서는 조선시대의 전통을 강조하면서 어느 정도는 이런 방향으로 설명을 했다. 중생대부터 만들어진 석유에 비하면야 엄청나게 짧은 기간이지만, 산업기술이 거의 존재하지 않는 국가에서 지금부터 몇백 년에 걸쳐 능력주의 전통을 만들기란 불가능하다.

하지만 인적자원의 생성은 그보다 단기간에 시도할 수 있다. 현재 세계에서 문명과 멀리 떨어진 오지에서 태어나 문명의 혜택을 조금도 누리지 못한 아기라도 문명세계로 데려와 지적 자극을 주면 현대적 생활에 적응하는 데 조금도 문제가 없으며 운이 따른다면 탁월한 전문가나 학자가 되는 것까지도 얼마든지 가능하다. 뇌의 가소성 덕분이다. 뇌란 신경세포들이 만드는 회로로 구성되는데, 이 회로들은 아기가 태어났을 때는 거의 만들어져 있지 않다. 아기는 긴 유아기와 청소년기를 거쳐 회로를 구성하는데 중요한 것은 태어난 이후의 환경과 자극이다.

사람의 성격과 능력이 타고나는 것인가, 환경에 의해 만들어지는 것인가는 오래된 논쟁이지만, 최근에는 두 가지 요인이 모두 있다는 쪽으로 결론이 모아지고 있다. 여기서 심각한 오해는, 타고나는 것은 정해진 것이라 어쩔 수 없지만 환경은 마음대로 변화시킬 수 있다고 생각하는 것이다. 생각과 달리 환경을 변화시키기란 매우 어렵다. 문화, 생활 인프라, 종교와 같은 신념, 역사적으로 생긴 관습, 제도 또는 집단 트라우마 등이 아기에게 강력한 영향력을 행사한다. 빈곤과 열악한 환경이 신체건강을 파괴하듯이 사회·문화·환경 또한 정신적 자극을 빈약하게 하거나 때로는 편향되게 만든다. 이것은 인종 특성을 결정하는 유전자의 귀결이 아니다. 차라리 유전자는 자체적으로 변이가 있어 다양한 개인차를 만들어 내지만 오히려 환경이 이를 다시 획일화할 수 있다. 선천적인 것은 바꿀 수 없고 환경의 영향을 받는 후천적인 것은 바꿀 수 있다는 생각은 사실이 아니다.

한국 인재의 우수성은 과거 수백 년 동안 이어진 문해력 존중의 전통이 교육열로 이어진 데 기인한다. 이런 전통이 없는 사회에서 갑자기 교육 환경을 개선하고 투자 의욕을 높이는 것은 결코 쉬운 일이 아니다. 환경을 쉽게 바꿀 수 있었다면 어느 나라든 인적자원의 질을 쉽게 제고할 수 있었을 것이다. 아직도 가난한 나라의 많은 아이들이 제대로 교육받지 못하고 질병, 영양실조, 더 나아가 아동노동 착취에 시달리고 있다. 그러나 한국의 사례는 문제를 어디서부터 풀어 나가야 하는지를 명확하게 알려 준다. 결론은 사람에 달려 있다.

우리나라는 전통으로부터 도움을 받았지만, 한 가지 좋은 소식은 교육을 개선하기 위해 반드시 몇백 년의 문화형성과정을 거칠 필요는 없다는 것이다. 디지털기술의 발달은 물론이고 근대 이후 교육과 지식 인프라의 발달은 점점 더 지식의 전수를 용이하게 만들어 왔다. 학문과 지식을 만들고 전수하는 것은 물론 대단히 어려운 일이지만 교육기술의 혁신은 이런 과업을 극적으로 쉽게 만들었다. 최근에는 컴퓨터와 인터넷의 발달로 교사가 먼 오지의 학생들에게 비대면 수업을 할 수도 있다. 더 나아가 인공지능을 교육에 접목할 가능성도 기대된다. 이것은 모두 후발 국가에게 좋은 소식이다. 우리나라의 산업 발전 초기에는 서구화에 한 발 앞선 일본의 학문과 기술을 수입하는 것만으로도 근대 문명과의 접점을 만들 수 있었다. 지금은 그때보다 여건이 훨씬 더 좋아졌다.

교육 환경이 좋아졌다는 것만으로 교육 투자가 활성화되는 것은 아니다. 상당한 희생을 감수하고 교육에 투자했을 때 과연 좋은 보상을 기대할 수 있는가에 대한 확신이 없다면 인생을 건 장기 투자를 감행하기는 쉽지 않다. 여기서 문제가 발생한다. 실력 있는 학생에게 더 좋은 직업 기회를 부여하려면 공정한 사회제도가 존재해야 한다. 하지만 이런 제도를 만들고 운영하려면 양질의 인적자원이 먼저 존재해야 한다. 서로가 서로를 전제하기 때문에 앞으로 나아가기 어려운 상황이다.

공정한 제도와 양질의 교육 시스템을 갖추는 것은 모든 후발국사회의 과제다. 나라마다 사정이 다르기 때문에 전략의 수순은 달라질 수 있다. 우리나라는 교육으로부터 출발했다. 첫 번째 단추는 사람들이 교육에 투자할 수 있는 인센티브를 만드는 것이다. 학교에서 우수한 성적을 올린 우등생을 산업 인력으로 받아들이는 경력 경로를 설정하는 것이 핵심이다. 모든 사회를 한꺼번에 100% 완벽한 능력주의 시스템으로 바꿀 수는 없다. 한국사회조차 능력이 검증되지 않은 재벌 총수의 자녀가 경영자로 부임하는 일이 여전히 심심찮게 벌어진다. 중요한 것은 기회의 문을 열고 확대해 가는 것이다. 교육을 통해 삶을 개선할 수 있는 가능성을 만드는 것, 그리고 학업 성과가 좋은 인력을 계층이나 출신과 무관하게 성공적 커리어로 끌어들이는 것이 한국형 모델로 가는 결정적 계기가 될 수 있다.

전통적으로 한국인은 이익을 목적으로 공부하면 안 된다고 교육해 왔다. 율곡은 공부의 목적은 의로운 사람이 되는 것이라고 단언했다. 이것은 이윤을 추구하는 자본주의사회에 맞지 않는 가르침인 것처럼 보인다. 산업화과정에서 한국의 인재는 인품의 완성이나 사회정의보다, 생산성과 이익을 추구한 것이 사실이지만 이것만으로 숭고하던 공부의 철학이 타락하였다고 간주할 수는 없다. 그들은 개인의 이익과 영달만이 아니라, 가난한 나라를 다시 일으킨다는 더 큰 목적을 또렷하게 자각하고 있었다.

선진국의 경지에 오른 오늘날 한국은 공동체 의식이 부족하고 이기주의와 과도한 경쟁이 만연한 "가장 우울한 사회"라는 평가를 받고 있다.[6] 이것은 앞으로 우리가 해결해 가야 할 문제다. 한국은 빈곤을 벗어나고 생존해야 한다는 즉자적 목표를 이룬 후 그만큼 절실하고 직관적인 목표를 찾지 못한 것처럼 보이기도 한다. 산업 경쟁력이라는 측면에서 한국은 여전히 발전하고 있는, 살아 있는 모델이다. 한국적 경영의 미래를 정확하게 예측할 수는 없지만, 생명력과 적응력을 가지고 격변기에 대응하고 있다는 점은 부인할 수 없다. 우리에게 생존과 성장을 뛰어넘는 새로운 목표가 필요한 시점이다. 한 가지 가능성은 역할 모델로서 한국 산업의 위상이다. 한국 근대화의 1세대 기업이 세상에서 가장 가난한 나라의 경제를 부흥시키기 위해 노력했다면, 현재에는 새로운 목적, 즉 모든 후발 산업국에게 가능성과 대안을 보여주는 모델로서 한 단계 차원 높은 노력이 요구되는 것이다.

한국기업이 벌어들인 돈을 다른 나라에 원조하거나 기술을 무상으로 제공하는 식의 원조사업으로 신흥국을 직접 돕는 것은 최상의 대안이 아니다. 한국은 물적자원 없이 성공을 거두었으며 지금 한국의 가장 값진 자원은 돈이나 물적 자산이 아니라, 인재와 기업의 경쟁력, 즉 무형의 역량이다. 한국은 어려운 상황을 만나면 고민하고 노력하여 극복방안을 만들어 냈으며, 앞으로도 그럴 것이라는 믿음을 스스로와 외부에 주고 있다. 이것이 한국적 경영의 가치이며 본질이다. 더욱 중요한 것은 이 믿음을 통해 주변국에 경제성장과 산업 발전에 대한 자극을 줄 수 있다는 것이다. 한국의 경제와 산업의 모델을 다른 모든 나라에 적용하는 순간, 효력을 발휘할 솔루션으로 받아들여지는 것은 위험하다. 한국기업 성공의 의의는 구체적 해법보다는 가능성에 있다.

한국적 경영을 분석한 결과 최종적으로 남은 근본적 원소는 사람, 더 정확하게는 사람의 의욕과 능력이었다. 경제와 사회의 발전을 위한 거의 유일한 대안이 사람에 대한 집중임을 재확인할 필요가 있다. 세계 어느 곳에서 태어난 아기도 자극을 통해 두뇌를 발달시키고, 성인이 될 때까지 세계에서 가장 유능하고 강인한 인재가 될 수 있다. 한국은 이에 대한 가장 뚜렷한 사례다. 한국기업은 자원과 경영환경이 가장 열악한 곳에서 시작함으로써 인재의 위력을 의심의 여지없이 입증했다. 한국적 경영의 세세한 특성보다 더 중요한 것은, 어떻게든 해냈다는 사실이다. "누군가가 했다면 나도 할 수 있다"는 자극을 주고 있다는 것이 한국적 경영의 가장 큰 의의다. 그리고 이 의의는 다른 나라만이 아닌 지금 이 순간의 한국에 대해서도 여전히 유효할 것이다.

위대한 카피캣 대한민국

감사의 글

한국의 경제적 성공은 세계적인 관심사가 된 지 오래다. 이에 대한 많은 연구가 있었지만 이 책에서는 특히 한국기업, 그리고 그 기업을 움직여 온 사람들에게 주목하였다. 한국문화의 많은 것들이 K라는 이니셜을 통해 세계에 알려지고 있다. K-팝, K-뷰티, 더 나아가 K-컬처에 이르기까지… 여기서는 한국기업의 경영 전반을 K-매니지먼트라고 표현했다. 한국기업에 과연 무언가 특별할 것이 있는가에 대해 사례와 혁신이론을 통해 분석한 것이 이 책의 주요 내용이라고 할 수 있다.

이 책은 저자의 단독 저술이지만, 혼자만의 노력으로 이루어진 것은 물론 아니다. 한국기업의 경영에 대해 본격적으로 알아보자는 아이디어는 한국의 사설 연구 네트워크인 제이캠퍼스의 정구현 선생으로부터 시작되었다. 한국 경영경제 연구자들과 광범위한 네트워크를 유지하고 있는 정구현 선생은 뜻을 같이하는 연구자들을 모아 이 주제에 대한 연구 커뮤니티를 형성하고 2022년부터 다양한 연구를 수행해 왔다. 나 또한 그 일원으로서 특히 혁신전략과 인적자원관리 분야를 연구했다. 정구현 선생과 나는 이 결과를 한 권의 책으로 만들 만한 가치가 있겠다고 판단했고 그 결과로 이 책이 출판되었다.

이 책의 주요 내용은 저자 개인만의 연구가 아니라 동료 연구자들과의 많은 의견 교환의 결과이다. (물론 책 내용에 대한 책임은 전적으로 저자에게 있다.) 비공식적 만남이 많았지만 저자의 주요 아이디어가 구체화된 단계에서 제이캠퍼스의 후원으로 2023년에 저명한 관련 연구자들과 여섯 번의 공식 토론회가 개최되었다. 각각의 주제와 참가자들은 다음과 같다. 경영학자, 공학자, 심리학자 및 반도체산업 경영자 등이 모여서 심도 있는 토론을 벌였다. 참가자와 그 주요 내용은 다음과 같다.

■제1회 (4월 11일) 한국인의 심리적 특성과 산업에의 함의
사회자: 정구현
발표자: 김의철 (인하대, 심리학)
토론자: 이누미야 요시유키(중앙대, 심리학), 김은환

■제2회 (4월 18일) 한국기업 인재경영의 현주소와 발전 방향
사회자: 김영배(카이스트, 경영학)
발표자: 김은환
토론자: 박선현(서울대, 경영학), 성상현(동국대, 경영학)

■제3회 (5월 2일) 한국경제의 도약을 위한 산업전략
사회자: 정구현
발표자: 이근(서울대, 경제학)
토론자: 안준모(고려대, 행정학), 김은환

위대한 카피캣 대한민국

■ 제4회 (5월 16일) 한국산업의 도약을 위한 기술역량 축적 방안

사회자: 정구현

발표자: 이정동(서울대, 산업공학)

토론자: 김영배(카이스트, 경영학), 김은환

■ 제5회(6월 13일) 한국형 혁신전략의 모색

사회자: 김영배(카이스트, 경영학)

발표자: 송재용(서울대, 경영학)

토론자: 이경묵(서울대, 경영학), 김은환

■ 제6회 (6월 20일) 4차 산업혁명기, 한국 반도체산업의 발전전략

사회자: 정구현

발표자: 김용석(가천대, 석좌교수)

토론자: 최수(前 글로텍 CEO), 김은환

토론의 결과 한국기업의 경영에 대한 내용을 소개하고 알리는 것이 의미가 있다는 확신을 더욱 굳힐 수 있었다. 토론 참가자들과 토론회를 개최한 제이캠퍼스 정구현 원장에게 다시 한번 감사의 말씀을 드린다.

한국의 경제성장을 해명하기 위해서는 기업에 대한 심층적 분석이 피할 수 없는 과정이다. 이것은 쉽지 않은 과업이며 더욱 많은 연구가 이루어져야 할 것이다. 이 책이 좀 더 분석해 볼 가치가 있는 의미 있는 가설을 조금이나마 제시했기를 바란다. 또한 전자산업에서부터 K-팝에 이

르기까지 다양한 산업의 사례를 분석하여 한국기업을 생생하게 이해할 수 있도록 최선을 다했다. 이 책이 한국기업에 관심 있는 독자에게 최초의 입문서이자 지속적인 깊은 관심을 인도하는 가이드북이 되기를 희망한다.

한국기업의 경영전략에 대한 본격적인 영문 연구서는 그렇게 많지 않다. 이 책은 세계의 독자들에게 한국의 기업경영을 알린다는 목적으로 아마존 출판 시스템을 이용하여 영문으로 먼저 출판되었다. 책의 제목은 다음과 같다. *Unveiling K-Management: Invincible Learning and Breakthrough Innovation*. 세계의 독자도 중요하지만 역시 한국기업에 대한 내용인 만큼 한국어판도 필요하다고 생각하던 중 한국방송통신대학교출판문화원에서 선뜻 출간을 맡아 주었다. 깊은 감사의 말씀을 드린다.

참고문헌

Baker, Ted and Nelson, Reed, 2005, "Creating Something from Nothing: Resource Construction through Entrepreneurial Bricolage", *Administrative Science Quarterly*.

Barro, Robert J. and Lee, Jong-wha, *Education Matters: Global Schooling Gains from the 19th to the 21th Century*, Oxford University Press.

Burgelman, R. A., 1983, "A Model of the Interaction of Strategic Behavior, Corporate Context, and the Concept of Strategy", *The Academy of Management Review*.

Chang, Sungyong and Kim, Hyunseob, Song, Jaeyong, Lee, Keun, 2016, "Imitation to Innovation: Late Movers' Catch-up Strategy and Technological Leadership Change", Academy of Management.

Choi, JungBong and Maliangkay, Roald, 2015, *K-pop: The International Rise of the Korean Music Industry*, Routledge.

Cohen, Wesley M. and Levinthak, Daniel A., 1990, "Absorptive Capacity: A New Perspective on Learning and Innovation", *Administrative Science Quarterly*.

Eggers, William D. and Kettl, Donald F., 2023, *Bridgebuilders: How Government Can Transcend Boundaries to Solve Big Problems*, Harvard Business Press.

Eichengreen, Barry, 2012, *From Miracle to Maturity: The Growth of the Korean Economy*, Harvard University Press.

Glaeser, Edward L. and Rafael La Porta, Florencio Lopez-de-Silanes & Andrei Shleifer, 2004, "Do Institutions Cause Growth?", *Journal of Economic Growth*.

Gulati, Ranjay and Singh, Harbir, 1998, "The Architecture of Cooperation: Managing Coordination Costs and Appropriation Concerns in Strategic Alliances", *Administrative Science Quarterly*.

Gulati, Ranjay, 2022, *Deep purpose: the heart and soul of high-performance companies*, Harper Business.

Hobday, Mike 1994, "The Limits of Silicon Valley: Critic of Network Theory", *Technology Analysis and Strategic Management*.

Hofstede, Geert H., 2001, *Culture's Consequences: Comparing Values, Behaviors, Institutions and Organizations Across Nation*, Sage Publications.

Jeong, Koo-seon, 2010, *The Path to Success in Joseon, Passing the State Examination*, Fandom Books(in Korean Language).

Katzenbach, Jon R., 1993, *The Wisdom of Teams: Creating the High-performance*.

Kim, Gooyong, 2019, *From Factory Girls to K-Pop Idol Girls: Cultural Politics of Developmentalism, Patriarchy, and Neoliberalism in South Korea's Popular Music Industry*, Lexington Books.

Kim, Linsu, 1997, *Imitation to Innovation: The Dynamics of Korea's Technological Learning*, Harvard Business School Press.

Kim, Young Chun, 2016, *Shadow Education and the Curriculum and Culture of Schooling in South Korea*, Springer.

Landes, David S., 2003, *The Unbound Prometheus: Technological Change and Industrial Development in Western Europe from 1750 to the Present, 2nd Ed.*, Cambridge University Press.

Lee, Yun Jung, Yi, Hyunjung, Kim, Woo-Jae, Kang, Kisuk, Yun, Dong Soo, Strano, Michael S., 2009, "Fabricating Genetically Engineered High-Power Lithium-Ion Batteries Using Multiple Virus Genes", *Science*.

Leung, Frederick K. S., 2002, "Behind the High Achievement of East Asian Students", *Educational Research and Evaluation*.

Malerba, Franco and Mani, Sunil, 2009, *Sectoral Systems of Innovation and Production in Developing Countries: Actors, Structure and Evolution*, Edward Elgar.

Mazuccato, Mariana, 2015, *The Entrepreneurial State: Debunking public vs. private sector myths*, Public Affairs.

Mazuccato, Mariana, 2021, *Mission Economy: A Moonshot Guide to Changing Capitalism*, Allen Lane-Penguin.

Oh, Chuyun, 2023, *K-POP DANCE: Fandoming Yourself on Social Media*, Routledge.

Park, O-Su and Seo, Jeong-Wook, 1998, "Commercialization of CDMA mobile phones and pursuit of SKMS and SUPEX.", *Journal of management case research*, Vol. 32

Quinn, Robert E., 1996, *Deep Change or Slow Death*, Jossy-Bass Inc.

Satell, Greg, 2017, *Mapping Innovation: A Playbook for Navigating a Disruptive Age*, McGraw Hill Education.

Stankov, Lazar, "Unforgiving Confucian culture: A breeding ground for high academic achievement, test anxiety and self-doubt?", Learning and Individual Differences.

Sternberg, Robert J. and Pretz, Jean E., 2005, *Cognition and Intelligence: Identifying the Mechanisms of the Mind*, Cambridge University Press.

Stewart, Ian and Cole, Alex, 2014, *Technology and People: The Great Job-creating Machine*, Deloitte.

Tung, Rosalie L. and Paik, Yongsun and Bae, Johngseok, 2013, "Korean human resource management in the global context", *The International Journal of Human Resource Management*.

Wolfe, Jennifer C., 2020, *Disruption in the Boardroom: Leading Corporate Governance and Oversight Into an Evolving Digital Future*, Apress.

Yu, Han-Gu and Chae, Chang-Gyun, 2008, "Is competition in private education desirable?: Infinite competition in private education and educational productivity".

Zoellick, Robert B. and Kim, Jim Yong, 2013, *CHINA 2030: Building a modern, harmonious and creative society*, World Bank.

Zuboff, Shoshana, 1984, *In the Age of the Smart Machine: The Future of Work and Power*, Basic Books.

기미야 다다시, 2008, 《박정희 정부의 선택》, 후마니타스.

김견, 1994, 〈기술능력발전 관점에서 본 자동차산업의 성장구조: 현대자동차의 사례를 중심으로〉, 《사회경제평론》.

이근 외, 2014, 《산업의 추격, 추월, 추락: 산업주도권과 추격사이클》, 21세기북스.

이정동, 2017, 《축적의 길: MADE IN KOREA의 새로운 도전》, 지식노마드.

정인성, 2019, 《반도체 제국의 미래》, 이레미디어.

주
—

들어가는 글 한국적 경영이란 무엇인가

1 윅트콤(Wigtcom, 핀란드 지능 테스트기관), 2024, 〈세계에서 가장 지적인 국가순위〉
2 박성숙, 2010, 《독일 교육 이야기》, 21세기북스.
3 유한구·채창균, 2008, 〈사교육 경쟁 바람직한가: 사교육 무한경쟁과 교육생산성〉, 한국직업능력개발원.

제1장 빈곤의 함정으로부터 탈출하다

1 문휘창, 2012. 4., 〈도저히 성공할 수 없는데… 무에서 유를 만들 수 있는 이유〉, 《동아비즈니스리뷰》.
2 김두얼, 2016, 〈한국의 산업화와 근대경제성장의 기원, 1953~1965〉, 《경제발전연구》.
3 기미야 다다시, 2008, 《박정희 정부의 선택》, 후마니타스.
4 위의 책 2부 9장 참조.
5 Alavi, Rokiah, 1996, *Industrialization in Malaysia: Import substitution and Infant Industry Performance*, Routledge.
6 이경묵, 2019. 5., 〈대기업은 협력업체들을 착취할까요?〉.(blog.naver.com/kmlee8302/221521909638)
7 기미야 다다시, 앞의 책.

제2장 인적자원, 유교가 남긴 고귀한 유산

1 Hofstede, Geert, 2001, *Culture's Consequences*, Sage Publications.

2 Belogolorsky, Elena, 2012, "Signaling in Secret pay for Performance and the Incentive and Sorting Effects of Pay Secrecy", *Academy of Management Journal*.

3 Zenger, Todd, 2016, "The Case Against Pay Transparency", *Harvard Business Review*.

4 이윤석, 2021. 3., 〈조선후기사 팩트추적〉, 《월간중앙》.

5 RM interviews with *El Pais*(Spanish Newspaper), 2023.3.12.

6 Pomeranz, Kenneth, 2000, *The Great Divergence: China, Europe, and the Making of the Modern World Economy*, Princeton.

7 에르난도 데 소토, 윤영호 역, 2022, 《자본의 미스터리: 왜 자본주의는 서구에서만 성공하는가》, 세종서적.

8 Lipset, S., Martin, 1960, *Political man: The Social Basis of Modern Politics*, Double day.

9 매리언 울프, 이희수 역, 2009, 《책 읽는 뇌: 독서와 뇌 난독증과 창조성의 은밀한 동거에 관한 이야기》, 살림.

10 데이비드 이글먼, 김승욱 역, 2022, 《우리는 각자의 세계가 된다: 뇌과학과 신경과학이 밝혀낸 생후 배선의 비밀》, 알에이치코리아.

11 한국고전번역원, 《松川先生遺集 卷之三》.

12 정도전, 김병환 해설, 2013, 《불씨잡변: 조선의 기획자 정도전의 사상혁명》, 아카넷.

제3장 기업혁신으로 중진국을 뛰어넘다

1 Krugman, Paul, 1994. 11., "The Myth of Aisa's Miracle", *Foreign Affairs*.

2 Meyer, David, 2006, *Networked Machinists: High Technology Industries in Amtebellum America*, The Johns Hopkins University Press.

3 이근 외, 2014, 《산업의 추격, 추월, 추락: 산업주도권과 추격사이클》, 21세기북스.

4 앞의 책.

5 Levi-Strauss, Claude, 1968, *The Savage Mind*, University of Chicago.

6 Kim, Linsu, 1997, *Imitation to Innovation: The Dynamics of Korea's Technological Learning*, Harvard Business School Press.

7 1995년 Bob Cringely와의 인터뷰, 인터뷰 영상은 유튜브에서 볼 수 있다. (www.youtube.com/watch?v=0hjVUsILXz8)

8 Shin, Stan, 2001, *Growing Global: A Corporate Vision Masterclass*, John Wiley & Sons.

9 Cyert, R., March, J., 1963, *A Behavioral Theory of the Firm*.

10 김의철·김지선, 2023. 4., 〈한국인의 심리적 특성과 산업에의 함의〉, 제이캠퍼스 정책토론회, 〈한국기업의 인재경영과 혁신 전략〉.

제4장 한국기업은 세계시장을 어떻게 뒤흔들었나

1 정인성, 2019, 《반도체 제국의 미래》, 이레미디어.

2 이근 외, 2014, 《산업의 추격, 추월, 추락: 산업주도권과 추격사이클》, 21세기북스.

3 로버트 퀸, 박제영 역, 2018, 《딥체인지: 조직혁신을 위한 근원적 변화》, 늘봄.

4 박오수·서정욱, 1998, 〈CDMA방식 이동전화의 상용화와 SKMS 및 SUPEX 추구〉, *Journal of management case research*, Vol. 32.

5 지모토 다카모리, 박영원 역, 2016, 《모노즈쿠리의 부활: 일본의 제조업》, 한경사.

6 김견, 1994, 〈기술능력발전의 관점에서 본 한국 자동차산업의 성장구조: 현대자동차의 사례를 중심으로〉, 《사회경제평론》.

7 최흥봉, 2009, 〈현대자동차의 기술 추격 전략: 요다 자동차와의 비교를 중심으로〉, 《지역사회 연구》 17권 1호.

제5장 선진국에서 한번 더 도약하기 위한 조건

1 이정동, 2017, 《축적의 길: MADE IN KOREA의 새로운 도전》, 지식노마드.

2 앞의 책.

3 김대호, 2024. 10. 2., 〈라이콤, 테슬라 자율주행 수혜… 사이버트럭 대형 호재로 급등〉, 《와이드경제》.

4 허태균, 2015, 《어쩌다 한국인》, 중앙북스.

5 이 내용은 필자가 쓴 《기업 진화의 비밀》 382쪽에 상세하게 설명되어 있다.

6 수닐 굽타, 김수진 역, 2019, 《루이비통도 넷플릭스처럼(*Driving Digital Strategy*)》, 프리렉.

7 Murphy, Kevin M, Shleifer, Andrei, and Vishny, Robert. W, 1993, "Why Is Rent-Seeking So Costly to Growth?", *American Economic Review Papers and Proceedings*.

8 Wattles, Jackie, 2020.8.10., "How SpaceX and NASA overcame a bitter culture clash to bring back US astronaut launches", CNN.

9 Chambers, Andrew, Rasky, Dan, 2010.10.17., "NASA + SpaceX Work Together", NASA APPEL Knowledge Service.

1 산업연구원, 2022, 〈2차전지 산업의 가치사슬별 경쟁력 진단과 정책 방향〉.

2 백승만, 2023, 《분자 조각가들》, 북하우스퍼블리셔스.

3 Mazzucato, Mariana, Dosi, Giovanni, 2006, *Knowledge Accumulation and Industry Evolution: The Case of Pharma-Biotech*, Cambridge University Press.

4 이하의 내용은 《한국경제》 전예진 기자가 2020년 서정진 회장과의 심층 인터뷰를 통해 쓴 책 《셀트리오니즘》의 내용을 대폭 참고했다. 사실 관계를 포함한 상당 내용을 원용했지만 최종적 해석은 저자의 판단임을 밝혀둔다. 전예진, 2020, 《셀트리오니즘》, 스마트북스.

5 이에 대해서는 앞서 언급한 책을 읽어 보면 좋다.

6 바른미래연구원·경제추격연구소 주최 〈4차 산업혁명 시대의 경제사회 혁신 과제〉를 주제로 한 토론회, 2020. 2. 19.

7 이주은, 2021. 9. 27., 〈모두를 위한 콘텐츠로 … K-애니의 확장〉, 《고대신문》; 윤슬, 2016. 5. 11., 〈한국에선 제2의 뽀로로가 나오기 힘든 이유〉, 《오마이뉴스》.

8 황혜림, 2001. 8. 3., 〈미야자키 하야오 인터뷰〉, 《씨네21》.

9 신인평, 2009. 11. 27., 〈한국 하청 애니메이션의 현주소〉.(nircissus.tistory.com/320)

10 앞의 글.

11 최지원, 2008, 〈애니메이션 전공자와 산업체 간의 인식의 차이에 대한 고찰〉, 《만화애니메이션연구》.

12 김재희, 2020. 10. 30., 〈유재명 스튜디오미르 대표 인터뷰〉, 《동아일보》.

13 김상현, 2006, 〈일본을 통해 본 한국 애니메이션 산업의 경쟁력〉, *Digital Content*.

14 김태훈, 2016. 3. 29., 〈아이돌을 육성하는 제조업 전략: SM엔터테인먼트의

소비자 중심 Design Thinking 전략〉.(brunch.co.kr/@typhoonk83/19)

15 Choi, JungBong, Maliangkay, Roald, 2015, *K-pop: The International Rise of the Korean Music Industry*, Routledge.

16 김일주, 2006. 11. 5., 〈국악과 대중음악 사랑이 깊어간다〉, 《한겨레》.

17 Kim, Gooyong, 2019, *From Factory Girls to K-Pop Idol Girls-Cultural Politics of Developmentalism, Patriarchy, and Neoliberalism in South Korea's Popular Music Industry*, Lexington Books.

18 Oh, Chuyun, 2023, *K-POP DANCE: Fandoming Yourself on Social Media*, Routledge.

19 Bruner, Raisa, 2020. 7. 25., "How K-Pop Fans Actually Work as a Force for Political Activism in 2020", *TIME*.

20 이소연, 2022. 7. 15., 〈코엘류, BTS 음악, 악 쫓아내는 선한 영향력〉, 《동아일보》.

제7장 한국기업 경쟁력의 핵심, 인재

1 함재봉, 2020, 《한국 사람 만들기》, 아산서원.

2 데이비드 이글먼, 김승욱 역, 2022, 《우리는 각자의 세계가 된다》, 알에이치코리아.

3 Grimes, Roger, 2017, *Hacking the Hackers*, Wiley.

4 송숙희, 2023, 《일머리 문해력》, 교보문고에서 재인용.

5 한병철, 2012, 《피로사회》, 문학과지성사.

나가는 글 한국의 인재와 한국적 경영이 가지는 의미

1 에르난도 데 소토, 윤영호 역, 2022, 《자본의 미스터리: 왜 자본주의는 서구에서만 성공하는가》, 세종서적.

2 마리아나 마추카토, 김광래 역, 2015, 《기업가형 국가》, 매경출판.

3 고정환 한국항공우주연구원 한국형발사체개발사업본부장 인터뷰, 2022, 《서울대사람들 SNU Magazine》.

4 Eggers, William, 2023, *Bridgebuilders: How Government Can Transcend Boundaries to Solve Big Problems*, Harvard Business Review Press.

5 Katzenbach, Jon R., Smith, Douglas K., 1993, *The Wisdom of Teams: Creating the High-performance Organization*, Harvard Business School Press.

6 마크 맨슨의 유튜브 콘텐츠, "세상에서 가장 우울한 나라를 여행했다". (www.youtube.com/watch?v=JCnvVaXEh3Y)